ÉPISODES

DE

VOYAGES

Châtellerault. — Imp. de A. VARIGAULT.

ÉPISODES

DE

VOYAGES

PAR

M. C. R. de CROY.

PARIS,

ARTHUS BERTRAND ÉDITEUR,

21, RUE HAUTEFEUILLE.

AVANT-PROPOS GÉNÉRAL.

Ce n'est pas à nous à faire l'éloge de ce volume : mais nous avons le droit d'espérer qu'il intéressera les lecteurs par les écrits qu'il contient et par les noms de leurs auteurs. *Variété*, c'est ma devise, a dit Lafontaine ; on trouvera ici de quoi satisfaire cette obligation d'instruire en amusant que ce fabuliste pratiquait si bien. Nous avons d'ailleurs pensé qu'il était possible d'y réussir en écartant tout ce qui pourrait sérieusement placer ces pages en dehors de la morale et des convenances. Il est des émotions qu'elles ne sauraient proscrire, si ce recueil les fait naître, on nous saura gré, sans doute, d'être ainsi parvenu à intéresser l'esprit et le cœur.

ORDRE DES RÉCITS.

L'ARIA CATTIVA

Le récit qu'on va lire est dû à la plume élégante de M. A. de Custine, lorsque, jeune encore, il voyageait en Italie. Ce récit est adressé à sa mère; nous avons eu le bonheur de la connaître; elle était aussi distinguée d'esprit que par ses talents et la noblesse de son cœur. Le lecteur sentira ce qu'elle dut souffrir en apprenant ce qu'un fils adoré avait couru de dangers en traversant seul, sans escorte, sans appui, les Calabres. M. de Custine venait de se séparer très-froidement de M. M***, son compagnon de voyage, il bravait sans moyens de secours les terribles effets de l'*aria cattiva*. On comprendra, après avoir lu ces pages dont chaque ligne est une douleur, les affreux dangers dont ce mauvais air menace les étrangers en Italie, contre lequel en général ils ne se prémunissent pas assez.

R. D. C.

L'ARIA CATTIVA.

I.

Si ma main tremblante, mes yeux fatigués et ma tête affaiblie me permettent d'écrire, je vais vous conter ce qui m'a réduit à l'état où je suis. Je n'ai rien senti de pareil à la mortelle chaleur qu'il fait dans le vallon qui conduit de Cosence à Castro-Villari. Pour avoir traversé cet antre brûlant, il me semble que je viens de faire une longue maladie ; je n'ai plus de force, ma plume m'est un fardeau, mes jambes sont paralysées, et sans la douloureuse raideur de mes genoux, je ne me sentirais plus marcher. Depuis hier, j'ai maigri de moitié ; le ceinturon de mon couteau de chasse, dont à peine je pouvais attacher l'agrafe, est à présent trop long d'une main... Mais je sens que je m'évanouis... je ne puis plus me tenir sur ma chaise, je tombe... il faut me recoucher. Tel est l'effet du mauvais air dont tant d'étrangers nient l'existence.

II.

Le sommeil m'a rendu un peu de force et de courage et je veux vous raconter mes désastres !

J'ai quitté M. M*** à Catanzaro, le 2 juillet, pour prendre la route de Cosence, par la forêt de Sila, fameuse dès l'antiquité. Elle occupe une grande étendue de montagnes, et ses châtaigniers ombragent des prairies, des ruisseaux, et entourent des hameaux si frais, qu'on a peine à croire que ces sites de Suisse soient à la même latitude que la Sicile. Cette forêt sert aujourd'hui de refuge aux riches malades de Cosence et aux pauvres brigands de toutes les Calabres. C'est un hôpital et un repaire. Je l'ai traversée sans accident, et j'ai été charmé de la pureté de l'air et de la beauté de la végétation. Ne voulant pas coucher à Cosence, qui, pendant tout l'été, est le séjour de la peste et du deuil, je m'arrêtai à Rogliano, d'où le lendemain je devais, en traversant seulement la capitale de la Calabre, aller jusqu'à Monte-Alto, village situé dans les montagnes, à l'abri du mauvais air. Je partis de Rogliano à une heure du matin, avant-hier, 3 juillet. On m'avait fait prendre toutes sortes de précautions contre le mauvais air ; cet ennemi invisible tue ceux qui le méprisent et les Calabrois ne tarissent pas sur l'imprudence des Français, si fatale, pendant la dernière guerre, à un grand nombre de nos soldats.

Je m'étais bourré de quinquina, et, comme je voyage sans manteau, mon muletier m'en avait prêté un, afin de me préserver de la fraîcheur du matin, plus pernicieuse pour les étrangers que pour les hommes du pays. Vous ne me reconnaissez pas à ces soins minutieux. Le mauvais air tue quelquefois en vingt-quatre heures ceux qu'il empoisonne, et je craignais de mourir sans vous revoir : cette idée me rendait pusillanime; elle m'occupait au point de me causer un frisson semblable à celui de la fièvre.

En entrant dans Cosence, à quatre heures et demie du matin, j'éprouvai une frayeur dont je me souviendrai longtemps.

A quelques pas de moi, j'aperçus sur la route une femme à peu près de votre taille, elle était vêtue d'une robe pareille à votre robe de voyage, elle portait un grand voile et s'avançait au devant de moi, soutenue par deux hommes. Je ne sais pourquoi il me parut simple de croire que cette femme était vous ; je crus que, lassée de m'attendre à Naples, vous aviez tout quitté et tout bravé pour me venir chercher ! C'est ma mère ! m'écriai-je, faut-il que je la retrouve ici sur cette terre désolée ! J'aurai dit ces paroles à haute voix, car trois ou quatre personnes s'arrêtèrent pour me regarder d'un air étonné. En reconnaissant que la femme malade n'était pas vous, je revins comme d'un songe et je continuai mon chemin, honteux de moi-même, mais souffrant encore du coup que je venais de recevoir.

Lorsque je descendis de cheval à la porte du baron de Mollo, on me dit qu'il dormait ; je me décidai à attendre son réveil, parce que je n'avais pas de lettres pour Monte-Alto et que je voulais lui en demander.

J'avais passé déjà une heure dans la cour à attendre, sans qu'on m'eut offert d'entrer dans cette maison, où peu de semaines auparavant j'avais été si bien traité ; mais alors j'étais avec M. M*** ! Le muletier revint presser mon départ : il disait qu'il ne fallait pas attendre l'heure de la grande chaleur pour nous remettre en route. Cet homme ajouta qu'il ne connaissait pas le chemin de Monte-Alto par les montagnes, que ce chemin allongeait beaucoup, et que, si nous partions à l'instant, nous pourrions arriver le même jour à Castro-Villari, en suivant l'autre route qui est la plus courte. Cet autre chemin était celui que j'avais pris avec M. M***, en entrant en Calabre ; mais alors il était sans danger : maintenant on ne peut s'y reposer qu'à Spezzano, seul village sur ce passage où l'air ne soit point empoisonné.

quoiqu'il y soit encore assez mauvais. L'intendant de Catanzaro et beaucoup d'autres personnes m'avaient recommandé de ne pas m'engager sur cette route, toujours préférée par les Calabrois, mais où le mauvais air expose au plus grand danger les étrangers qui la choisissent dans cette saison. Ce vallon est devenu le tombeau d'un grand nombre de Français pendant la dernière guerre. L'espérance d'arriver à Castro-Villari un jour plus tôt me fit perdre la prudence, et je répondis au muletier que je partirais dans une heure, quand même le baron de Mollo ne serait pas réveillé. J'employai cette heure à me traîner chez l'intendant qui était couché aussi. L'envie de dormir est un des dangers du mauvais air, d'autant plus qu'elle en est l'effet; et c'est surtout pendant le repos qu'il agit d'une manière funeste sur l'organisation : jamais on n'a tant besoin de dormir que sous l'influence de ce poison, dont l'absence du sommeil serait l'antidote. Je désirais ne pas partir sans voir l'intendant ou le baron, afin de leur demander si je pouvais, sans trop d'inconvénient, suivre l'avis du muletier et prendre la route de la vallée; mais, en attendant plus longtemps, je risquais d'être obligé de passer la nuit à Cosence, et pour un étranger ce danger est pire que ceux du voyage.

Sentant que l'impatience me donnait la fièvre, je renonçai au baron, à ses lettres de recommandation et à ses conseils, pour suivre l'avis de mon muletier. Une fois à cheval, je me laissai conduire hors de la ville, sans penser à ce que je faisais. Il était huit heures du matin; je me sentais la tête vide. La chaleur déjà très-vive augmentait la pesanteur naturelle de l'air et troublait mes idées; je n'avais plus assez de force pour éprouver de la douleur, je ne sentais que la lassitude. Nous avions mené depuis quinze jours une vie fatigante, voyageant la nuit pour éviter le soleil, et ne dormant pas le jour parce qu'il fallait faire politesse aux gens qui nous recevaient. Tant que j'étais resté avec M. M***, j'avais assez bien soutenu la fatigue, je faisais comme les autres, ce qui était ennuyeux mais salutaire : nous buvions, nous mangions, enfin, nous ne manquions pas du nécessaire; depuis que je suis seul et que j'ai le malheur de pouvoir vivre à ma guise, cette liberté me tue : il faudrait que mon corps fut de fer pour être conduit longtemps par ma mauvaise tête! Je ne mets pas d'ordre dans la distribution de mes journées; je dédaigne les soins matériels de la vie, dont je prétends m'affranchir, et auxquels mon orgueil découragé se soumet à la fin, après m'avoir poussé à des austérités folles. Si je me résignais toujours aux précautions raisonnables, je ne serais pas obligé d'en prendre quelquefois d'excessives, parce que je n'épuiserais pas mes forces inutilement et que je me maintiendrais dans un équilibre indispensable au vrai voyageur.

A peu de distance de Cosence, je commençai à reconnaître mon imprudence. Il était encore temps de la réparer en retournant chez l'éternel baron que j'aurais enfin trouvé réveillé; mais je ne pensai pas à ce moyen! Mes nerfs étaient fortement agacés, j'avais débarrassé mes pieds des étriers et repassé une de mes jambes par dessus le cou de ma mule, pour m'asseoir de côté sur ma selle, les pieds pendants, la tête penchée, les mains posées sur les genoux et les yeux à demi-fermés. Je sentais que mes regards devenaient fixes et qu'un sourire convulsif errait autour de ma bouche; l'air pestilentiel, la mauvaise nourriture et le manque de sommeil m'avaient comme troublé la raison! Je ne pouvais plus guider ma mule; le muletier la conduisait par la bride et marchait à grands pas devant moi. C'était un bonhomme que ce muletier!... Il se retournait souvent pour me regarder avec inquiétude, et s'informait de mon état comme si j'eusse été bien malade. Tant de sollicitude dans un tel homme me faisait plus de mal que ne m'aurait fait de l'indifférence. Il faut que je sois bien à plaindre pour attendrir un muletier calabrois, me disais-je? Il voit que je vais mourir ici, loin de ma mère et de mon pays; un sort si dur l'intéresse! Puis, je faisais un effort sur moi-même et je m'écriais: « Je suis bien, très-bien. »

Nous traversions à chaque instant des torrents

dont le passage est assez incommode. Sitôt que j'en avais franchi un nouveau, j'éprouvais pour un moment une sorte de joie, en pensant qu'il y avait une barrière de moins entre moi et mes amis! Vers dix heures, nous arrivâmes à un endroit où la route quitte un instant le bord de la rivière et s'élève sur les montagnes. Dans ma négligence, je n'avais rien mangé depuis vingt-quatre heures! Le muletier, me pressant de prendre quelque chose, je lui répondis d'un air stupide qu'il avait raison et qu'il fallait manger pour se soutenir.

En ce moment il me prit une vive douleur à la poitrine, je ne pouvais prononcer une parole sans me sentir déchiré comme avec du fer. Le muletier m'avait acheté un peu de pain à Cosence, j'essayai d'en manger avec du chocolat que je porte toujours dans ma poche; la chaleur l'avait fondu, je le trouvai attaché au papier qui l'enveloppait; il était devenu comme une crême épaisse. J'en étendis quelque peu sur du pain : la nourriture n'apaisa pas mes douleurs. En gravissant la montagne je fus suffoqué par l'excès du chaud, un moment je m'évanouis, je me sentais mourir sous les traits du soleil et je réalisais les métaphores de la mythologie , lorsqu'elle nous peint Apollon lançant ses dards contre les faibles mortels.

Nous avions encore six lieues à faire avant d'arriver à Tarsia, ville située à l'endroit où la route quitte entièrement la vallée du Cratis. Cette ville domine une grande quantité de rizières et de marais, et l'air qu'on y respire est le plus mauvais de cette funeste contrée. Ce lieu, redouté de tous les voyageurs, me paraissait à moi la terre promise! Je pensais que je m'y reposerais deux heures, que j'y boirais, que j'y serais à l'ombre, et que j'en repartirais le soir pour Castro-Villari. Je jettais de moment en moment mes regards dans la campagne, espérant y découvrir quelque maison : tout était désert! Les hommes ont fui vers les régions habitables et la mort épie le voyageur dans le silence et la solitude.

Je me voyais emprisonné entre deux longues chaînes de montagnes brûlées et couleur de cuivre, la végétation était rare et maigre; nul être vivant ne s'offrait à mes regards, si ce n'est quelques buffles immobiles auprès de la rivière. Ces animaux s'étaient enfoncés jusqu'au ventre dans la fange d'un marais, pour se soustraire à l'ardeur du soleil et aux atteintes du sirocco qui souffle et me tue depuis deux jours! Je contemplais avec étonnement et effroi les rives du Cratis, fleuve rendu fameux par la voluptueuse Sybaris qu'il arrosait autrefois. Aujourd'hui il a fait un désert d'une vallée fertile; ses eaux limoneuses se perdent dans des ruines... quelle leçon! Si la terre, si les pierres de ce pays sont marquées du sceau de la vengeance divine, quel est le sort réservé aux hommes?

Vers midi, nous parvinmes à l'endroit où la route redescend dans le fond de la vallée; là, nous rencontrâmes un homme à pied. Je demandai à ce paysan combien nous avions encore de chemin à faire pour arriver à Tarsia; il me répondit que j'en étais à quatre lieues. Tous nos calculs pour éviter la chaleur n'avaient abouti qu'à nous faire traverser les plus mauvaises parties du pays aux heures les plus pénibles de la journée. Je n'étais pas sûr de faire encore quatre lieues sans m'arrêter.

Cinq minutes après que nous avions perdu de vue cet homme, mon mulet me jeta tout en nage dans le bourbier d'une rizière où il s'enfonça avec moi. Il me fallut y pénétrer jusqu'à la moitié du corps pour me débarrasser de cet animal qui se débattait en essayant de se relever et menaçait de me casser les jambes. La pauvre bête, à chaque mouvement violent qu'elle faisait, entrait si avant dans la vase que je crus qu'elle allait disparaître. Sorti du fossé, je regardais piteusement autour de moi comme si j'avais pu espérer quelque secours.

Le redoutable sirocco avait un instant cessé de souffler et je ne voyais qu'une forêt de roseaux immobiles... « Mon Dieu, voulez-vous que je meure ici, disais-je à voix basse? « Je n'avais plus la force de demeurer en place, et je me promenais à pas chancelants sur le chemin. Je regardais le soleil en m'écriant : « Où serai-je demain, quand tu reviendras à la même place brûler le même désert? J'aurai péri! du moins ma dernière pensée s'élèvera vers le ciel guidée par ta lumière!... » Je m'asseyais, je me relevais comme un insensé; je sentais clairement qu'il me serait impossible de me traîner à pied jusqu'à Tarsia, et que si je perdais le mulet j'étais mort sans ressource. Le muletier aurait bien été me chercher du secours, et au bout de six heures il serait revenu avec du monde; on m'aurait emporté sur un brancard, mais je ne serais pas sorti vivant du vallon s'il m'avait fallu en respirer l'air infect une demi journée de plus.

La vue bien nette du danger que je courrais me rendit des forces pour un moment, et je retournai à l'endroit où je venais de laisser le mulet et le muletier. Nous parvînmes à retirer la bête, non sans beaucoup de peine. Quand je la vis sauvée, la force me manqua, je me sentis prêt à tomber. J'avais avec moi douze citrons, grâce aux soins du muletier qui, ne pouvant trouver d'oranges à Cosence, avait acheté du moins ce qui pouvait m'en tenir lieu. Je coupai un citron en deux pour m'en frotter les tempes et le front, et je me sentis revenir à la vie. Il fallait songer à changer de pantalon et de souliers. Le muletier italien devenu, par bon cœur, un adroit valet de chambre, ouvrit lui-même ma valise, en tira ce qu'il fallait, et se hâta de venir m'habiller avec des soins qui me touchaient. L'humanité est si naturelle, d'où vient que ses effets nous étonnent? C'est que la civilisation, en éloignant les occasions d'exercer ce sentiment, en tarit la source! Les Calabrois ne connaissent pas encore, ou plutôt ils ne connaissent plus cet inconvénient des sociétés perfectionnées. Mon vieux guide me donna sa besace pour essuyer la boue dont mon corps était souillé, et avec bien de la peine je me rhabillai et me remis en route pour Tarsia.

Cette dernière secousse m'avait ôté le reste de mes forces. Je me sentais près d'expirer à chaque pas du mulet, et le cri de la cigale m'étourdissait au point que j'étais obligé de me tenir à ma selle pour ne point tomber. Une sueur froide couvrait mon front et découlait le long de mes joues et de ma bouche; il me prit à ce moment de vives douleurs dans les oreilles; il me semblait que ma tête enflait et devenait monstrueuse : tel est l'effet du mauvais air avant de vous achever dans le sommeil auquel la fatigue finit par vous faire succomber. A tant de maux se joignirent des élancements dans les reins et dans les entrailles qui me donnaient presque des convulsions; je n'avais jamais éprouvé ce mal, je me mourais de soif et le jus de citron pur était ma seule boisson. L'eau est aussi malfaisante que l'air dans cette vallée.

Je me souvenais de m'être arrêté à une petite taverne, en faisant cette même route six semaines auparavant avec M. M***, et d'y avoir trouvé du vin et du fromage. Dans ce temps-là le trajet de Castro-Villari à Cosence n'était pas dangereux. La saison du mauvais air ne commence qu'au mois de juin. Je ne savais pas bien où était cette taverne isolée et je la cherchais partout. Si je pouvais boire un verre de vin, pensais-je en suçant avidement un demi citron, un seul verre de vin !... Puis je demandais la taverne à mon pauvre muletier ! il me répondait toujours qu'il ne la connaissait pas, et que, jusqu'à Tarsia, nous ne rencontrerions aucune habitation. Nous marchions assez vite, je pressais le pas du mulet parce que je sentais que je ne pourrais le supporter longtemps !... Je sais à présent comment on meurt : la mort n'est que du laisser aller. Il m'en eut moins coûté d'expirer de soif et de fatigue, que de faire un effort de volonté pour retenir mon âme dans un corps épuisé ; mais la crainte de mourir sans vous revoir m'a tenu lieu d'énergie, et c'est à votre absence que je dois la vie.

Nous passions quelquefois devant des maisons ruinées. De loin je les croyais habitées, et je pressais le pas dans l'impatience d'y arriver pour demander un peu de vin. En approchant, nous ne trouvions qu'une masure déserte. Je croyais faire un rêve, mon supplice se renouvelait à chaque détour de la route. Un pays immense s'ouvrait devant moi ; le chemin se prolongeait à perte de vue, et je n'apercevais pas la fin de cette vallée d'où je désespérais de pouvoir sortir. Tout-à-coup je reconnus distinctement la taverne que j'avais tant cherchée! Il faut se détourner de la route pour arriver à cette maison. Je n'hésite pas à y aller. Parvenu à la porte, je la trouve fermée! Le muletier frappe, appelle, personne ne paraît! Jugez de mon désespoir! Je souffrais tout ce qu'on peut souffrir! Qu'auriez-vous dit si vous aviez pu voir votre fils en ce moment? Moi je ne pensais même plus à vous. Toutes les puissances de mon âme étaient absorbées dans le souhait d'un verre d'eau! Je n'avais plus d'énergie, plus de résignation. Je me sentais ravalé jusqu'à la brute!... Il fallut reprendre la route de Tarsia... On finit toujours par arriver! Je me trouvai à la porte de cette ville, vers quatre heures du soir, exténué de besoin, ivre de fatigue, pâle de chaleur.

C'était l'heure de la sieste : les rues étaient plus désertes que de coutume. Nous eûmes de la peine à trouver une femme; elle était assise devant la porte de sa maison. Je lui demandai le nom de l'homme le plus riche du lieu, elle me dit que c'était M. Bivaqua. M'étant fait conduire chez ce grand personnage, je me traînai jusqu'au haut de son escalier et j'entrai dans une chambre dont je trouvai la porte ouverte. Je m'assis sans pouvoir parler, enfin je retrouvai la voix pour dire à un jeune homme qui s'était levé de dessus sa chaise, en s'approchant d'un air étonné :

— Monsieur, vous voyez que je suis voyageur, étranger !... Vous savez que l'argent ne suffit pas dans ce pays pour se procurer les choses nécessaires à la vie ; j'espère, d'après cela, que vous excuserez l'indiscrétion que je commets en venant implorer votre humanité, votre charité ! Elles peuvent me rendre la vie, car je me sens mourir de soif et de fatigue.

Le jeune homme me répondit d'un air contraint :

— Mon oncle n'est pas chez lui et je ne puis disposer de rien en son absence.

— Mais monsieur, m'écriai-je, vous disposez de ma vie ! et certes monsieur votre oncle regrettera moins un verre d'eau qu'un homme.

Alors le neveu, piqué de la vivacité de ma repartie, reprit avec beaucoup d'humeur :

— Ma foi, monsieur, nous ne vous connaissons pas et cette maison n'est point une auberge !

J'avais encore tout juste assez de force pour être fier un moment ; je me levai, je fis une révérence, et dis au seigneur Bivaqua, en prenant congé de son aimable personne :

— Monsieur, j'ai un conseil à vous donner, c'est de ne jamais voyager.

Revenu dans la rue, je sentis que la colère m'avait rendu des forces. Je demandai la maison du syndic, on m'y conduisit ; je frappai à sa porte ; une femme (c'était celle du syndic) vint m'ouvrir et me dit que son mari était absent. Je racontai à cette femme toutes mes mésaventures. Je fis ce que je pus pour l'attendrir, je nommai plusieurs personnes de Cosence, afin de prouver que je n'étais pas un aventurier. La bonne dame me répondit :

— Monsieur, je suis grosse, il fait chaud, et je ne veux pas m'exposer au soleil pour vous aller chercher un verre de vin.

Je reconnaissais clairement l'aversion des gens de ce pays pour les Français. Ils me repoussaient tout à leur aise depuis que la peur ne les forçait pas à me faire bonne mine.

— Quoi, m'écriai-je avec l'accent de l'indignation, vous aussi vous me refusez un verre de vin?... C'est pour un verre de vin qu'on laisse mourir un homme à Tarsia, dans ce pays maudit de Dieu, et justement accablé de tous les fléaux qui le dépeuplent... Un verre de vin, répétai-je en me mordant les mains de rage! un verre de vin! Croyez-vous que si j'étais chez moi, je n'aurais pas plus de pitié que vous des malheureux?...

Alors j'aperçus dans le fond de la chambre une femme qui filait, à l'ombre d'un volet fermé. Je m'adressai à elle pour lui demander des secours. Ce fut en vain! Je n'obtins que des regards de compassion et quelques unes de ces exclamations italiennes, si dures aux oreilles du misérable, quand elles restent sans effet :

— *Poveretto !... Povero giovane !... Mi pare dolce !...*

C'était au moment où je me sentais le plus eu fureur qu'elle vantait ainsi ma douceur. J'aurais voulu devenir tigre, pour faire changer de langage à cette vieille sorcière ! Je me rappellais là politesse de nos hôtes, lorsque nous leur présentions les lettres de recommandation du ministre pour M. M***, et je comparais ! « Quelle bassesse, m'écriai-je, et voilà ce peuple dont on vante l'hospitalité ! »

N'espérant plus rien des deux mégères de Tarsia, j'appelai mon pauvre muletier, qui était resté respectueusement dans la rue à garder le bagage ; je lui dis de monter mon porte-manteau chez le syndic, pour le mettre en sûreté et d'aller me chercher à tout prix du vin et de la glace (on trouve de la glace dans les moindres villages de Calabre, et jusque dans les maisons isolées au milieu des campagnes les plus stériles). Je prends note ici de cette espèce de luxe, car il peint mieux que toute autre chose les besoins et la nature d'un pays à peu près inhabitable pendant six mois de l'année. Une demi-heure s'était passée sans que j'eusse revu mon muletier. Je m'étais établi d'autorité sur un banc de bois, dans la chambre de Mme la *syndique*. Je sentais que j'allais perdre connaissance et m'évanouir comme je m'étais évanoui le matin en sortant de Cosence. Épuisé que j'étais une nouvelle crise secondant l'action toujours croissante du mauvais air, pouvait devenir mortelle. Enfin mon vieux et zélé conducteur revint tout essoufflé me dire qu'il avait trouvé une maison où l'on consentait à me recevoir et à me donner du vin. Je m'y traînai, j'y bus, j'y touchai avidement de beaux morceaux de glace, j'y revins à la vie, et je m'y couchai sur un banc de pierre à l'ombre d'une masure.

A peine avais-je eu le temps d'étendre sur cette dure couche mes membres épuisés, qu'une jeune femme s'approcha de moi, me secoua vivement par l'épaule et me dit :

— Si un étranger s'endort ici pour un quart d'heure, il est mort; jamais voyageur qui s'est arrêté à Tarsia, dans cette saison, n'est retourné chez lui.

— La dureté des habitants suffirait de reste, répondis-je, pour éloigner les hommes de ce lieu infect; et je me mis à raconter ce qui venait de m'arriver dans les deux meilleures maisons de la ville. J'étais comme le mendiant qui va médire des riches à leur porte. Ce que j'ai souffert pendant cette seule journée m'a servi à considérer la vie humaine d'un point de vue nouveau pour moi, et je rends grâce à cette courte épreuve qui aura suffi pour me faire savoir à jamais combien il est difficile de conserver quelque élévation d'âme dans la misère! Je ne vivais plus que pour satisfaire aux cruelles nécessités de mon corps. Étais-je bien à plaindre? Je crois qu'on peut être plus malheureux que les pauvres ! Les souffrances physiques portent leur remède avec elles, l'excès en montre le terme qu'il amène ; les chagrins, au contraire, nous révèlent des ressources cachées et nous font découvrir en nous-même des forces qui nourrissent nos tourments. Les maux du corps donnent l'idée de la mort, les peines de l'âme celle de l'éternité.

Après m'être un peu reposé, en m'efforçant de tenir mes paupières ouvertes, je retournai chez la femme du syndic pour chercher les bagages que j'avais laissés dans sa maison. Ayant retrouvé dans mon sac une tablette de chocolat, je la pris et me mis à en manger un morceau. Alors la vieille qui filait au fond de la chambre se pencha mystérieusement vers la femme du syndic, et après lui avoir dit quelques mots à l'oreille, elle me regarda d'un air attendri ; je crus qu'elle allait m'adresser une excuse :

— Vous devriez, me dit-elle, donner un peu de votre chocolat à cette pauvre femme qui est grosse et qui a une grande envie de ce que vous mangez.

Il me sembla que je rêvais en entendant cette demande. Jamais rien ne m'a surpris autant qu'une telle fantaisie, de la part de deux femmes, qui, l'instant d'auparavant, m'avaient refusé un secours de première nécessité. Je m'approchai de la plus jeune et lui donnai mon chocolat sans rien dire, mais en la regardant si fixement qu'elle se troubla et rougit. Néanmoins elle ne put vaincre son enfantillage au point de ne pas prendre le chocolat. Je m'éloignai en souriant de pitié. J'allai retrouver mon muletier et sa bête, qui m'attendaient tout harnachés, tout gaillards et prêts à se remettre en route. Il fallait les vertus de ces deux êtres pour me raccommoder... j'allais dire avec l'humanité... avec la Calabre! Je remontai à cheval, et le soir j'arrivai à Spezzano, à demi mort. Le syndic me donna sans retard et sans difficulté un billet de logement, et, après avoir recommandé mon guide comme il le méritait, puisque je lui devais la vie, j'eus le bonheur de trouver un lit. Je me jetai dessus, sans oser y entrer, de peur de la gale, et j'y dormis jusqu'au lendemain matin à six heures.

En me réveillant, je me promis de ne plus m'exposer à voyager dans des pays à demi-sauvages, sans précautions, sans lettres de recommandation, sans provisions, sans plusieurs guides, et tout en jouissant d'avance des avantages de ma tardive prudence, je souffrais encore des suites de mon imprévoyance. Cependant, je partis pour Castro-Villari. Voilà deux jours que j'y suis à me reposer et à attendre une voiture pour Naples ou au moins pour Largo Negro. Elle part ce soir, et je serai dans trois jours auprès de vous. Je vous arriverai le lendemain de cette lettre.

A. DE CUSTINE.

GEORGES SAND

ET

ALEXANDRE DUMAS

Nous empruntons à un ami les lignes suivantes; si, comme l'a assuré Buffon, le style c'est l'homme, ceux qui l'ont rencontré le reconnaîtront facilement; pour les autres, peu importe son nom, c'est un misanthrope qui tient plus à l'affection de quelques uns qu'à l'approbation de tous.

Château de Crémeaux, Juin 1854.

GEORGES SAND

ET

ALEXANDRE DUMAS

I.

Lecteur, avez-vous jamais éprouvé l'ennui ? Je ne parle pas de celui que peuvent vous causer les pages qui suivent, car à cet ennui il y a un souverain remède, s'abstenir de les lire, mais je parle de ce mal profond, quoique peu défini, qui pèse sur chacun des actes de votre vie, qui vous énerve, vous écrase, d'autant plus redoutable qu'il n'a pas de cause connue et que le remède est plus inconnu encore. Si vous l'avez éprouvé, je vous plains, quoique les bêtes ne le ressentent jamais, mais d'un autre côté j'en suis bien aise, car alors vous saurez compatir à celui que j'ai souffert.

Quand on est riche dès sa naissance, c'est-à-dire désœuvré, qu'on a un peu goûté au fruit défendu où d'ordinaire on ne rencontre que cendres, que faire, mon Dieu! pour trouver au lendemain des horizons nouveaux, à chaque heure son emploi ou ses espérances; une bonne passion, un gros malheur vous tireraient entièrement d'affaire; mais n'en éprouve pas qui veut. Malgré l'ennui qui vous oppresse, la raison n'en est pas moins souveraine. Certes, au vieux temps, on s'ennuyait moins, aujourd'hui on s'ennuie beaucoup, mais je crois que dans l'avenir, avec le phalanstère, on s'ennuiera encore davantage.

C'était en 183., j'avais le *spleen*, mot qui n'a pas été adopté sans raison par la langue française. On était au mois d'août, on étouffait et j'étais encore à Paris, éprouvant tous les malaises que cause la foule, le régime cellulaire des maisons et l'absence de toute verdure. C'était un dimanche, il faisait un soleil admirable; rien n'est fatigant comme un beau soleil; et d'ailleurs, à Paris, quel triste spectacle que cette réverbération sur de hauts murs grisâtres, sur un pavé renvoyant des émanations fétides! — Sortir, mais il n'y a plus personne, je veux dire de ce monde qui s'envole chaque été vers les campagnes ombreuses ou vers des eaux salutaires, si ce n'est à la santé du moins aux plaisirs. Sortir! mais alors c'est braver cette foule béotienne, endimanchée, vaguant sur les boulevards, dans les promenades, pour étaler des toilettes de mauvais goût et des physionomies stupides qui appartiennent aux plus beaux magasins et au peuple le plus spirituel de l'univers. Non, mille fois non, un semblable contact vous alourdit et vous écrase, il vous enlève à vous même, vous agglomère à la foule et vous fait comprendre qu'en descendant dans les rangs du peuple on a toujours songé à le dominer.

Où donc aller, grand Dieu! comment combattre, avec chance de la vaincre, cette affreuse maladie de l'esprit qui vous paralyse, apoplexie morale qui ne vous laisse que la colère et le dégoût. Il y avait bien autrefois la vie de château, mais grâce aux révolutions successives dont nous avons joui, cette vie s'est faite bourgeoise, cancanière et vaniteuse comme une existence de petite ville. Exilés en 1830, menacés plus tard, les châtelains sont devenus agriculteurs ou chasseurs endiablés, les châtelaines se pomponent, se visitent et se déchirent. Sans occupation sérieuse, sans utile emploi de son temps, cette société passe sa vie à tourner dans un cercle étroit, à compter ses années de noblesse, à évaluer la fortune de chacun de ses membres, à se draper dans un orgueil aussi niais que ridicule. Hélas! ce n'est plus là qu'il faut aller chercher la joie et la bonhomie de nos aïeux, et pour la noblesse comme pour les amours, Louis XV a été le dernier roi de France.

Restent les voyages, et, ma foi, vivent les voyages ! Liberté, variété, imprévu, trois dérivatifs qui valent bien toutes les drogues de nos médicastres. Donc. après avoir brûlé plus d'un cigare, manifestation positive de longues réflexions, je pris un parti, ce qui était déjà quelque chose, celui de courir après l'imprévu, c'est-à-dire de voyager.

Il est probable que si nous avions été en hiver. j'aurais été en Russie, car il est positif qu'il n'y a que les pays froids où l'on sache avoir chaud, mais on était au mois d'août, les eaux froides et limpides, les forêts sauvages et profondes, la grande ombre des montagnes, les glaciers au bord des vallées solitaires des Alpes, me sourirent comme de grands yeux bleus et une bouche charmante auraient pu le faire. Mon esprit s'envola dans des contrées inconnues, voyageant avec les ailes de l'imagination dans de fraiches oasis suspendues entre ciel et terre, aux pelouses verdoyantes, aux arbres séculaires, véritable séjour de Houris, avec un chalet confortable, de bons biftecks et du vin de Bordeaux. Je fus agréablement surpris d'avoir pu rêver à toutes ces choses l'espace d'un quart d'heure sans avoir ressenti d'ennui, il me sembla que je tenais le premier verre du breuvage qui devait opérer ma guérison, il ne fallait pas hésiter, la réflexion étant la source de toutes les misères ; je jetai mon dernier cigare, je pris ma bourse, mon chapeau, je partis... et morbleu ! cette nuit-là, mon portier et mon domestique eurent le loisir, en m'attendant, de psalmodier la complainte de Malboroug, avec accompagnement de bonnes grosses médisances et de jolies et mignonnes calomnies.

II.

Berne! je suis à Berne, c'est-à-dire au pied des montagnes de l'Oberland. Comment y suis-je arrivé, je n'en sais rien, sans doute comme la plupart des voyageurs qui boivent, mangent et dorment sans s'inquiéter du soleil ou de la pluie, des montagnes ou des vallées, autrement que par les inconvénients qu'ils y rencontrent. Le lecteur, avec encore plus de rapidité que moi, peut franchir cette longue route et venir s'asseoir dans ma chambre, à l'hôtel des *Gentilshommes* *, sous un rayon de soleil tempéré par un store d'étoffe rouge, et dans mon meilleur fauteuil que je m'empresse de lui offrir. Hélas!

* *Distelzwang.*

ce sera pour assister à un triste spectacle : je suis méconnaissable, ma barbe est longue, mes cheveux en désordre, mon paletot a subi des avaries et ma cravate s'en est allée jouer avec je ne sais quel zéphir. Il ne reste, en un mot, de ma personne que la chose la moins importante en ce monde : l'homme atteint du spleen, avec une mauvaise tête, beaucoup de cœur et un peu d'esprit.

Adam, qui avait bien d'autres mérites, n'aurait pas été admis dans un salon avec son simple costume. Je ne pouvais avoir la prétention, même à Berne, de me réduire à la feuille de vigne ou à celle du figuier, il fallait chercher un tailleur; il y en avait dix dont un notamment, ne sachant pas un mot de français, prétendait avoir été établi à Paris ; mais tous étaient aussi *welches* les uns que les autres. La chose devenait grave, elle n'allait pas à moins qu'à me rendre méconnaissable, à faire d'un homme sociable un sauvage habitant des forêts ; les gens les plus sérieux, habillés de jaune, de vert ou de lilas, apprendraient bien vite par eux-mêmes pour combien le costume entre dans leur mérite, et une jolie femme, plutôt que de renoncer tout-à-coup à ce titre, se serait asphyxiée de désespoir. Mon spleen eut cela de bon, qu'il me fit accepter sans trop d'horreur une étoffe d'un beau vert clair dans laquelle le soi-disant tailleur promit de m'emballer prochainement. En attendant, aujourd'hui j'avais l'air d'un mendiant, et demain, chose profondément cruelle pour un misanthrope, je rappellerais un perroquet.

Le moment qui devait réaliser cette prévision ne se fit pas attendre. La cloche de l'hôtel appela de nombreux convives dans la salle à manger. Il y a cela de particulier à Berne, que la publicité donnée aux noms des voyageurs qui y résident quelques jours, par le moyen de feuilles lithographiées répandues dans les auberges, vous enlève toute possibilité de garder l'incognito ou de vivre isolé. J'aurais volontiers fui la table d'hôte, je dus m'y résigner. Elle se composait d'ailleurs, ainsi qu'à l'ordinaire, d'un pêle-mêle de gens fort satisfaits d'eux-mêmes, d'un appétit peu délicat et d'un égoïsme très-prononcé. Chaque nation pouvait compter autour de la table quelques représentants. La Russie avait là ce qu'elle appelle de l'aristocratie, l'Allemagne nombre d'étudiants, l'Angleterre plusieurs types faciles à reconnaître, quant à la France, pauvre France! il n'y avait, pour spécimen de ses grâces et de sa délicatesse, que deux ou trois commis voyageurs et une ou deux familles de la rue St-Denis, tout fraîchement nettoyées du commerce. Cependant, ô vieille gloire! excepté de la part de messieurs les Anglais, la conversation s'engagea en français à cette table ressuscitée de Babel.

Ma personne déguenillée ne fit pas d'abord trop de sensation; un gros monsieur, majestueusement vêtu de noir et de blanc, fut le premier qui parut douter de ma parfaite convenance. Il est vrai qu'il était assis à mes côtés, qu'il était gros, rouge, chauve, cravaté de blanc et qu'il m'adressa la parole sans que je daignasse lui répondre. Cela lui sembla sans doute surprenant ; il se retourna, me regarda fixement, sourit et recula légèrement sa chaise pour éviter un voisinage trop immédiat. Cette impolitesse, adressée à mon habit qui le méritait bien, me toucha peu, mais elle eut pour effet d'attirer l'attention générale sur ma personne et le résultat ne m'en parut pas favorable. Tous ces braves gens insignifiants, vulgaires, ennuyés et ennuyeux, avaient jugé l'homme d'un coup-d'œil. Que pouvait-il y avoir de riche, d'honorable, d'intelligent sous une redingote déchirée et dans une tête dont le cou était dépourvu de cravate ? je jetai un regard sur les convives et je ne pus m'empêcher de sourire à mon tour; il est vrai qu'il y avait dans ma pensée plus de mépris que de satisfaction.

Au milieu de toutes ces têtes dont la cervelle semblait plus vide que l'estomac, une physionomie de jeune fille aux grands yeux bleus, aux longues boucles de cheveux blonds, assise entre deux Anglais, attira particulièrement mon attention. Elle n'était pas précisément jolie, mais sa tournure gracieuse et distinguée, la blancheur et la finesse de ses mains, annonçaient une nature supérieure, un sang plus pur et plus délié. Son regard fixé sur moi ne peignait ni la surprise ni la moquerie, il paraissait plutôt chercher à se rendre compte de ce que je pouvais être et descendre jusqu'à l'homme sans s'arrêter à son enveloppe. Ceci était remarquable pour le purisme anglais, mes yeux le lui dirent sans doute, car après s'être rencontrés avec les siens, ils se baissèrent pour ne plus se relever jusqu'au moment où l'on sortit de table.

Le lendemain, désireux d'éviter les jouissances du déjeuner, je résolus, déguisé sous mon manteau vert-pomme, d'aller rendre ma visite à M. de Fellemberg, à Hofwil. Depuis longtemps je connaissais ce vieillard d'une si haute intelligence, d'un dévouement si absolu; il m'avait fait promettre de visiter son institut et j'étais certain d'être accueilli dans sa maison comme un ami. Je pris une calèche et je partis à cette heure matinale où les perles de la rosée brillent encore au calice des fleurs des champs et sur l'herbe des chemins. Il allait se mettre à table avec sa famille et ses élèves lorsque je descendis de voiture dans les jardins d'Hofwil. Le bon vieillard me fit place à ses côtés et il parut heureux de pouvoir un peu causer de Paris, de son établissement, des améliorations qu'il y introduisait et de celles, tout âgé qu'il était, qu'il rêvait d'y faire encore.

Nous sortions de la salle à manger et il me donnait le bras, causant avec chaleur de son système de pédagogie, lorsque nous nous trouvâmes en face des deux Anglais et de la jeune miss dont j'avais subi les regards la veille à Berne. Le plus âgé des gentlemen s'avança, offrit sa carte à M. de Fellemberg, qui, après y avoir jeté les yeux, tendit la main à son visiteur et lui adressa la parole dans un anglais qui n'avait rien de germanique. De cette rencontre devait résulter une sorte de présentation réciproque et cette circonstance me donnait le droit d'entrer en relation avec cette famille qui était composée, ainsi qu'on le verra plus tard, du père, de la fille et de son adorateur.

Le soir, au dîner, mon personnage vert-pomme, il faut bien l'avouer, fit encore plus d'effet que la veille. Je n'étais pas un mendiant puisque je changeais de costume, mais que pouvais-je être? — Un marchand de vulnéraire, — un fabricant de parapluies, — un chasseur de chamois, — un garde forestier, — ou bien enfin un voyageur de commerce de la maison Luzerne, Sainfoin et Cie, cherchant à établir un contrat d'échange entre les prairies naturelles de l'Oberland et les prairies artificielles de la France! Chacune de ces gracieuses suppositions trouva des partisans; je les laissai volontiers en pâture à tous ces braves convives jusqu'au moment où un incident imprévu vint modifier leur opinion à mon égard.

L'une de ces feuilles lithographiées contenant les

noms des voyageurs, dont j'ai déjà parlé, se trouvait sur la table, j'ignore qui jeta les yeux sur son contenu, mais une voix poussa un cri de surprise, et, saisissant un moment de silence, clâma les noms de Georges Sand et d'Alexandre Dumas du ton dont on dirait à un imprudent : Malheureux! vous allez vous casser le cou! Chacun voulut lire la feuille, les deux illustres noms y étaient bien inscrits et la ligne suivante ajoutait : venant de Paris et partant pour l'Oberland. Ce fut une rumeur générale. Comment, mon Dieu! ne l'avait-on pas appris plus tôt, quelle magnifique occasion de satisfaire une vive curiosité, de s'approcher sans transition de ces deux astres lumineux qui allaient éclairer de leurs rayons les hautes montagnes de la Suisse!

— Holà! garçon, quel jour Dumas est-il parti?

— Hier, monsieur.

— Quelle route a-t-il prise?

— Celle d'Interlacken.

— Avez-vous des voitures? Faites venir le maître d'hôtel. Doit-il rester là-bas? Combien faut-il de temps pour aller à Interlacken?... et une foule d'autres questions qui témoignaient du puissant intérêt que ces deux célèbres personnages excitaient parmi des voyageurs qui, venus pour voir la Suisse, avaient grande envie d'y ajouter Georges Sand et Alexandre Dumas comme assaisonnement.

Le père de la jeune miss, mon vieil Anglais, impassible d'abord par respect pour sa dignité, ne put cependant s'empêcher de prendre part à l'émotion générale. Il se tourna de mon côté et après un petit salut de la tête :

— *Dioumas*, me dit-il, croye-vous qu'il être en ce *country?*

— Je le suppose, lui répondis-je.

— *Aoh!* fit mon Anglais, être *curious* de voir son face, le face de monsieur *Dioumas!*

— Et moi aussi, je vous assure ; l'aubergiste va nous dire ce qu'il est possible de faire pour apercevoir ce père de tant de héros.

Le maître de l'hôtel des Gentilshommes entrait en ce moment ; vingt interpellations se croisèrent à son adresse. Habitué sans doute à ce mode parlementaire d'éclairer la question, et probablement prévenu par ses garçons, il attendit que le calme se fît et ne répondit d'abord que par une grimace négative et importante.

— M. Dumas, dit-il enfin, ne devait s'arrêter que quelques heures à Unterseen ou à Interlacken, il devait visiter Rosenlavi, faire l'ascension du Rigi, remonter en voiture la nuit ou de grand matin et continuer son voyage par l'Emmenthal et Lucerne jusqu'aux Grisons. Pour essayer de le rejoindre, il fallait une voiture légère, de bons chevaux, un guide intelligent, afin de ne pas perdre de temps en recherches et dans la traversée des lacs.

Ce discours artificieux eut l'effet que s'en promettait l'orateur, il découragea les personnes qui ne ressentaient qu'une demi volonté de courir après ce grand homme et il excita au contraire celles qui en éprouvaient un vif désir.

Pour ces derniers, il était facile de comprendre que la voiture légère, les bons chevaux et le guide intelligent étaient à la disposition de notre hôte, aussi la question fiscale fut-elle agitée immédiatement. L'énonciation du prix fit renaître les clameurs générales de la part même de ceux qui n'avaient plus aucune envie de voyager à la suite des deux demi-dieux. Lorsqu'elles furent apaisées, il restait peu de combattants aux prises, mais il faut dire à la gloire du personnage vêtu de noir et cravaté de blanc, qu'il manifestait autant de volonté à discuter les moyens de se rapprocher de nos héros, qu'il en avait apporté la veille à éloigner sa chaise de ma personne. L'aubergiste exigeait cinquante francs par jour, il voulait qu'on payât également l'aller et le retour et qu'on lui assurât une prime dans le cas où on rejoindrait les objets de notre curiosité.

— Vous profitez de notre position, s'écriait le gros monsieur ; je vous offre vingt-cinq francs y compris le guide, et quant à la prime, vos prétentions sont absurdes, puisque notre désir n'augmente en aucune façon vos dépenses.

L'hôte défendait sa thèse, le monsieur sa bourse avec chaleur. Je pris la parole :

— Il y a un moyen, dis-je, d'arranger les choses. on demande trop ou on offre trop peu...

— Comment, trop peu ! interrompit mon homme avec colère : veuillez, monsieur, vous mêler de vos affaires, et.....

— Et terminer ce qui devient la mienne, dis-je à mon tour, en posant la main sur l'épaule de notre aubergiste. Je suis fâché, monsieur, de suivre votre exemple et de vous couper la parole, mais le bruit m'ennuie, les discussions d'argent me fatiguent, vous voudrez donc bien me permettre de les éviter. Je prends votre calèche, vos chevaux, votre cocher et votre guide pour un mois, ajoutai-je en me tournant vers l'hôtelier que j'avais sous la main, j'ajoute cent francs de prime si nous atteignons le but de notre voyage, et... je paye immédiatement.

J'ouvris alors mon portefeuille, je déposai deux billets de banque sur la table et levai les yeux sur l'honorable assemblée : elle était *Médusée*. On ne comprenait plus l'homme vert ; la figure du monsieur noir et blanc était surtout plaisante, il y avait chez lui un mélange de colère, d'étonnement, de vanité blessée qui m'aurait certainement fait éclater de rire, si dans ce moment je n'avais aperçu, fixé de nouveau sur moi, le regard scrutateur de la jeune Anglaise ; comme la veille c'était, non de la curiosité, mais de l'étude ; pour moi, cette persévérance à me juger le rendait attrayant. Je fis quelques pas vers son père et lui déclarai que la voiture que je venais d'arrêter était à sa disposition. Après avoir échangé deux ou trois observations, son hésitation cessa, mon offre fut acceptée, sous la condition que nous partagerions les frais, et il fut convenu que nous partirions le soir même pour Thun. La conversation ayant eu lieu en Anglais, les convives de l'hôtel des Gentilshommes ne purent éclaircir leurs doutes. Je crains que leur digestion n'en ai souffert et que cela n'ait compromis toutes les jouissances qu'ils se promettaient de leur voyage en Suisse.

III.

Parmi les lecteurs qui parcourent ces pages innocentes, peut-être en est-il qui ont consacré quelques belles nuits d'été à voyager dans un pays pittoresque et inconnu. Ceux-là, je les bénis dans mon cœur ; ils comprendront sans doute le charme d'une situation qui mêle le rêve à la vie, la réalité aux féeries de l'imagination. J'étais seul, autant qu'il fallait l'être pour ne pas m'ennuyer, auprès d'une jeune fille qui était tout un mystère, libre, sans engagement, sans obligations, avec l'avenir à ma disposition. Demain, je pouvais rencontrer deux écrivains illustres, deux esprits supérieurs, avec lesquels il me serait permis sans doute, grâce aux licences du voyage, de satisfaire encore plus mon esprit que ma curiosité. Je voyais à mes côtés une de ces blanches beautés d'Albion qui semblent être nées des poésies d'Ossian et ne tenir à la terre que par un fil parti du cœur, et j'allais me trouver bientôt peut-être avec un être fort, hardi, indépendant, qui, secouant les langes de son sexe, portait une main virile sur les institutions sociales, pour conquérir aux femmes une indépendance et des droits nouveaux. Certes, il y avait de quoi éveiller mon attention et tenir mon esprit en haleine. Autour de moi, la nature se chargeait d'une admirable mise en scène : les montagnes se perdaient dans les vapeurs bleues du soir, quelques derniers rayons de soleil couchant venaient jeter une teinte rose sur leurs cimes, les eaux de mille petites cascades secouaient leur poussière blanchâtre dans les airs, et, çà et là, suspendues entre le ciel et la terre, j'apercevais ces vallées fraîches, ombreuses, dont j'avais rêvé le jour de mon départ et que je peuplais de Houris moins attrayantes que celle qui reposait à mes côtés, silencieuse, inconnue, mais partageant déjà une de ces heures de la vie qu'il est difficile d'oublier.

Les premières lieues de la route s'écoulèrent sans que personne prit la parole. Le vieil Anglais s'était endormi du sommeil d'un estomac satisfait ; son compagnon, dont je n'ai pas encore parlé, beau jeune homme à la figure insignifiante, paraissait s'intéresser médiocrement aux merveilles de la nature et à son rôle d'adorateur ; la jeune fille seule était attentive. Aux regards qu'elle arrêtait avec complaisance sur les sites pittoresques de la route, il était facile de juger de l'impression qu'ils faisaient sur elle. Nous ne nous parlions pas, mais nous devions avoir les mêmes pensées ; nous partagions cette admiration, muette parce que les mots ne sauraient la rendre, et nous sentions sans doute au fond du cœur le sentiment qu'inspirent les œuvres divines, source éternelle de prière, d'adoration et d'espérances.

Un détour de la route offrit tout-à-coup, ainsi que cela arrive souvent dans les montagnes, une perspective nouvelle d'une majestueuse grandeur. Derrière un groupe d'arbres qui bordaient le chemin que nous suivions, on apercevait dans l'éloignement le lac de Thun réfléchissant comme un miroir les premiers rayons de la lune ; sur sa rive se détachait vigoureusement sa petite ville, tandis qu'à l'horizon les montagnes de la *Jung Frau* et ses nombreuses sœurs se perdaient dans l'obscurité transparente du ciel, comme un sentier périlleux ouvert aux audacieux pour y parvenir. Je ne pus m'empêcher de faire cette observation à haute voix et je fus étonné de voir ma jeune compagne de voyage y répondre dans un français élégant et pur.

— C'est un beau spectacle, dit-elle, que celui des Alpes au milieu d'une nuit d'été, et la pensée dédaigne volontiers les monuments et les choses de ce monde lorsqu'elle s'élève jusqu'à la contemplation des merveilles du créateur.

— Vous donnez trop de valeur aux œuvres des hommes, répondis-je, la comparaison n'est pas nécessaire pour les mépriser.

Un long regard investigateur, ce regard que je n'avais jamais rencontré chez d'autres femmes, vint de nouveau se fixer sur moi. Cette fois, il me mit mal à l'aise; nous montions une côte rapide, les chevaux allaient au pas, j'ouvris la portière et je sautai sur la route pour éviter cet examen qui semblait vouloir descendre jusqu'à la source de mes pensées.

J'avais à peine fait quelques pas que la jeune miss était à mes côtés. Nous marchions en silence, je lui offris mon bras qu'elle accepta sans hésitation.

— Vous me permettrez, lui dis-je, de guider vos pas pendant que votre esprit est dans le ciel.

— Alors la route sera moins douce pour vous que pour moi, reprit-elle en souriant... J'aime ce spectacle, ajouta-t-elle après un instant, et pourquoi ne l'avouerais-je pas? il me rappelle les rêves de mon enfance, il excite ceux de l'avenir, ces rêves que vous autres hommes ne sauriez comprendre parce que votre mission est toute positive, tandis que la nôtre, comme celle des anges, est de sourire et de consoler...

Je la regardais sans répondre.

— J'aurais bien à faire, continua-t-elle, et la mission serait bien extravagante, si moi, qui vous suis étrangère, je voulais vous convaincre que le mépris de la vie est un crime lorsqu'on a autour de soi tant de moyens de l'employer.

— A quoi bon!

— A quoi bon! s'écria-t-elle, mais à remplir les devoirs qui nous sont imposés, à tendre une main amie à ceux qui souffrent, à donner à notre cœur son véritable emploi en nous montrant les enfants du Christ dont la loi est une œuvre de charité et d'amour!... Mais vraiment, je suis folle, j'oublie que nous courons après Georges Sand et Alexandre Dumas, j'ignore qui vous êtes et je n'ai le droit ni de vous conseiller ni de vous interroger; remontons en voiture, nous allons, je crois, arriver bientôt à Thun.

Cette parole exaltée, l'heure, le lieu de la scène, son imprévu, avait fait naître chez moi une émotion facile à concevoir.

— De grâce, encore un moment, dis-je en la

retenant, laissez-moi vous témoigner ma reconnaissance; je vous dois quelques mots d'explication, et, au lieu de vous remettre ma carte qui ne vous donnerait que mon nom et mon titre, souffrez que je vous dise un peu de mon passé, ou je ne pourrai croire à la sincérité de vos doctrines et j'aurai la triste pensée que vous vous êtes moquée de moi.

Elle hésita, ses regards se tournèrent de mon côté et rencontrèrent mes yeux suppliants.

— Allons, dit-elle, je l'ai mérité; mais n'oubliez pas que nous nous connaissons d'hier et que nous arrivons à Thun.

Alors, avec l'amertume d'un esprit malade, d'un cœur blessé, je me mis à lui parler de mon enfance isolée, de ma jeunesse déshéritée d'affection et de tendresse, de mon amour malheureux pour la littérature et les arts.

— J'étais jeune, j'étais riche, lui dis-je, j'avais le cœur ouvert à toutes les illusions, à toutes les sympathies, je n'ai rencontré que déception et que mensonge. Je n'ai pas voulu mendier la renommée, son auréole a fui loin de moi. Il fallait entrer dans le monde avec le sourire aux lèvres, la flatterie dans la bouche, le calcul au fond de l'âme, je me suis révolté contre cette indigne comédie et le monde s'est tourné contre moi. J'aurais donné ma vie pour être compris, pour être aimé comme je me sentais la force d'aimer moi-même, mais nul n'avait le temps de me faire la charité de son cœur. Partout, en haut, en bas, dans cette société égoïste et factice, la place était prise ou la lutte ouverte pour s'en saisir... et quelle lutte ! Hypocrisies, bassesses, calomnies, tout ce que la race humaine peut empoisonner d'armes tolérées par la loi !... Voilà, voilà pourquoi je doute et je murmure, pourquoi je voyage maintenant en Suisse comme je pourrais voyager en Afrique, pourquoi je suis en chasse de deux célébrités comme je pourrais l'être d'une panthère et d'un lion; j'en suis réduit à chercher une émotion...

Ces derniers mots avaient été jetés avec l'animation que peut donner une violente attaque de spleen. Je sentis le bras de ma compagne qui m'arrêtait. Lorsque je fixai les yeux sur elle, elle souriait.

— Vous mériteriez d'être Anglais, me dit-elle d'une voix moqueuse, demain nous en causerons, mais si vous rencontrez Georges Sand vous n'aurez plus besoin de mes conseils, et... nous n'aurons plus à nous revoir.

Elle monta lentement en voiture pendant que je continuai la route à pied, agité de mauvais sentiments et rempli d'humeur et de colère.

IV.

Labruyère a dit : Rien ne rafraîchit le sang comme d'avoir évité une sottise. Mon amour-propre blessé, mon esprit rempli de doutes, me crièrent toute la nuit que je m'étais fait le jouet d'une jeune fille et que j'avais à enregistrer une inconséquence de plus dans ma vie. Qu'avais-je besoin, me disaient-ils, de m'associer à cette étrangère, aux sentiments romanesques et puritains, à cette rêveuse exaltée, pleine d'adoration pour la lune et de moquerie pour les souffrances du cœur? Pourquoi ne la quitterais-je pas demain? mais je lui ai dit mon nom... — J'y mettrai de la politesse tout en lui faisant comprendre que je n'entends pas lui servir de distraction. — Quels singuliers êtres que ces Anglaises; elles sont plus femmes que les autres... — Perfides comme l'onde, suivant Shakspeare. — Cependant ses grands yeux n'annonçaient pas la raillerie et elle a trouvé quelques nobles paroles en admirant les œuvres de Dieu. — Que signifiaient ces mots : si vous rencontrez Georges Sand nous n'aurons plus à nous revoir ! — Est-ce un congé, est-ce de la coquetterie ! Après tout, que m'importe, je n'aime pas cette jeune fille, acceptons sa rencontre comme un épisode de voyage qui ne noue de relations que ce qu'on veut avoir... — Il y a chez elle de la bizarrerie, tant mieux, c'est une étude à faire ; je suis curieux depuis longtemps de savoir si les jolies femmes ont parfois du cœur.

Le lendemain matin, le garçon de l'hôtel du Freyenhof entra chez moi tenant à la main une carte de visite. W. Ansbruster, baronet, de Fieldtree-House, me faisait engager à prendre le thé. L'Anglais désirait sans doute savoir mon nom. Je tirai une carte de mon portefeuille et je la lui envoyai aussi cérémonieusement qu'il m'avait adressé la sienne. Après cet échange diplomatique, ma toilette n'étant pas longue à faire, je descendis dans la salle à manger.

Mes trois compagnons de voyage étaient assis autour d'une table qu'on surchargeait de plats que le thé avait certainement le droit d'accompagner comme précaution. Les deux hommes se levèrent et m'offrirent la main. Je m'approchai de la jeune miss pour la saluer, ce regard étrange qui me troublait toujours m'arrêta à quelques pas d'elle. Je cherchais à deviner sa pensée, lorsque se levant avec un mouvement rapide et gracieux, elle s'avança vers moi et me tendit une main que j'aurais pu facilement renfermer toute entière dans la mienne.

Le guide entra quelques instants après; il apportait un gros registre dans lequel les voyageurs en Suisse ont l'habitude d'inscrire leurs noms. A la dernière page et tracées de la veille, il nous montra deux grandes signatures de Georges Sand et d'Alexandre Dumas qui paraissaient écrites par la même main. Ses informations lui avaient fait découvrir que les auteurs de ce magnifique autographe s'étaient embarqués dans la soirée sur le lac, avaient dû coucher à Interlack et probablement, ajoutait-il, s'ils n'y étaient pas demeurés aujourd'hui, ils visitaient en ce moment le Napf ou le Staubbach. Notre guide, on le voit, possédait une puissante logique, cependant une chose l'embarrassait. Nous lui avions désigné l'objet de nos recherches comme appartenant à deux sexes différents et les renseignements qu'il avait obtenus ne parlaient que de deux hommes; il était question de deux célébrités européennes et les deux voyageurs parcouraient la Suisse en pèlerins, plus curieux des beautés de la nature que des chevaux de poste et des bonnes auberges. Nous rassurâmes Stury et nous nous mîmes à calculer notre itinéraire de la journée qui présentait bien quelques difficultés. Il fallait visiter Interlack, Grindelwald ou le Napf et nous avions le choix entre la route de la rive gauche du lac, celle de l'Emmenthal par Walkringen et Sumiswald ou enfin par l'Entlibuch qui pouvait nous conduire dans un jour à Lucerne. Cependant, comme il est rare de trouver ce que l'on cherche en courant le plus vite possible, à moins que ce ne soit la fin du voyage, il fut résolu que nous confierions au hasard les chances de nos découvertes et que nous prendrions la voie la plus douce, celle de la navigation sur le lac de Thun. A l'adoption de cette résolution, le jeune gentleman proposa un amendement qui me parut assez singulier, ce fut l'offre de rester seul dans la voiture et d'aller explorer Interlak et Unterseen, avec promesse de nous faire avertir s'il y entrevoyait l'objet de notre curiosité. J'avoue qu'au premier moment je fus frappé de ce dévouement magnanime et que je comparai son amour des découvertes à celui du capitaine Ross ou du capitaine Parry, mais un peu de réflexion diminua de mon estime pour ce beau jeune homme et, par quelques mots de son sobre langage, je crus deviner qu'il était assuré de rencontrer par là plus d'un compatriote et de fêter leur réunion par un certain nombre de bouteilles de Claret et de Porto.

La navigation du lac de Thun a été améliorée depuis quelques années, si l'on peut appeler amélioration, lorsqu'il s'agit d'un trajet pittoresque, d'employer cette machine ennuyeuse et puante qu'on nomme bateau à vapeur, au lieu de ces gracieuses petites barques qui glissaient d'un mouvement régulier sur la surface de l'eau sans vous empoisonner d'une fumée noire et infecte. La chaleur était étouffante, il nous fallut quelques heures pour traverser cette jolie nappe d'eau et venir mettre le pied sur le sentier de Wildeswil. Le vieux baronet, grand chasseur de renards, avait encore le jarret solide et marchait en avant avec le guide qui lui donnait en mauvais Anglais des détails sur les sites que nous traversions. Miss Georgine et moi suivions armés du grand bâton des montagnes. Le grand air et la chaleur avaient légèrement coloré son teint d'ordinaire fort pâle. Avec sa robe de mousseline d'un bleu pâle que la brise faisait ondoyer souvent et son grand chapeau de paille qui plaçait sa physionomie dans une ombre transparente, elle était vraiment charmante, et quoique je n'eusse aucune envie de rompre le silence qui régnait entre nous, mes regards ne pouvaient un seul instant se détacher de cette gracieuse apparition.

Nous gravissions des pentes rapides depuis deux heures, lorsque des nuages noirs s'amoncelèrent au ciel et que le vent s'éleva en tourbillonnant. On ne pouvait se méprendre à ces signes précurseurs des orages, le baronet et le guide s'arrêtèrent pour que nous ayons le temps de les rejoindre. Il fallait prendre un parti, nous étions au milieu des montagnes, loin de toute habitation, la foudre grondait à l'horizon et tout faisait présumer que nous allions avoir à lutter contre une violente tourmente. Peut-être n'y avait-il pas de danger bien réel, toutefois, il faut avoir assisté aux orages qui éclatent souvent au milieu des Alpes, pour se faire une idée de leurs ravages. Des arbres brisés et déracinés, des rochers roulés par les torrents d'eau qui envahissent les chemins, l'éclat de la foudre répété par vingt échos, l'obscurité qui descend dans les vallées, toutes ces choses, si elles ne sont pas très-graves, sont au moins fort émouvantes, surtout lorsque des femmes font partie de votre excursion. Toute notre attention se porta sur la jeune Anglaise. Il fut décidé qu'on marcherait aussi longtemps que possible, et qu'on choisirait sur les bords de la route l'abri le plus convenable au milieu des rochers. Le guide devait prendre le devant pour rejoindre une petite auberge à une lieue de distance et tâcher d'y trouver des chevaux avec lesquels il reviendrait à notre secours.

Ces arrangements étaient à peine convenus que la lueur éblouissante des éclairs et le fracas du tonnerre nous engagèrent à ne pas perdre de temps pour choisir une retraite. Le guide, qui avait déjà pris l'avance, nous fit un signe de la main qui indiquait de gros rochers s'élevant par gradins des bords de la route et dominant une pente rapide peuplée çà et là de vieux mélèzes qui semblaient avoir supporté bien des orages. Parvenus à la place qu'il nous avait montrée, nous aperçûmes, à une douzaine de pieds au-dessus du chemin, une espèce de grotte formée par les rochers surplombant au-dessus de nos têtes. Ce ne fut pas sans difficulté que nous pûmes y arriver. Une mousse fine et touffue garnissait le sol émaillé des fleurs du géranium et de la pervenche. Tout incomplet qu'était cet abri, il était suffisant pour nous préserver à peu près de l'orage, mais il était écrit dans le livre des destinées que les choses ne se passeraient point ainsi et que cette journée serait fertile en incidents de toute espèce.

Depuis l'espace d'une demi-heure, nous assistions au désordre de tous les éléments, la foudre sillonnait la vallée où nous étions réfugiés, elle vint frapper un vieux sapin à cent pas de nous et ses branches énormes furent enlevées en tourbillonnant dans l'espace, lorsque des cris de détresse s'élevèrent du fond de la vallée. Saisir mon bâton de voyageur et m'élancer sur la route fut l'affaire d'un instant. Je m'avançai vers l'arbre déraciné qui la couvrait en partie, mais ce fut en vain que mes regards se portèrent dans toutes les directions. Il me fut impossible de rien apercevoir. Une cravache que je rencontrai à quelque distance au milieu du chemin me fit supposer que les cris avaient été poussés par quelque voyageur dont la monture effrayée pouvait menacer la vie. Après avoir erré de différents côtés, je pris le parti de rejoindre notre asile sous les rochers. Je n'étais qu'au début de mes émotions.

Pendant mon absence, le père de miss Georgine avait cédé au même mouvement qui m'avait entraîné sur la route au secours de voyageurs en péril. Je la retrouvai pâle, inquiète, frissonnant de froid, car la température s'était subitement abaissée depuis que le soleil avait cessé de paraître.

— Et mon père, s'écria-t-elle en me voyant arriver seul.

— Il va sans doute revenir, répondis-je, car je n'ai rien vu qui puisse le retenir ni vous effrayer.

Quelques minutes se passèrent dans le silence, mais l'impatience de la jeune Anglaise ne lui permit pas d'attendre davantage; elle descendit avec mon aide de notre lieu de refuge et se mit à la recherche du baronet en poussant de temps en temps de petits cris pour l'avertir.

Je concevais son inquiétude sans cependant la partager. L'orage avait sensiblement diminué, son père ne courait aucun danger et nous allions le retrouver sans doute dans un moment. Nous descendîmes vers Interlaken sans rien apercevoir, et, retournant sur nos pas, nous franchîmes le sapin couché sur la route en nous dirigeant du côté de Grindelwald. Nos recherches et nos cris demeuraient sans résultat, je commençais à ne rien comprendre à cette étrange disparition. Un sentier, s'élevant dans la montagne, atteignait un plateau couvert de pâturage, miss Georgine voulut s'y engager; elle prétendait que de là nous pourrions apercevoir tous les détails de la vallée. Vainement je lui disais qu'il était probable que le baronet était retourné nous attendre aux rochers qui nous avaient servi de refuge, elle ne voulut pas m'écouter et je ne pus me dispenser de la suivre dans cette imprudente exploration.

Ce que j'avais prévu ne tarda pas à arriver. Le sentier, comme tous ceux qui parcourent les montagnes, faisait de nombreuses sinuosités pour éviter les obstacles qui se trouvaient sur son trajet. Après avoir péniblement monté au milieu de fragments de roches éboulées, il nous fallut traverser un bois de vieux sapins où nous perdîmes tout-à-fait ses traces. Nous marchâmes longtemps sous ces voûtes sombres sans en apercevoir les limites. La jeune Anglaise ne semblait pas ressentir de fatigue, elle était pâle, sa course était nerveuse, et ses lèvres contractées annonçaient seules son émotion. Enfin, nous aperçûmes la pelouse que nous croyions dominer la vallée, mais lorsque nous y fûmes parvenus, le premier coup-d'œil nous fit reconnaître qu'elle était limitée de tous les côtés par des rochers et que ce n'était pas celle que nous avions espéré rencontrer. Ce site présentait d'ailleurs un aspect de solitude sauvage qui n'était pas sans charme. Un gazon frais et verdoyant, semé de distance en distance par des quartiers de rochers grisâtres aux pieds desquels fleurissaient le genêt et le rhododendron sauvage, s'élevait en pente insensible jusqu'aux hautes montagnes qui l'encadraient de leurs murs gigantesques. A droite, adossé contre elle, on apercevait un petit châlet éclairé par les derniers rayons du soleil couchant, tandis qu'à notre gauche un ruisseau traversait en murmurant la pelouse et allait se perdre sous les bois que nous venions de quitter, dont le vert sombre et la profondeur formaient une vigoureuse opposition dans un tableau dont Calame n'aurait pas dédaigné la douceur.

Depuis que la route l'avait permis, je donnais le bras à miss Georgine, lorsqu'au moment où d'un regard elle s'aperçut qu'elle s'était tout-à-fait égarée, je la sentis faiblir et s'affaisser sur elle-même. La fatigue, le chagrin, peut-être la crainte, venaient de lui faire perdre connaissance. Je la retins entre mes bras et ne sachant trop quel secours lui donner, je jetai mon bâton de voyage, et, la soulevant de terre, je me dirigeai avec ce léger fardeau vers le châlet que nous venions d'apercevoir.

La porte de ce petit bâtiment, comme celle de toutes les constructions de même espèce qu'on rencontre dans l'Oberland bernois, était à peine fermée. Il me fut facile d'y pénétrer et de déposer la jeune Anglaise sur un amas de mousse et de feuilles sèches accumulé dans un coin de la seule pièce qu'il possédait. Au moment où je détachais les rubans de son chapeau, ses longs cheveux blonds, dénoués par la marche et par l'orage, vinrent se dérouler autour d'elle, semblables au voile d'une fiancée. Je les écartai doucement, non sans ressentir un certain frémissement à leur contact soyeux. Autour de moi, rien ne pouvait me venir en aide, j'éprouvais un cruel embarras de l'absence de tout moyen de secours. Mes yeux tombèrent enfin sur un vase de terre grossier que je me hâtai d'aller remplir au ruisseau et j'essayai, en jetant quelques gouttes d'eau sur son visage pâle et contracté, de rappeler à la vie ma malheureuse compagne de voyage.

Je me rappellerai toujours l'instant où elle commença à reprendre l'usage de ses sens. Elle était alors, moitié assise, moitié couchée dans un des coins du châlet, en face de la porte restée ouverte. J'étais à ses genoux, tenant une de ses mains dans les miennes, cherchant à lire sur sa figure et dans le battement de ses artères les traces de son retour à la vie. Un rayon de soleil, pénétrant jusqu'à elle, me la représentait pareille à la Juliette de Shakspeare sortant de son tombeau. Sa bouche s'entrouvrit d'abord, puis ses yeux soulevèrent leurs paupières et ses regards se fixèrent sur moi. Comment dire les transitions par lesquelles ils passèrent depuis leurs premiers rayons qui ne parlaient pas encore, jusqu'à ceux, d'une douceur infinie, qui restèrent attachés sur les miens? Ce n'était plus ce coup-d'œil si singulièrement investigateur qui m'avait frappé dès le premier jour de notre rencontre. Sa physionomie reprenait peu à peu son expression habituelle, mais il y avait dans toute sa personne un tel abandon, dans sa pâleur une telle souffrance, dans son regard tant de bienveillance, que je me sentis pénétrer d'une émotion que je n'avais jamais éprouvée et dont je ne me croyais plus capable. J'allais abandonner sa main et me relever, lorsqu'une légère pression de la sienne me retint à ses genoux.

— Vous êtes bon, me dit-elle d'une voix à peine intelligible; mon père, mon pauvre père, qu'est-il devenu?

— Je ne répondais rien, mais je la regardais de toutes les puissances de mon âme. Une légère rougeur vint animer ses traits adorables, elle passa avec effort ses doigts sur son front et s'aperçut alors que ses cheveux détachés l'entouraient de leurs ondes brillantes.

— Je suis mieux, je suis bien, ajouta-t-elle en se levant; mon père, occupons-nous de mon père, n'est-ce pas, mon ami?

Et elle me tendit de nouveau la main, cette fois bien volontairement et avec un geste plein d'une noble et charmante confiance.

Au lieu de lui répondre, et je ne l'aurais pu dans ce moment sans trahir les sentiments de mon cœur, je sortis du châlet. Un bruit de clochettes venait d'arriver à mes oreilles, je comprenais que les vaches descendaient des montagnes arrivant au pacage pour passer la nuit et qu'elles devaient être accompagnées par quelque pâtre. J'aperçus en effet un enfant d'une douzaine d'années, véritable sauvage, fort effrayé de ma présence et plus disposé à fuir qu'à m'écouter. Afin de prévenir sa défection prochaine, j'arborai le drapeau de l'homme civilisé, quelques pièces de monnaie, et je pus l'approcher sans qu'il cherchât de nouveau à s'échapper. Une difficulté nouvelle vint cependant entraver notre bonne intelligence, le sauvage ne parlait qu'Allemand et mon vocabulaire dans cette langue était trop circonscrit pour qu'il nous fût possible de bien nous entendre. Tout-à-coup l'enfant me tourna le dos et se mit à courir dans la direction de la montagne. Un instant après, je vis apparaître un grand jeune homme qui descendait rapidement et qui fut bientôt à mes côtés. Celui-ci du moins savait un peu de Français, c'était le fils d'un guide et je trouvai la possibilité de m'expliquer avec lui. Ce qu'il m'apprit me causa un véritable plaisir. Après la tempête, du haut de ses pâturages, il avait vu Stury qu'il avait parfaitement reconnu, descendant la route avec un cheval et se livrant à des recherches autour du sapin renversé. Un peu plus tard, un vieux monsieur qui ne pouvait être que le baronet, à la description qu'il me fournit de son costume, s'était dirigé, monté, vers Grindelwald, tandis que le guide continuait ses explorations dans le voisinage. Je pouvais donc donner à miss Georgine des nouvelles rassurantes de son père; cette nuit, ou plus vraisemblablement le lendemain de bonne heure, nous serions tous réunis. Je ne voulus cependant rien négliger pour hâter ce moment qui devait être vivement désiré par tous deux. Je donnai des instructions détaillées aux deux jeunes gens en leur assurant une récompense généreuse et je fis partir l'aîné pour le Grindelwald où il pouvait arriver dans quelques heures, tandis que le petit sauvage dégringolait par un véritable sentier de chamois afin d'aller à la rencontre du guide Stury qui devait revenir avec lui au châlet de Rosenberg, où nous avions, malgré nous, élu domicile.

Ces arrangements, malgré la rapidité que j'avais mis à les faire, me prirent cependant assez de temps pour que la nuit fût à peu près venue lorsque je me dirigeai de nouveau vers le châlet. Je marchais lentement quoique je fusse porteur de bonnes nouvelles, c'est que depuis la nuit dernière mes sentiments s'étaient singulièrement modifiés à mon insu. A l'irritation et à la colère avait succédé une émotion irrésistible qui livrait toutes mes volontés aux mouvements irréfléchis de mon cœur. Je prévoyais déjà que l'instant n'était pas éloigné où j'allais me séparer d'une jeune fille qui m'inspirait le plus vif intérêt. Maintenant j'étais son protecteur, et, c'était elle qui l'avait dit, son ami... Tout cela, dans quelques heures, devait disparaître comme un rêve ; je redevenais un étranger qu'un hasard de voyage avait fait connaître et que le lendemain d'autres distractions auraient chassé du souvenir. Une profonde tristesse s'empara de mes pensées et ce fut, perdu dans la succession de leurs flots amers, que j'arrivai jusqu'à la porte que j'avais franchi, peu d'instants auparavant, rempli d'un sentiment de bonheur.

Je crois avoir dit que la nuit était à peu près arrivée. Au premier moment, je n'aperçus pas miss Georgine dans l'intérieur du châlet, ce ne fut qu'après un examen plus attentif que je parvins à la découvrir. Elle avait réparé le désordre de sa toilette et elle s'était agenouillée contre un vieux bahut, la tête cachée entre ses mains. Quoique je restasse appuyé contre les montants de la porte, respectant ses méditations ou sa prière, elle parut bientôt deviner ma présence, car elle se leva et vint à moi. Je vis alors qu'elle avait pleuré, quelques larmes roulaient encore sur ses joues comme des gouttelettes de rosée sur la blanche fleur d'un lys. Je lui rendis compte de ce qui venait de se passer en insistant sur la certitude que son père n'avait éprouvé aucun mal et qu'il serait bientôt auprès de nous. Je parlais lentement et la tristesse de mon regard était peu d'accord avec les consolations que devait lui apporter mon récit. Elle m'écoutait avec calme, un instant elle joignit les mains et un demi-sourire vint éclairer sa physionomie. Un grossier banc de bois, en dehors du châlet, se trouvait auprès de la porte ; elle alla s'y asseoir, et, après quelques secondes, me fit signe de venir m'y placer à ses côtés.

— Pourquoi être triste, me dit-elle avec un doux regard, au moment où vous devriez vous réjouir du bonheur que Dieu m'envoie. Cela est mal, et cependant je n'ai pas le courage de traiter comme hier soir vos malheurs imaginaires. Avouez que vous aviez fait en moi le choix d'un singulier confident, une jeune fille qui ne devrait connaître de la vie que le plaisir et l'espérance... mais hélas ! il n'en est pas ainsi. J'étais bien jeune lorsque je perdis ma mère, la liberté de nos mœurs anglaises m'a posée en face d'un monde qu'il fallait un peu étudier. N'allez pas croire cependant que je suis bien savante, j'en sais assez pourtant, et peut-être que je juge autant avec mon cœur que par mon expérience, pour vous dire qu'il ne tenait qu'à vous d'être heureux. Le ciel ne vous a-t-il pas donné plus que votre part ? Vous êtes jeune, riche, d'une noble famille et vous avez cultivé votre intelligence, que vous faut-il encore? Vous avez couru après des chimères lorsque le bonheur était autour de vous, dans l'accomplissement de devoirs sérieux, dans la possibilité d'élever votre âme vers son divin maître par la charité et la douceur... Orgueil! voyez-vous, c'est la maladie du siècle. Ah! que je voudrais que mes paroles au lieu de vous blesser pussent vous guérir!

J'écoutais avec un charme infini ces conseils donnés à demi-voix comme une confidence, mais non sans une autorité persuasive. Il me semblait que jusque-là je n'avais pas compris la vie et qu'elle s'ouvrait devant moi toute autre que jusqu'alors. Je la regardai sans répondre, ou pour mieux dire mes regards exprimaient ma pensée.

— Je crains bien que vous ne soyez incorrigible, reprit-elle en détournant les yeux.

— Alors je suis malheureux, murmurai-je tristement, car je ne le croyais plus auprès de vous.

Il se fit un nouveau silence.

— Vous n'êtes qu'un courtisan, dit-elle; mais je vous déclare que ma royauté ne se laisse pas prendre à la flatterie.

— Vous me réduisez à ne plus rien vous dire.

— Vraiment! ce serait fâcheux, car l'avantage vous resterait. Vous courez après deux grandes célébrités, je suppose que c'est pour les entendre; une pauvre jeune fille comme moi ne doit pas usurper votre attention. M. Dumas vous contera quelques belles et grandes histoires et Georges Sand, ah! Georges Sand!... Avez-vous lu Indiana?

— Oui.

— Eh bien! vous devez alors apprécier la différence qui existe entre un être ardent, passionné, secouant les entraves du monde pour y chercher des bonheurs infinis, et celui qui, soumis à ses devoirs, poursuit doucement son sentier entre la prière et son cœur.

— Je ne l'ai jamais compris comme en ce moment.

— Très-bien, voilà des paroles de convalescent.

— Et ma guérison serait assurée, repris-je avec ardeur, si je pouvais toujours vous entendre, car il me semble en vous écoutant que mon bon ange, envolé dans quelque mauvais jour, soit revenu s'asseoir à mes côtés. Pourquoi faut-il que tant de bonheur doive s'évanouir! demain je ne serai plus seul auprès de vous, cette solitude inconnue, cet Éden de mes rêves seront perdus pour toujours...

— Est-ce que de misanthrope vous allez vous faire égoïste? dit-elle en souriant, vous oubliez mon père et mon fiancé..,

— Votre fiancé!

— Mon cousin, si vous voulez. Ce beau jeune homme qui voyage avec nous et qui doit recueillir le titre et la fortune de mon père pour ne pas laisser notre nom tomber dans l'oubli.

— Mais, vous ne l'épouserez pas, m'écriai-je, il ne saurait vous comprendre, vous mériter...

Elle se leva, me regarda quelque temps en silence, puis, s'élançant vers le guide qui apparaissait en bas de la pelouse :

— Vous êtes trop misanthrope, me répondit-elle.

V.

Stury, en brave homme de guide qu'il était, avait fait preuve d'une prévoyance que ses fonctions dans les Alpes apprennent bien vite. La possibilité d'un orage prolongé et d'une nuit dans la montagne lui avait donné le conseil d'apporter une couverture pour la jeune miss et des provisions pour les autres voyageurs. Sir W. Ansbruster qu'il avait rencontré sur la route de Grindelwald s'était emparé du cheval, et, sur l'assurance que nous n'étions pas dans cette direction, avait dirigé sa course vers Interlaken pour rejoindre son neveu et se livrer à notre recherche. Plus tard, lorsque le jeune pâtre avait rencontré Stury, celui-ci l'avait envoyé dans cette partie de la vallée; il devait rejoindre le baronet.

lui servir de guide, et nous le verrions sans doute arriver demain avec le jour.

Ces explications, données d'une manière précise, rendirent tout-à-fait la gaieté à miss Georgine. Délivrée des appréhensions qu'elle avait conçues pour la santé de son père, elle ne vit plus que le côté romanesque de notre situation, et le lecteur le soupçonne sans doute, elle ne devait pas déplaire aux habitudes de son esprit.

— Nous allons ajouter quelques lignes à Robinson, s'écria-t-elle gaiement. Vous, et elle me désignait, à cause de votre habit, vous auriez quelques droits à devenir mon perroquet, mais parce que vous êtes un peu sauvage, je vous prends pour mon Vendredi. Notre brave guide sera... bah! nous inventerons un nouveau personnage. Mes sujets vont s'occuper de notre souper, et moi, votre reine, la *Crusoëe* de cette solitude, je vais tâcher d'obtenir du lait de nos troupeaux ; ainsi, ne laissez pas cette gourde pleine d'eau-de-vie sous mes regards, je proscris tout ce qui n'est pas innocent et primitif de mon royaume Alpestre.

La scène qui suivit ne saurait être décrite dans tous ses détails. Il fallait en faire partie dans la situation d'esprit où je me trouvais alors pour y rencontrer le charme que mes souvenirs lui prêtent encore. On fit du feu, on prépara le souper, le guide trouva même moyen de faire infuser un peu de thé dans un vase en terre. Nous n'avions ni verres ni assiettes, Stury seul possédait un couteau; il s'en servit pour tailler, en quelques secondes, deux fourchettes dans un morceau de bois. Une page blanche de mon livre de croquis fut arrachée pour servir d'assiette à notre reine. La mousse, convenablement arrangée et cachée sous la couverture, devait lui fournir un divan; enfin, dans moins d'une demi-heure, lorsqu'elle rentra toute fière d'avoir pu recueillir un peu de lait, le souper était prêt, et Stury, en guide bien appris, se tenait à côté de la table pour la servir.

Miss Georgine s'arrêta à la porte en examinant nos préparatifs. Un joyeux éclat de rire, s'il ne nous remercia pas de nos soins, nous en paya du moins en nous laissant voir deux charmantes rangées de dents blanches et serrées. Ce fut en vain que le guide voulut ne manger qu'après elle, il fut forcé de se mettre à table et le souper commença accompagné de plaisanteries et de folies de toutes espèces. L'aspect du châlet offrait alors un intérieur digne du pinceau d'un maître flamand. La jeune Anglaise écoutait, à moitié couchée, les histoires de montagnes qu'elle se plaisait à faire raconter au guide. La lumière inégale du feu se projetait sur les physionomies et sur les rustiques accessoires qui nous entouraient en leur prêtant une teinte rouge et fantastique. Parfois l'obscurité était presque complète, tandis qu'un instant après une flamme vive jetait ses éclats sur nous et dessinait nos ombres sur la toiture misérable de notre abri. La porte, restée entr'ouverte, nous montrait le paysage éclairé par une lune radieuse ; un chien vint en se traînant avec de petits airs cajoleurs se coucher aux pieds de notre reine, et lorsque le guide cessait de parler et qu'il se faisait un moment de silence, on entendait le son extérieur des clochettes et le bruit particulier que les animaux ruminants font durant la nuit. En un mot, tout vous remplissait de la sensation d'une solitude profonde et je ne saurais dire le charme qu'il y avait à se sentir ainsi isolé des hommes et seul gardien d'un trésor qu'assurément le plus grand nombre vous eût envié.

Les heures passaient rapidement, je m'arrachais, non sans effort, à cette muette contemplation et à mes rêves. Je fis signe à Stury, nous sortîmes du châlet et nous nous dirigeâmes vers un hangard où un peu de foin se trouvait entassé. Ce fut en vain que j'y cherchais le sommeil, mille réflexions de toute nature, mille images séduisantes tinrent mon esprit occupé pendant la nuit entière. Plus d'une fois je fus tenté d'aller, en me cachant, rôder autour de la cabane, un sentiment de délicatesse vint me retenir. J'éprouvais une sorte de fièvre, les hallucinations d'un demi-sommeil, mêlées aux réalités de la raison et de la vérité. Chaque mot, chaque geste, chaque regard se ranimaient dans ma pensée; je l'entendais encore me dire avec un accent malicieux qui n'appartenait qu'à elle : — « Vous êtes trop misanthrope ! » Était-ce un reproche, un encouragement pour l'avenir ? Ah ! comme on devient bon lorsqu'on aime ! Je me sentais pris de tendresse pour l'humanité entière, et, sauf une jalousie passionnée, son amour semblait devoir régénérer tous mes sentiments. Le jour parut trop tôt au milieu de ces émotions de mon âme ; je laissai le guide, dormant comme une marmotte de ses montagnes, et je me dirigeai vers le ruisseau pour procéder à une toilette sommaire de voyageur.

Je venais de m'asseoir sur une pierre et de prendre mon livre de croquis et mes crayons pour arrêter les détails de ce site dans ma mémoire, lorsque j'entendis marcher non loin de moi. C'était le baronet accompagné du jeune pâtre. Je me levai pour aller à sa rencontre, mais il passa sans se retourner et sans avoir l'air de me voir. Que ce fût hasard ou préoccupation, je résolus d'en attendre l'explication et je me remis à mon dessin. Le vieil Anglais entra bientôt après dans le châlet et le jeune pâtre, aidé du guide, ouvrit le parc de ses vaches qui partirent en bondissant vers des pâturages plus élevés.

La conférence entre le père et la fille dura bien un quart d'heure, elle me parut éternelle ; enfin, ils sortirent en se donnant le bras et se dirigèrent de mon côté. Arrivés près de moi sans que je fis semblant de m'en douter, l'Anglais mit sa large main sur mon papier et poussa un petit rire saccadé comme pour jouir de ma surprise. Je me levai, il me secoua la main et me dit :

— Vos êtes un gentlemen, monsieu, mais moi je souis un viou fol. Au diable soit le face de monsieu Dioumas! Je n'en souis plus curious du tout, ce petite fille, il m'a rendu le pays malsaine, aussi je vais dire adieu à vos et partir tot de souite pour Florence.

Cette déclaration qui ressemblait, il faut l'avouer, à un congé, me frappa tellement que j'en restai tout étourdi. Je levai les yeux sur miss Georgine, elle avait l'air distrait et préoccupé. Mon cœur était tellement brisé qu'il me fût impossible de répondre un mot. Je me rassis lentement sur ma pierre, je sentis qu'une larme, dont j'avais honte, allait rouler malgré moi de mes yeux. Quelle folie! Le vieux baronet devait-il donc, pour un étranger qu'il connaissait à peine, rompre des arrangements de famille auxquels étaient attachés son bonheur et son nom? Mais elle... elle! n'avait-elle pas un peu encouragé mes espérances, ne s'était-elle donc livrée avec moi qu'à un cruel jeu de coquetterie?... Je baissai la tête sur mon dessin pour cacher les violentes émotions qui m'agitaient et ma main continua machinalement son travail sans que mes yeux conservassent la faculté de rien voir.

Depuis quelques minutes, j'étais plongé dans cette sorte de somnambulisme où le corps n'a plus conscience de ses actes, lorsque, par une intuition dont je ne saurais rendre compte, je sentis que miss Georgine qui m'avait quitté avec son père se rapprochait seule de moi. Le reflet bleu de sa robe vint bientôt se projeter sur mon papier, sa main s'appuya doucement sur mon épaule et avec une voix qu'il me semble entendre encore :

— Pauvre Vendredi, dit-elle, notre rêve est fini, nous allons nous quitter, peut-être pour toujours; mais croyez-le bien, je garderai le souvenir de notre rencontre, de..... de votre amitié pour moi...

Je levai les yeux sur elle, les siens ne se détournèrent pas.

— Voulez-vous me donner ce dessin, reprit-elle après un silence, je pars, mais il faut que j'aille au châlet reprendre mon bâton de voyageur !...

Je déchirai la page qu'elle réclamait, et, sans dire un mot, je la lui offris en même temps que mon bras qu'elle prit cette fois avec un peu d'hésitation. Nous marchâmes lentement, aucune parole ne fut échangée; mais parfois nos regards se rencontraient et ils avaient alors un langage que nulle expression humaine ne saurait rendre. Dans ces moments, il me semblait qu'elle avançait moins facilement et que je sentais son bras plus rapproché du mien... ses lèvres s'entrouvraient avec un doux sourire... Nous arrivâmes au châlet, j'allai prendre les deux bâtons de voyage qui étaient restés auprès de la cheminée, je les lui présentai.

— Le vôtre, dit-elle en le choisissant; puis elle me tendit la main. — Adieu, mon ami, ajouta-t-elle, ne m'oubliez pas, et... venez à Florence cet hiver.

— Georgine! m'écriai-je hors de moi, et j'étais tombé à ses pieds en couvrant sa main de baisers.

— Soyez courageux, il le faut. Relevez-vous, on m'appelle..... Jamais je ne serai à lui!...

Elle s'échappait, je ne pus retenir un mouvement suprême, et la prenant entre mes bras, un instant je la serrai avec passion contre mon cœur.

Que dire des heures qui suivirent celle où elle avait disparu? Ce récit, qui me rappelle d'amères tortures, est encore au-dessus de mes forces, aujourd'hui que de nombreuses années ont calmé mon cœur et presque effacé mes souvenirs. Tout ce que je puis dire, c'est que je restai longtemps écrasé par mon désespoir et par mes larmes. Je voulais la suivre, la revoir, et je comprenais qu'en agissant ainsi c'était la perdre de nouveau et peut-être pour toujours. Enfin je me levai, car l'avouerai-je? je m'étais roulé à terre dans le premier paroxisme de la douleur, cherchant une trace de sa présence dans un lieu qui me paraissait maintenant un tombeau. Le soleil était à son zénith lorsque je descendis lentement la montagne, me retournant à chaque pas pour dire adieu du regard à cette oasis que je ne devais plus revoir.

J'ai hâte de terminer et le lecteur me saura gré certainement de passer sur des détails qui n'auraient plus aucun intérêt. Le soir, j'étais à Grindelwald, le lendemain à Lucerne, partout les voyageurs Anglais m'avaient précédé. Vainement Stury, qu'ils avaient largement récompensé et dont ils n'avaient plus que faire, puisqu'ils voyageaient à grandes journées, chercha à réveiller ma curiosité en m'apportant les registres où l'on continuait à lire les noms de Georges Sand et d'Alexandre Dumas, cette curiosité s'était effacée sous le sentiment absolu qui remplissait mon âme. Un jour cependant, du côté d'Altorf, je ne pus me soustraire à ses instances, il venait de prendre les célébrités sur le fait d'*autographier* dans les registres de la *Maison-Rouge* ou du *Lion-Noir* et elles allaient de leur personne monter en voiture à quelques pas de là. Je me laissai entraîner un peu par force, et je vis en effet deux messieurs ornés de magnifiques barbes rouges, représentant sans aucun doute deux facétieux commis voyageurs qui avaient trouvé plaisant de joindre sur leur route quelques feuilles de laurier à leurs autres articles de marchandises en usurpant les noms des deux illustres romanciers.

VI.

Deux mois plus tard, j'étais à Paris, rêvant avec plus de tranquillité au passé qu'à l'avenir. Mon *spleen* s'était peu à peu dissipé et j'arrangeais déjà dans ma pensée mon voyage en Italie. Chaque jour, cette pensée aimait à s'égarer dans un pays nouveau, dans de nouvelles scènes, et je remplaçais les incidents et la liberté du voyage par les relations du monde et la facilité qu'il donne de pouvoir se retrouver. Ce n'était plus le pauvre Vendredi, une sorte de sauvage, ni la reine du Rosemberg perdue au milieu des Alpes, mais c'était encore la reine de la société élégante et choisie de Florence, c'était plus, c'était la fiancée de mon cœur.....

Ces illusions ne devaient pas tarder à s'évanouir.

Un soir, je trouvai en rentrant chez moi une vaste enveloppe, couverte d'un large cachet noir, dont l'adresse était d'une écriture inconnue. J'interrogeai mon domestique, il ignorait qui avait apporté cette lettre que lui avait remis le portier. Je l'ouvris avec un sentiment pénible. Voici les lignes qu'elle contenait :

« MONSIEUR,

» Je viens m'acquitter d'une promesse.

» Le très-honorable sir W. Anbruster, baronet
» de Fieltree-House est décédé le 15 du mois d'oc-
» tobre à Florence, me laissant en possession de
» ses titre, nom et fortune.

» Deux jours auparavant, le 13, miss Georgine
» Anbruster, sa fille unique, avait succombé à la
» suite d'une longue et douloureuse maladie de
» poumons.

» C'est pour accomplir ses intentions que je joins
» ici un papier cacheté que miss Georgine Anbruster
» m'a chargé de vous faire passer.

» *Votre plus obéissant serviteur,*

» J. W. ANBRUSTER, baronet. »

Le papier cacheté que je recevais après que la tombe s'était refermée sur l'infortunée jeune fille, contenait le dessin du châlet qu'elle m'avait demandé au moment de son départ. Sur le premier plan, une autre main, la sienne sans doute, avait ajouté deux personnages dans lesquels il était facile de nous reconnaître. Le moment choisi était celui où nous remontions une dernière fois la pelouse, enlacés au bras l'un de l'autre. Au-dessous se lisaient ces deux mots : *For ever!* Pour toujours!... Et elle n'était plus!...

. . . . . , ...

Dans ma jeunesse, je méprisais les hommes; depuis que j'ai vieilli, ils m'ennuient, mais je leur tends la main, c'est un souvenir. Après tout, il n'y a que deux choses dans la vie, Dieu et l'amour, ou pour mieux dire ce n'est qu'une seule et même chose, puisque l'un et l'autre nous ouvrent le ciel.

Château de Crémeaux, Juin 1854.

ACADÉMIE

DE

FRANCE A ROME

ACADÉMIE

DE

FRANCE A ROME.

Cette institution, fondée en 1666, eut sans doute dans le principe un but d'utilité pour l'art et pour les artistes. Il ne m'appartient pas de juger jusqu'à quel point les intentions du fondateur ont été remplies à l'égard des peintres, sculpteurs, graveurs et architectes ; quant aux musiciens, je crois avoir démontré ailleurs que le voyage d'Italie, favorable au développement de leur imagination par le trésor de poésie que la nature, l'art et les souvenirs étalent à l'envi sous leurs pas, était au moins inutile sous le rapport des études spéciales qu'ils y pouvaient faire. Mais le fait ressortira plus évident du tableau fidèle de la vie que mènent à Rome les artistes français.

Avant de s'y rendre, les cinq ou six élèves auxquels l'Institut de Paris donne chaque année les grands prix de peinture, d'architecture, de gravure et de musique, doivent subir le ridicule d'une ovation publique et solennelle. C'est le premier samedi d'octobre, devant une assemblée composée en grande partie des parents et amis des lauréats, que ceux-ci viennent entendre proclamer leurs noms toujours accueillis par les acclamations du public, et recevoir en outre une médaille d'or accompagnée du brevet d'une pension de mille écus qui durera cinq ans. Après que les six triomphateurs, bien et dûment couronnés de lauriers, ont essuyé l'accolade et le discours de M. le secrétaire perpétuel, ils se réunissent dans un grand dîner d'artistes pour combiner ensemble les arrangements du grand voyage qui se fait d'ordinaire en commun. Un voiturier se charge, moyennant une somme assez modique, de faire parvenir à Rome sa cargaison de grands hommes, en les entassant dans une lourde carriole, ni plus ni moins que des bourgeois du Marais. Comme il ne change jamais de chevaux, on conçoit qu'il faut du temps pour traverser la France, passer les Alpes et parvenir dans les États-Romains; mais ce voyage à petites journées doit être fécond en joyeux incidents pour une demi-douzaine de jeunes voyageurs dont l'esprit, à cette époque, est fort loin d'être tourné à la mélancolie. Si j'en parle sous la forme dubitative, c'est que je ne l'ai point fait ainsi moi-même : diverses circonstances me retinrent à Paris, après la cérémonie auguste de mon couronnement, jusqu'au milieu de janvier, et je fis la traversée tout seul et assez triste.

La saison était trop mauvaise pour que le passage des Alpes pût offrir quelque agrément. Je me déterminai donc à les tourner et me rendis à Marseille. C'était ma première rencontre avec la mer. Je cherchai assez longtemps un vaisseau un peu propre qui fît voile pour l'Italie, mais je ne trouvais toujours que d'ignobles petits navires, chargés de laine, ou de barriques d'huile, ou de monceaux d'ossements à faire du noir, qui exhalaient une odeur insupportable. Du reste, pas un endroit où un honnête homme put se nicher; on ne m'offrait ni le vivre ni le couvert : je devais apporter des provisions et me faire un chenil pour la nuit dans le coin du vaisseau qu'on voulait bien m'octroyer. Pour toute compagnie, quatre matelots à face de bouledogue dont la probité ne m'était rien moins que garantie. Je reculai.

Pendant plusieurs jours, il me fallut tuer le temps à parcourir les rochers voisins de Notre-Dame-de-la-Garde, genre d'occupation pour lequel j'ai toujours eu un goût particulier. Le soir, je venais savourer au théâtre les fraîches mélodies du Tableau parlant de Grétry, admirer la magnificence de l'orchestre marseillais et applaudir avec plus ou moins de sérieux l'agile vocalisation de la Colombine à la mode.

Enfin, j'entendis annoncer le prochain départ d'un brick sarde qui se rendait à Livourne. Quelques jeunes gens de bonne mine que je rencontrai à la Cannebière m'apprirent qu'ils étaient passagers sur ce bâtiment et que nous y serions assez bien en nous concertant ensemble pour l'approvisionnement.

Le capitaine ne voulait en aucune façon se charger du soin de notre table. En conséquence, il fallut y pourvoir. Nous prîmes des vivres pour une semaine en comptant en avoir de reste, la traversée de Marseille à Livourne, par un temps favorable, ne prenant guère plus de trois ou quatre jours.

C'est une délicieuse chose qu'un premier voyage sur la Méditerranée quand on est favorisé d'un beau temps, d'un navire passable, d'une agréable société et qu'on n'a pas le mal de mer. Les deux premiers jours, je ne pouvais assez admirer la bonne étoile qui m'avait fait si bien tomber et m'exemptait complètement du malaise dont tous les autres voyageurs étaient cruellement tourmentés. Nos dîners sur le pont, par un soleil superbe, en vue des côtes de Sardaigne, étaient comme on le pense bien de joyeuses réunions. Tous ces messieurs étaient Italiens et avaient la mémoire bien garnie d'anecdotes plus ou moins vraisemblables, mais fort intéressantes. L'un avait servi la cause de la liberté en Grèce où il s'était lié avec Canaris, et nous ne nous lassions pas de lui demander des détails sur l'héroïque incendiaire, dont la gloire semblait prête à s'éteindre, après avoir brillé d'un éclat subit et terrible comme l'explosion de ses brûlots. Un Vénitien, homme d'assez mauvais ton et parlant fort mal le Français, prétendait avoir commandé la corvette de Byron, pendant les excursions aventureuses du poète dans l'Adriatique et l'Archipel Grec. Il nous décrivait fort minutieusement le brillant uniforme dont Byron avait exigé qu'il fût revêtu, les orgies qu'ils faisaient ensemble; il n'oubliait pas non plus les éloges que le noble voyageur avait accordés à son courage. Au milieu d'une tempête, Byron ayant engagé le capitaine à venir dans sa chambre faire avec lui une partie d'écarté, celui-ci accepta l'invitation au lieu de rester sur le pont à surveiller la manœuvre. La partie commencée, les mouvements du vaisseau devinrent si violents que la table et les joueurs furent rudement renversés.

— Ramassez les cartes et continuons, s'écria Byron.

— Volontiers, mylord.

— Commandant, vous êtes un brave!

Il se peut qu'il n'y ait pas un mot de vrai dans tout cela; mais il faut convenir que l'uniforme galonné et la partie d'écarté sont bien dans le caractère de l'auteur de *Lara*; en outre, le narrateur n'avait pas assez d'esprit pour donner à des contes ce parfum de couleur locale, et le plaisir que j'éprouvais à me trouver ainsi côte à côte avec un compagnon du pèlerinage de Childe-Harold, achevait de me persuader.

Mais notre traversée ne paraissait pas approcher sensiblement de son terme, un calme plat nous avait arrêté en vue de Nice : il nous y retint pendant quatre jours entiers. La brise légère qui s'élevait chaque soir nous faisait avancer de quelques lieues, mais elle tombait au bout de trois heures, et la direction contraire d'un courant qui règne le long de ces côtes nous ramenait doucement pendant la nuit au point où nous étions partis. Tous les matins, en montant sur le pont, ma première question aux matelots était pour connaître le nom de la ville qu'on distinguait sur le rivage, et tous les matins je recevais pour réponse :

— *E Nizza, signor. Ancora Nizza. E sempre Nizza.*

Je commençai à croire la gracieuse ville de Nice douée d'une puissance magnétique qui, si elle n'arrachait pas pièce à pièce tous les ferrements de notre brick, ainsi qu'il arrive au dire des matelots quand on approche trop des pôles, exerçait au moins sur le bâtiment une irrésistible attraction.

Un vent furieux du nord qui nous tomba des Alpes comme une avalanche vint me tirer d'erreur. Le capitaine n'eut garde de manquer une si belle occasion pour réparer le temps perdu et se couvrit de toile. Le vaisseau, pris en flanc, inclinait horriblement. Toutefois, je fus bientôt accoutumé à cet aspect qui m'avait alarmé dans les premiers moments; mais vers minuit, comme nous entrions dans le golfe de la Spezzia, la frénésie de cette tramontane devint telle que les matelots eux-mêmes commencèrent à trembler en voyant l'obstination du capitaine à laisser toutes les voiles dehors. C'était une tempête véritable dont je vous ferai la description en un beau style académique... une autre fois. Cramponné à une barre de fer du tillac, j'admirais avec un sourd battement de cœur cet étrange spectacle, pendant que le commandant vénitien dont j'ai parlé plus haut examinait d'un œil sévère le capitaine occupé à tenir la barre et laissait échapper de temps en temps de sinistres exclamations :

— C'est de la folie! disait-il... Quel entêtement!... Un temps pareil et quinze voiles étendues!

L'autre ne disait mot et se contentait de rester au gouvernail, quand un effroyable coup de vent vint le renverser et coucher presque entièrement le navire sur le flanc. Ce fut un instant terrible. Pendant que notre malencontreux capitaine roulait au milieu des tonneaux que la secousse avait jetés sur le pont dans toutes les directions, le Vénitien, s'élançant à la barre, prit le commandement de la manœuvre avec une autorité, illégale il est vrai, mais bien justifiée par l'événement et que l'instinct des matelots, joint à l'imminence du danger, les empêcha de méconnaître. Plusieurs d'entre eux se croyant perdus appelaient déjà la Madone à leur aide.

— Il ne s'agit pas de la Madone, sacredieu! s'écrie le commandant. Au perroquet! au perroquet! tous au perroquet!

En un instant, à la voix de ce chef improvisé, les mâts furent couverts de monde, les principales voiles carguées; le vaisseau, se relevant à demi, permit alors d'exécuter les manœuvres de détail et nous fûmes sauvés.

Le lendemain, nous arrivâmes à Livourne à l'aide d'une seule voile tant était grande la violence du vent. Quelques heures après notre installation à l'hôtel de l'*Aquila Nera*, nos matelots vinrent en corps nous faire une visite, intéressée en apparence, mais qui n'avait pour but cependant que de se réjouir avec nous du danger auquel nous venions d'échapper. Ces pauvres diables, qui gagnent à peine le morceau de morue sèche et le biscuit dont se compose leur nourriture habituelle, ne voulurent jamais accepter notre argent, et ce fut à grand'-peine que nous parvinmes à les faire rester pour prendre leur part d'un vaste bol de punch. Une pareille délicatesse est chose rare, surtout en Italie, et mérite d'être consignée.

Mes compagnons de voyage m'avaient confié, pendant la traversée, qu'ils accouraient pour prendre part au mouvement qui venait d'éclater contre le duc de Modène. Ils étaient animés du plus vif enthousiasme; ils croyaient toucher déjà au jour de l'affranchissement de leur patrie. Modène prise, la Toscane entière se soulèverait, sans perdre de temps on marcherait sur Rome, la France d'ailleurs ne manquerait pas de les aider dans leur noble entreprise, etc., etc. Hélas! avant d'arriver à Florence, deux d'entre eux furent arrêtés par la police du Grand-Duc et jetés dans un cachot où ils croupissent peut-être encore. Pour les autres, j'ai appris plus tard qu'ils s'étaient distingués dans les rangs des patriotes de Modène et de Bologne, mais qu'attachés au brave et malheureux Menotti, ils avaient suivi toutes ses vicissitudes et partagé son sort. Telle fut la fin tragique de ces beaux rêves de liberté.

Resté seul à Florence, après des adieux que je ne pensais pas devoir être éternels, je m'occupai de mon départ pour Rome. Le moment était fort inopportun, et ma qualité de Français arrivant de Paris me rendait encore plus difficile l'entrée des États Pontificaux. On refusa de viser mon passe-port pour cette destination. Les pensionnaires de l'Académie étaient véhémentement soupçonnés d'avoir favorisé le mouvement insurrectionnel de la place Colonne, et l'on conçoit que le pape ne vit pas avec empressement s'accroître cette petite colonie de révolutionnaires. J'écrivis à notre directeur, M. Horace Vernet qui, après d'énergiques réclamations, obtint enfin du cardinal Bernetti l'autorisation dont j'avais besoin. Par une singularité bien remarquable, j'étais parti seul de Paris, je m'étais trouvé le seul Français dans la traversée de Marseille à Livourne. je fus encore l'unique voyageur que le voiturier de Florence trouva prêt à s'acheminer vers Rome, et c'est dans cet isolement complet que j'y arrivai.

Deux volumes de Mémoires sur l'impératrice Joséphine, que le hasard m'avait fait rencontrer chez un bouquiniste de Sienne, m'aidèrent à tuer le temps pendant que ma vieille berline cheminait paisiblement. Mon Phaéthon ne savait pas un mot de français; pour moi, je ne possédais de la langue italienne que des phrases comme celles-ci : *Fa molta calda. Piove. Quanda la pranza?* Il était difficile que notre conversation fût d'un grand intérêt. L'aspect du pays était assez peu pittoresque et le manque absolu de confortable dans les bourgs ou villages où nous nous arrêtions achevait de me faire pester contre l'Italie et la nécessité absurde qui m'y amenait

Mais un jour, sur les dix heures du matin, comme

nous venions d'atteindre un petit groupe de maisons appelées la Starta, le voiturier me dit tout-à-coup d'un air nonchalant en se versant un verre de vin :

— *Ecco Roma! signor.*

Et sans se retourner il montrait du doigt la croix de Saint-Pierre.

Ce peu de mots opéra en moi une révolution complète. Je ne saurais exprimer le trouble, le saisissement que me causa l'aspect lointain de la ville immortelle, au milieu de cette immense plaine nue et désolée. Tout à mes yeux devint grand, poétique, sublime; l'imposante majesté de la Piazza del Popolo, par laquelle on entre dans Rome en venant de France, vint encore quelque temps après augmenter ma religieuse émotion, et j'étais tout rêveur quand les chevaux, dont j'avais cessé de modérer la lenteur, s'arrêtèrent devant un palais de noble et sévère apparence : c'était l'Académie.

La villa Médicis, qu'habitent les pensionnaires et le directeur de l'Académie de France, fut bâtie en 1557 par Annibal Lippi; Michel-Ange ensuite y ajouta une aile et quelques embellissements; elle est située sur cette portion de monte Pineio qui domine la ville et de laquelle on jouit d'une des plus jolies vues qui soit au monde. A droite, s'étend la promenade du Pineio : c'est l'avenue des Champs-Élysées de Rome. Chaque soir, au moment où la chaleur commence à baisser, elle est inondée de promeneurs à pied, à cheval et surtout en calèche découverte qui, après avoir animé pendant quelque temps la solitude de ce magnifique plateau, en descendent précipitamment au coup de sept heures et se dispersent comme un essaim de moucherons emporté par le vent. Telle est la crainte presque superstitieuse qu'inspire aux Romains le mauvais air, que si un petit nombre de promeneurs attardés, narguant l'influence pernicieuse de l'*Aria Cattiva*, s'arrête encore, après la disparition de la foule, pour admirer la pompe du majestueux paysage déployé par le soleil couchant derrière le Monte-Mario qui borne l'horizon de ce côté, vous pouvez en être sûrs, ces imprudents rêveurs sont étrangers.

A gauche de la villa, l'avenue du Pincio aboutit sur la petite place de la Trinita del Monte, ornée d'un obélisque d'où un large escalier de marbre descend dans Rome et sert de communication directe entre le haut de la colline et la place d'Espagne.

Du côté opposé, le palais s'ouvre sur de beaux jardins dessinés dans le goût de Le Nôtre, comme doivent l'être les jardins de toute honnête Académie. Un bois de lauriers et de chênes verts, élevé sur une terrasse, en fait partie, borné d'un côté par les remparts de Rome et de l'autre par le couvent des Ursulines-Françaises attenant aux terrains de la villa Medicis.

En face on aperçoit, au milieu des champs incultes de la villa Borghèse, la triste et désolée maison de campagne qu'habita Raphaël, et comme pour attrister encore ce mélancolique tableau, une ceinture de pins-parasols, en tout temps couverte d'une noire armée de corbeaux, l'encadre à l'horizon.

Telle est à peu près la topographie de l'habitation vraiment royale dont la munificence du gouvernement français a doté ses artistes pendant leur séjour à Rome. Les appartements du directeur y sont d'une somptuosité remarquable; bien des ambassadeurs seraient heureux d'en posséder de pareils. Les chambres des pensionnaires, à l'exception de deux ou trois, sont au contraire petites, incommodes et surtout excessivement mal meublées. Je parie qu'un maréchal-des-logis de la caserne de Popincourt, à Paris, est mieux partagé sous ce rapport que je ne l'étais au palais de l'Accademia di Francia. Dans les jardins sont la plupart des ateliers des peintres et sculpteurs. Les autres sont disséminés dans l'intérieur de la maison et sur un petit balcon élevé, donnant sur le jardin des Ursulines, d'où l'on aperçoit la chaîne de la Sabine, le monte Cava et le camp d'Annibal. De plus, une bibliothèque totalement dépourvue de livres nouveaux, mais assez bien fournie en livres classiques, est ouverte jusqu'à trois heures aux investigations des pensionnaires laborieux et présente au désœuvrement de ceux qui ne le sont pas une ressource contre l'ennui. Car il faut vous dire que la liberté dont on jouit est presque illimitée. Les pensionnaires sont bien tenus d'envoyer tous les ans à l'Académie de Paris un tableau, un dessin, une statue, une médaille ou une partition, mais ce travail une fois fait, ils peuvent employer leur temps comme bon leur semble ou même ne le pas employer du tout sans que personne ait rien à y voir. La tâche du directeur se borne à administrer l'établissement et à surveiller l'exécution du règlement qui le régit. Quant à la direction des études, il n'exerce sur elle aucune influence. Cela se conçoit, les vingt-deux élèves pensionnés s'occupant de cinq arts, frères si l'on veut, mais différents, il n'est pas possible au même homme de les posséder tous, et il serait mal venu de dire son avis sur ceux qui lui sont étrangers.

A présent que le lecteur a un aperçu du lieu de la scène, je crois que le meilleur moyen de lui faire connaître les acteurs est de reprendre mon autobiographie au point où je l'avais interrompue.

L'*Ave Maria* venait de sonner quand je descendis de la voiture à la porte de l'Académie. Cette heure étant celle du dîner, je m'empressai de me faire conduire au réfectoire où l'on venait de m'apprendre que tous mes nouveaux camarades étaient réunis. Mon arrivée à Rome ayant été retardée par diverses circonstances, comme je l'ai dit plus haut, on n'attendait plus que moi, et à peine eus-je mis le pied dans la salle où siégeaient bruyamment, autour d'une table bien garnie, une vingtaine de joyeux convives, qu'un hourra à faire tomber les vitres, s'il y en avait eu, s'éleva à mon aspect :

— Oh ! Berlioz ! Berlioz ! oh ! cette tête ! oh ! ces cheveux ! oh ! ce nez ! — Et toi, il te *recale* fièrement pour les cheveux ! — Mille dieux ! quel toupet ! — Eh ! Berlioz ! tu ne me reconnais pas ? Te rappelles-tu la séance de l'Institut ? Tes sacrées timbales qui ne sont pas parties à l'incendie de Sardanapale ! Était-il furieux ! mais ma foi il y avait de quoi ! Voyons donc, tu ne me reconnais pas ?

— Je vous reconnais bien ; mais votre nom ?...

— Ah ! tiens, il me dit vous ; tu te *manières* mon vieux, on se tutoie tout de suite ici.

— Eh bien ! comment t'appelles-tu ?

— Il s'appelle Signol.

— Mieux que ça, Rossignol.

— Mauvais ! mauvais ! le calembourg.

— Absurde !

— Laissez-le donc s'asseoir !

— Qui ? le calembourg ?

— Non, Berlioz.

— Ohé ! Fleury, apportez-nous du punch et du fameux, ça vaudra mieux que de dire des bêtises comme cet autre qui veut faire le malin.

— Enfin, voilà notre section de musique au complet !

— Eh ! Montfort ! voilà ton collègue.

— Eh ! Berlioz ! voilà ton ton-fort.

— C'est mon-fort.

— C'est son-fort.

— C'est notre-fort.

— Embrassez-vous !

— Embrassons-nous !

— Ils ne s'embrasseront pas !

— Ils s'embrasseront !

— Ils ne s'embrasseront pas !

— Si !

— Non !

— Ah ça ! mais pendant qu'ils crient tu manges tout le macaroni, toi ; aurais-tu la bonté de m'en laisser un peu ?

— Eh bien ! embrassons-le tous et que ça finisse.

— Non, que ça commence !

— Voilà le punch !

— Ne bois pas ton vin.

— Non, plus de vin !

— A bas le vin !

— Cassons les bouteilles !

— Gare Fleury !

— Pinck ! Panck !

— Messieurs, ne cassez pas les verres au moins ; il en faut pour le punch. Je ne pense pas que vous veuillez le boire dans de petits verres.

— Ah! les petits verres! Fi donc! Pas mal, Fleury! Ce n'est pas maladroit, sans ça tout y passait.

Fleury est le nom du factotum de la maison; ce brave homme, si digne à tous égards de la confiance que lui accordent les directeurs de l'Académie, est en possession, depuis de longues années, de servir à table les pensionnaires; il a vu tant de scènes semblables à celle que je viens de décrire, qu'il n'y fait pas attention, et garde, en pareil cas, un sérieux de glace, dont le contraste est des plus plaisants.

Quand je fus un peu revenu de l'étourdissement que devait me causer un tel accueil, je m'aperçus que le salon où je me trouvais offrait l'aspect le plus bizarre. Sur l'un des murs sont encadrés les portraits des anciens pensionnaires, au nombre de cinquante environ; sur l'autre, qu'on ne peut regarder sans rire, d'effroyables fresques, de grandeur naturelle, étalent une suite de caricatures dont la monstruosité grotesque ne peut se décrire et dont les originaux ont tous habité l'Académie.

Malheureusement l'espace manque aujourd'hui pour continuer cette curieuse galerie, et les nouveaux venus, dont l'extérieur prête à la charge, ne peuvent plus être admis aux honneurs du grand salon.

Le soir même, après avoir salué M. H. Vernet, je suivis mes camarades au lieu habituel de leurs réunions, le fameux café Greco.

C'est bien la plus détestable taverne qu'on puisse

trouver; sale, obscure et humide, rien ne peut justifier la préférence que lui accordent les artistes de toutes la nations fixés à Rome. Mais son voisinage de la place d'Espagne et du restaurant Lepri, qui est en face, lui amène un nombre considérable de chalands. On y tue le temps à fumer d'exécrables cigares, en buvant du café qui n'est guère meilleur, qu'on vous sert, non point sur des tables de marbre, comme partout ailleurs, mais sur de petits guéridons de bois, larges comme la calotte d'un chapeau, et noirs et gluants comme les murs de cet aimable lieu.

Le café Greco, cependant, est tellement fréquenté par les artistes étrangers, que la plupart s'y font adresser leurs lettres, et que les nouveaux débarqués n'ont rien de mieux à faire que de s'y rendre, pour trouver des compatriotes.

Cette tabagie se compose de trois pièces : la première est réservée aux Français, la seconde aux Anglais, la troisième aux Allemands ; tous vivent ensemble dans la plus parfaite harmonie ; mais les Français étant les plus nombreux et les plus bruyants, peuvent être considérés comme les maîtres de la place.

En peu de jours, je fus au fait du dedans et du dehors de l'Académie.

Une cloche parcourant les divers corridors et les allées du jardin annonce l'heure des repas. Chacun d'accourir alors dans le costume où il se trouve, en chapeau de paille, en blouse déchirée ou couverte de terre glaise, les pieds en pantoufles, sans cravate, enfin dans le délabrement complet d'une parure d'atelier. Après le déjeûner, nous perdions ordinairement une ou deux heures dans le jardin, à jouer au disque, à la paume, à tirer le pistolet, à fusiller les malheureux merles qui habitent le bois des Lauriers, ou à dresser de jeunes chiens. Tous exercices auxquels M. H. Vernet, dont les rapports avec nous étaient plutôt d'un excellent caractère que d'un sévère directeur, prenait part fort souvent. Le soir, c'était la visite obligée au café Greco, où les artistes français, non attachés à l'Académie, que nous appelions les *hommes d'en bas*, fumaient avec nous le cigare de l'amitié en buvant le punch du patriotisme ; après quoi chacun se dispersait... Ceux qui rentraient vertueusement à la caserne académique se réunissaient quelquefois sous le grand vestibule qui donne sur le jardin. Quand je m'y trouvais, ma mauvaise voix et ma misérable guitare étaient mises à contribution, et assis tous ensemble autour d'un petit jet d'eau qui, en retombant dans une coupe de marbre, rafraîchit ce portique retentissant, nous chantions, au clair de la lune, les rêveuses mélodies du Freychütz d'Oberon, les chœurs énergiques d'Euryante, ou des actes entiers d'Iphigénie en Tauride, de la Vestale ou de don Juan ; car je dois dire, à la louange de mes commensaux de l'Académie, que le goût musical de la majorité était des moins vulgaires.

Le jeudi était le jour de grande réception chez le directeur. La plus brillante société de Rome se réunissait alors aux soirées fashionables que madame et mademoiselle Vernet présidaient avec tant de goût. On pense bien que les pensionnaires n'avaient garde d'y manquer.

La journée du dimanche, au contraire, était presque toujours consacrée aux courses plus ou moins longues dans les environs de Rome. C'était *Ponte-Molle*, où l'on va boire une sorte de drogue douceâtre et huileuse, liqueur favorite des Romains, qu'on appelle vin d'Orvieto, la villa Pamphili, Saint-Laurent-hors-les-murs, et surtout le magnifique ombeau de Cecilia Metella, dont il est de rigueur d'interroger longuement le curieux écho, pour s'enrouer et avoir ainsi le prétexte d'aller se rafraîchir à une misérable osteria, qu'on trouve, à quelques pas de là, avec un gros vin noir rempli de moucherons.

Avec la permission du directeur, les pensionnaires peuvent entreprendre de plus longs voyages, d'une durée indéterminée, à la condition seulement de ne pas sortir des États-Romains jusqu'au moment où le règlement les autorise à visiter les différentes parties de l'Italie. Voilà pourquoi le nombre des habitants de l'Académie n'est que fort rarement au complet. Il y en a toujours au moins deux en tournée à Naples, à Venise, à Florence, à Palerme ou à Milan.

Les peintres et les sculpteurs trouvant Michel-Ange et Raphaël à Rome, sont ordinairement les moins pressés d'en sortir; les temples de Pestum, Pompéï, de la Sicile, excitent vivement au contraire, la curiosité des architectes; les paysagistes passent la plus grande partie de leur temps dans les montagnes; pour les musiciens, comme les différentes parties de l'Italie leur offrent à peu près le même degré d'intérêt, ils n'ont, pour quitter Rome, d'autre motif que le désir de voir et l'humeur inquiète, et rien que leurs sympathies personnelles ne peut influer sur la durée de leurs voyages.

Aussi, usant de cette liberté, je cédais à mon penchant pour les explorations aventureuses, et me sauvais dans les Abruzzes, quand l'ennui de Rome me desséchait le sang. Sans cela je ne sais trop comment j'aurais pu résister à la monotonie d'une pareille existence.

On conçoit, en effet, que la gaieté de nos réunions d'artistes, les bals élégants de l'Académie et de l'Ambassade, le laisser-aller de l'estaminet, n'aient guère pu me faire oublier que je venais de Paris, du centre de la civilisation, et que je me trouvais tout d'un coup sevré de musique, de théâtre, de littérature, d'agitations, de tout enfin ce qui composait ma vie.

Il ne faut pas s'étonner que la grande ombre de la Rome antique, qui seule poétise la nouvelle, n'ait pas suffi pour me dédommager de tout ce qui me manquait.

On se familiarise bien vite avec les objets qu'on a sans cesse sous les yeux, et ils finissent par ne plus éveiller dans l'âme que des impressions ordinaires. Je dois pourtant en excepter le Colysée ; le jour ou la nuit, je ne le voyais jamais de sang-froid. Saint-Pierre aussi me faisait toujours éprouver un frisson d'admiration.

C'est si grand! si noble! si beau! si majestueusement calme!!! J'aimais à y passer la journée pendant les intolérables chaleurs de l'été. Je portais avec moi un volume de Byron, et m'établissant commodément dans un confessionnal, jouissant d'une fraîche atmosphère, d'un silence religieux, interrompu seulement à de longs intervalles par l'harmonieux murmure des deux fontaines de la grande place de Saint-Pierre, que des bouffées de vent apportaient jusqu'à mon oreille, je dévorais à loisir cette ardente poésie; je suivais sur les ondes les courses audacieuses du corsaire; j'adorais profondément ce caractère à la fois inexorable et tendre, impitoyable et généreux, composé bizarre de deux sentiments, opposés en apparence, la haine de l'espèce et l'amour d'une femme. Parfois, quittant mon livre pour réfléchir, je promenais mes regards autour de moi; mes yeux, attirés par la lumière, se levaient vers la sublime coupole de Michel-Ange. Quelle brusque transition d'idées! Des cris de rage des pirates, je passais tout-à-coup au concert des séraphins, à la paix de la vertu, à la quiétude infinie du ciel...

Puis ma pensée, abaissant son vol, se plaisait à chercher, sur le parvis du temple, les traces du noble poète... Il a dû venir contempler ce groupe de Canova, me disais-je ; ses pieds ont foulé ce marbre, ses mains se sont promenées sur les contours de ce bronze ; il a respiré cet air, ces échos ont répété ses paroles..., paroles de tendresse et d'amour peut-être... Eh oui ! ne peut-il pas être venu visiter ce monument avec son amie Mme Guiccioli !... Femme admirable et rare, dont il a été si complétement compris, si profondément aimé !!! Aimé ! libre ! poète ! riche ! il a été tout cela, lui !... Et le confessionnal retentissait d'un grincement de dents à faire frémir les damnés.

Un jour, en de telles dispositions, je me levai spontanément, comme pour prendre ma course, et après quelques pas précipités, m'arrêtant tout-à-coup au milieu de l'église, je demeurai silencieux et immobile. Un paysan entra et vint tranquillement baiser l'orteil de Saint-Pierre.

— Heureux bipède, murmurai-je avec amertume ! que te manque-t-il ? Oh ! crois et espère ; ce bronze que tu adores, et dont la main droite tient aujourd'hui, au lieu de foudres les clefs du paradis, était jadis un Jupiter tonnant. Tu l'ignores, point de désenchantement. En sortant que vas-tu chercher ? de l'ombre et du sommeil ; les madones des champs te sont ouvertes, tu y trouveras l'un et l'autre. Quelle richesses rêves-tu? La poignée de piastres nécessaires pour acheter un âne ou te marier; tes économies de trois ans y suffiront. Qu'est une femme pour toi? Un autre sexe. Que cherches-tu dans l'art? Un moyen de matérialiser les objets de ton culte ou de t'exciter au rire ou à la danse. A toi la Vierge enluminée de rouge et de vert, c'est la peinture! A toi les marionnettes et polichinelle, c'est le drame! A toi la musette ou le tambour de basque, c'est la musique! A moi le désespoir et la haine, car je manque de tout ce que je cherche, et n'espère plus l'obtenir.

Après avoir quelque temps écouté rugir ma tempête intérieure, je m'aperçus que le jour baissait.

Le paysan était parti; j'étais seul dans Saint-Pierre. Je sortis. Je rencontrai des peintres allemands qui m'entraînèrent dans une *osteria*, hors des portes de la ville, où nous bûmes je ne sais combien de bouteilles d'orvieto en disant des absurdités, fumant et mangeant crus de petits oiseaux que nous avions achetés d'un chasseur. Ces messieurs trouvaient fort bon ce mets sauvage, et je fus bientôt de leur avis, malgré le dégoût que j'en avais ressenti d'abord. Nous rentrâmes à Rome en chantant des chœurs de Weber, qui nous rappelèrent des jouissances musicales auxquelles il ne fallait plus songer de longtemps...

A minuit j'allai au bal de l'Ambassadeur. J'y vis une Anglaise, belle comme Diane, et qu'on me dit avoir cinquante mille livres sterling de rentes, une voix superbe et un admirable talent sur le piano; ce qui me fit grand plaisir.

La providence est juste, elle a soin de répartir également ses faveurs! Je rencontrai d'horribles visages de vieilles, les yeux fixés sur une table d'écarté, flamboyantes de cupidité. Sorcières de Macbeth! Je vis minauder des coquettes; on me montra deux gracieuses jeunes filles faisant ce que les mères appellent leur entrée dans le monde, délicates et précieuses fleurs que son souffle desséchant aura bientôt flétries! J'en fus ravi. Trois dandys discoururent devant moi sur l'enthousiasme, la poésie, la musique; ils comparèrent ensemble Beethoven et M. Vaccaï, Shakspeare et M. Ducis, me demandèrent si j'avais lu Goëte, si Faust m'avait amusé, que sais-je encore? Mille autres belles choses. Tout cela m'enchanta tellement que je quittai le salon en souhaitant qu'un aérolithe, grand comme une montagne, pût tomber sur le palais de l'ambassade et l'écraser avec tout ce qu'il contenait.

En remontant l'escalier de la Triniter del Monte, pour rentrer à l'Académie, il fallut dégaîner le *grand couteau romain*. Des malheureux étaient en embuscade sur la plate-forme pour demander aux passants la bourse ou la vie. Mais nous étions deux, et ils n'étaient que trois; le craquement de nos couteaux, que nous ouvrîmes avec bruit, suffit pour les rendre momentanément à la vertu.

Souvent, au retour de ces insipides réunions, où de plates cavatines, platement chantées au piano, n'avaient fait qu'irriter ma soif de musique et aigrir ma mauvaise humeur, le sommeil m'était impossible. Alors je descendais au jardin, et, couvert d'un grand manteau à capuchon, assis sur un bloc de marbre, écoutant, dans de noires et misanthropiques rêveries, les cris des hiboux de la villa Borghèse, j'attendais, immobile, le retour du soleil. Si mes camarades avaient connu ces veilles oisives à la belle étoile, ils n'auraient pas manqué de m'accuser de *manières* (c'est le terme consacré), et les charges de toute espèce ne se seraient point fait attendre; mais je ne m'en vantais pas.

Voilà, avec la chasse et les promenades à cheval, le gracieux cercle d'idées dans lequel je tournais incessamment pendant mon séjour à Rome. Qu'on y joigne l'influence accablante du Sirocco, le besoin impérieux et toujours renaissant des jouissances de mon art, de pénibles souvenirs, un ancien amour, que le temps m'avait rivé au cœur, le chagrin de me voir, pendant deux ans exilé du monde musical, une impossibilité inexplicable, mais réelle, de travailler à l'Académie, et l'on comprendra ce que pouvait avoir d'intensité le spleen qui me dévorait. J'étais méchant comme un dogue à la chaine; aussi ne manquais-je aucune occasion de vagabondage, en attendant le moment où il me serait permis de retourner en

France. Car, franchement, malgré le charme très-vif de la vie errante, malgré les relations agréables que j'entretenais avec plusieurs pensionnaires et l'accueil affectueux que je recevais toujours de M. H. Vernet et de sa famille, quand le jour du départ fut venu, j'eus bien un moment de tristesse profonde en songeant que je quittais cette poétique contrée peut-être pour ne plus la revoir; mais l'idée de retrouver mon monde, et d'y recommencer la vie qui seule pouvait entièrement me satisfaire, absorba toutes les autres, et je n'eus plus qu'un nom dans la tête, Paris, plus qu'un désir, y arriver le plus tôt possible.

En conséquence, je pris congé de mes chères montagnes par une dernière tournée; et après avoir bu de l'orvieto avec les *hommes d'en bas*, le punch avec ceux *d'en haut;* après m'être rendu à la cordiale invitation du directeur pour un dîner d'adieux, après avoir chanté une dernière fois le trio de don Juan écrit sur l'album de mademoiselle Vernet, posé pour mon portrait qui, suivant l'usage, fut fait par le plus ancien de nos peintres, et prit rang dans la galerie du réfectoire dont j'ai déjà parlé; après avoir bien caressé les deux chiens de M. H. Vernet, compagnons ordinaires de mes chasses, et vendu mon fusil, je montai dans une carriole, plus lourde et plus délabrée que celle qui m'avait amené, et dix-huit ou vingt jours après, en descendant les Alpes, quand j'aperçus, parée de ses plus beaux atours de printemps, la magnifique vallée de Grésivaudan, où serpente l'Isère, je m'écriai, avec une joie pleine d'orgueil national : Il n'y a rien de plus beau en Italie !

HECTOR BERLIOZ.

UN TRÉSOR

DE

10,250,000 FRANCS.

UN TRÉSOR

DE 10,250,000 FRANCS

(2,000,000 DE PIASTRES).

Existe-t-il encore de véritables trésors enfouis au sein de la terre? C'est une question dont la solution est douteuse dans les contrées civilisées de l'Occident, mais sur laquelle les Orientaux n'hésitent pas à se prononcer d'une manière affirmative.

On conçoit que chez eux la richesse sociale étant un fait temporaire soumis à tous les caprices et à toutes les exactions du pouvoir, plus d'un détenteur de trésors accumulés par le commerce ou par de hautes dignités, essaie d'en cacher la connaissance à ceux qui l'entourent. Les Musulmans ont donc, jusqu'à un certain point, le droit de croire qu'à défaut d'autre fécondité, leurs contrées sont plus riches que les autres en trésors inconnus.

Le littoral de la Méditerranée, de la mer Noire et du Bosphore, les rives du Nil ont été peuplés jadis par des nations puissantes, civilisées, auxquelles une longue succession de siècles avait permis l'accumulation d'immenses richesses. Les Grecs, les Pharaons, la puissance romaine ont dû laisser ensevelis sous les ruines du temps bien des trésors qui n'arriveront probablement pas jusqu'à nous et qui sont regrettables surtout en ce qui concerne les arts et la science.

Nous ne sommes pas précisément en Europe dans les mêmes conditions. Ce serait un mince héritage que celui qui nous serait transmis par les druides ou par les barons de la féodalité, hauts seigneurs qui se servaient plus de fer que d'argent. L'Amérique est une terre nouvelle ; ses trésors sont dans la fécondité virginale de son sol et dans la richesse de ses minerais. C'est cependant dans un groupe d'îles par la latitude nord de 10° 0', longitude à l'est du méridien de Paris 143° 0', que se trouve un trésor de plus de dix millions de francs, sur lequel nous allons renseigner nos lecteurs.

En 1822, lors de la révolution du Chili, un Ecossais du nom de *Robertson* s'embarqua à bord du brick le *Galvarino*, commandé par le capitaine Guise, qui était accouru au premier signal pour consacrer sa personne et son bâtiment, armé en guerre, à la cause de l'indépendance. Robertson assista à la prise de Lima ; bientôt il parvint au commandement d'un brick. Avec une partie de ses matelots, il aborda à Arauco, sur la côte du Chili, surprit Benavides, dont les troupes désolaient la province de Conception, et les fit pendre en expiation de leurs crimes. Un témoin oculaire, encore vivant, M. Lafond de Lurcy, trace ainsi le portrait de Robertson. « Il avait » la taille moyenne, les cheveux rouges, le regard » fauve, et quoique ses traits n'eussent pas précisé» ment de la laideur, son aspect était repoussant ; » le sourire qui errait presque continuellement sur » ses lèvres donnait à sa physionomie quelque chose » de la hyène qui frémit de plaisir en voyant sa » proie. »

Ce portrait n'est certainement pas flatté. Ce fut cependant l'amour qui perdit Robertson, mais un amour insensé, ambitieux, un de ces amours qui, loin de grandir l'âme par leur mission sainte, l'avilissent et la jettent dans des abîmes infranchissables.

Après une vie des plus aventureuses, après avoir été enfermé dans les casemates de *Callao,* par ordre du général *Bolivar,* Robertson parvint à s'échapper, et, grâce à la protection de *Bustamente,* fut investi du commandement de la frégate le *Congresso*, en rade de Lima, où nous allons reprendre son histoire.

Teresa Mendez, veuve d'un capitaine espagnol, inconsolable dans les premiers moments de son veuvage, s'était retirée au couvent de Jésus-Maria. Agée de vingt-deux ans, son teint pâle annonçait que du sang indien circulait dans ses veines, mais ses beaux yeux, sa taille souple et cambrée, toute la délicatesse de ses formes révélaient son origine espagnole ; elle sentait en elle les instincts des deux races : fière comme une fille de l'Andalousie, elle avait la finesse et la force de volonté de l'Indienne.

Ce fut à la Merced, dans une église de Lima, que Robertson vit pour la première fois Teresa Mendez.

Dès lors l'aventurier hardi ne quitta plus les pas de dona Teresa ; il lui fit part de sa passion, et l'Espagnole comprit qu'elle avait, dans cet homme, un amant dont elle ferait un esclave. Flattant son ardent amour, elle ne révéla le fond de sa pensée que lorsqu'elle se fut entièrement assurée de son empire. « Robertson, lui dit-elle, vous voulez unir » mon sort au vôtre, mais vous n'avez que vos espé- » rances et votre courage ; pour vous, comme pour » moi, il faut une existence large, grande, indépen- » dante ; parvenez aux premières dignités, ou faites » en sorte d'acquérir d'immenses richesses, ma main » est à ce prix. Nous sommes en pleine révolution, » toutes les routes sont ouvertes, allez, essayez vos » forces, je vous attendrai ; et si vous réussissez, je » suis à vous. »

Quelques jours après, la fraîcheur du soir venait de réveiller le *Far niente* espagnol ; on prenait le thé chez le capitaine Young, Robertson et d'autres offi-

ciers étaient autour de la table, et discouraient sur les affaires du moment. De la politique la conversation vint à l'amour; on se mit à plaisanter notre Écossais sur sa malheureuse passion. L'un des officiers, mieux au fait des prétentions de Teresa, s'exprima ainsi : « Vous n'obtiendrez la dona, mon cher ami,
» qu'autant que vous gagnerez les épaulettes d'a-
» miral ou que vous parviendrez à acquérir une
» très-grande fortune. La guerre avec l'Espagne
» étant finie, le grade en question n'est pas une con-
» quête facile; d'ailleurs elle demanderait bien du
» temps et mettrait la constance de votre belle à une
» rude épreuve. Vous avez, ma foi, une occasion
» autrement favorable de vous enrichir tout d'un
» coup. Il y a dans la rade un brick de commerce
» anglais qui a au moins deux millions de piastres
» à bord; son capitaine est parti ce matin pour Lima,
» où il va chercher ses expéditions; enlevez ce brick,
» mon camarade, et votre bonne fortune aidant à
» ces trésors, Teresa, la séduisante veuve, est à
» vous. »

Cette scène se passait au Callao. Robertson ne prit aucune part à la plaisanterie; il resta soucieux, dit un témoin oculaire, et se retira presque aussitôt; mais elle avait germé dans son esprit, et il devait bientôt mettre à exécution ce que ses camarades n'avaient considéré que comme une folie.

Le brick anglais, dont il venait d'être question,

s'appelait le *Peruvian*. Au milieu de la nuit, Robertson, accompagné de quelques matelots du *Congresso*, monte à bord du brick, menace de mort l'officier et son équipage, et après avoir attaché ceux qui refusaient de le suivre, il lève l'ancre, sort de la baie et gagne le large.

Notre aventurier était donc possesseur de plus de dix millions de francs; mais il ne l'était pas seul, il avait fallu, pour engager d'autres personnes à prendre part à son œuvre de piraterie, leur faire de séduisantes promesses. Deux Irlandais surtout lui semblaient redoutables; il fallait à tout prix se débarrasser de ces compagnons importuns; Robertson était engagé dans la voie du crime, et c'est de cette époque principalement que commence son épouvantable Odyssée.

Après être resté quelque temps au nord de Lima, ne sachant trop à quel projet s'arrêter, il voulut un jour envoyer l'un des Irlandais à la côte pour faire de l'eau, sous prétexte que le brick n'en était pas suffisamment pourvu pour le voyage qu'ils devaient entreprendre; mais cette ruse ne réussit pas. Pénétrant sa pensée, les Irlandais crurent devoir lui exprimer la leur sans détour. — « Nous sommes trois
» pour partager les richesses qui sont à bord, dirent-
» ils, débarrassons-nous en commun de l'équipage,
» cela peut se faire, mais jusqu'au jour de la répar-
» tition entre nous, rappelez-vous que nous reste-

» rons toujours ensemble, à sort égal, à la vie, à la
» mort. »

Il fallut se résoudre, et l'on se dirigea vers O'Taïti. Robertson essayant ici d'un autre moyen, engagea son équipage à s'établir sur l'une des îles de cet archipel, pour y former une colonie qu'il pourvoirait en abondance de tous les objets qui peuvent exciter la convoitise des marins et des pirates. William et Georges, les deux complices irlandais, secondèrent en apparence son projet. Robertson distribua de l'argent aux malheureux qu'il s'agissait de perdre; puis, après deux ou trois jours d'ivresse et d'orgie, lorsqu'il les vit hors d'état de se rendre compte de leur position, il les fit embarquer de gré ou de force, les entassa dans la chaloupe qu'il laissa attachée derrière le navire, et quand ils furent éloignés de terre, il coupa l'amarre et les abandonna en plein océan, sans eau, sans vivres, sans voiles, à la grâce de Dieu!

Après cet horrible épisode, le brick continua à cingler au nord-ouest pour les îles Mariannes. D'accord avec William et Georges, Robertson consentit à enfouir le trésor que contenaient les flancs du navire. On visita plusieurs îles au nord de l'archipel des Mariannes, et enfin s'arrêtant dans une crique de l'île d'*Agrigan*, sous 19° de latitude et 143° 0' de longitude à l'est du méridien de Paris, ils procédèrent à cette opération avec d'autant plus de soin et de mystère que chacun d'eux espérait en secret en recueillir le fruit. Des signes furent faits aux rochers, des arbres furent coupés pour reconnaître l'endroit; vingt mille piastres en or furent seules distraites du trésor pour être employées à aller aux îles Sandwich s'approvisionner des objets nécessaires à la création d'un établissement. Ces vingt mille piastres avaient été trouvées dans la chambre du capitaine, et nous croyons qu'elles ne faisaient pas partie des deux millions de piastres dont le brick se trouvait chargé.

Outre les trois associés, il restait quatre hommes appartenant à l'équipage du *Congresso*, lesquels avaient aidé à enfouir le trésor et qui pouvaient révéler son existence et en réclamer leur part. Un soir, lorsqu'ils se trouvèrent pris de vin, on les enferma dans le logement des matelots, on cloua le panneau sur eux, on saborda le navire dans la Sainte-Barbe, on coupa les drisses des huniers et les rides des haubans, Robertson s'embarqua dans le canot avec ses deux hommes et le navire fut abandonné comme un cercueil flottant sur son immense tombeau!

La providence voulut que ce brick, de construction très-légère, ne coula pas de suite à fond. Un baleinier le rencontra à temps pour sauver l'une des victimes; les autres étaient mortes de faim. Un seul des matelots survécut à cette affreuse agonie; mais ce ne fut qu'un an plus tard, qu'arrivant sur ce même navire à Wahou, il raconta ce qui lui était arrivé.

Robertson vint ensuite à Rio-Janeiro ; l'un des trois associés disparut pour toujours sans qu'on ait su comment ; ce fut Georges.

William et Robertson semblaient résolus à vivre en bonne intelligence ; mais le trésor était toujours là et ce dernier ne voulait pas de partage. Tereza Mendez, à cette époque, fit parvenir de ses nouvelles à son adorateur ; elle attendait toujours, mais elle commençait à se lasser d'attendre, et il fallait se hâter de mettre d'immenses richesses à ses pieds, si on ne voulait pas lui voir oublier ses engagements. Robertson comprit que le moment de l'hésitation était passé et qu'il fallait en finir.

A Hobartown, il fit la connaissance d'un vieux capitaine anglais, propriétaire d'une petite goëlette qui lui servait à faire la pêche des loups-marins dans le détroit de Basse et sur les îlots environnants. Thomson menait une vie assez misérable ; son travail comme pêcheur était peu lucratif ; il prêta l'oreille aux propositions de l'aventurier. Pour le décider, Robertson lui parla du trésor ; il lui fit un roman sur son origine ; ce roman fut accepté : il acquiesça aux propositions qui lui avaient été faites, croyant souscrire une excellente affaire destinée à l'enrichir ; il conclut donc un affrètement, engagea deux matelots du pays, et tous cinq ils appareillèrent à bord d'une misérable goëlette pour les îles Mariannes, après avoir pris toutefois leurs expéditions pour aller pêcher des perles dans les archipels polynésiens.

Leur traversée fut longue et difficile ; ils manquèrent souvent de vivres et d'eau, et ce ne fut qu'avec les plus grandes peines qu'ils purent s'en procurer sur les îles qu'ils trouvèrent dans la route, la plupart étant peuplées d'Indiens inhospitaliers. Plusieurs fois la goëlette eut des combats à soutenir ; elle fut pourchassée par des pirogues : ce voyage fut, en un mot, des plus tristes et des plus misérables ; c'était l'affreuse préface de la catastrophe qui se préparait.

Une nouvelle orgie fut la source de la perte de William. Une nuit qu'il cuvait le tafia qu'il avait absorbé, sur le pont étroit de la goëlette, il roula dans les flots, en jetant un cri de rage qui réveilla le vieux Thomson. Robertson était là. Malgré quelques démonstrations qu'il sembla faire pour venir au secours de son associé, Thomson resta convaincu que cet accident n'était pas naturel et que la mort de William devait être considérée comme le résultat d'un crime.

Robertson restait donc seul ; il arrivait aux îles Mariannes et semblait toucher au but si longtemps poursuivi et au prix de tant de forfaits ; mais une nouvelle préoccupation l'assaillit. William avait parlé ; durant la traversée, lui-même, dans le roman débité au propriétaire de la goëlette, devait avoir ouvert les yeux de Thomson... Thomson devenait un témoin dangereux, un associé cupide, il était destiné au même sort que William ; mais, comme William, il ne devait pas périr.

Au moment de quitter le mouillage de Tinian, sous le prétexte le plus frivole, Robertson chercha une querelle au capitaine anglais, et dans la lutte qui s'en suivit, le fit rouler par-dessus bord dans l'Océan. Thomson réussit cependant à gagner la plage, et ensuite un navire espagnol qui se trouvait dans cet archipel. Son premier mouvement fut de raconter son histoire au capitaine *Pacheco*, et celui-ci prit immédiatement la résolution de poursuivre et de punir le meurtrier et le pirate et de s'emparer du trésor dont on lui révélait l'existence.

Après plusieurs jours de recherches, *Pacheco* découvrit la goëlette dans un petit port de Seypan. Robertson, à la vue du navire espagnol, s'était enfui à terre et avait disparu dans les montagnes, mais, traqué comme une bête fauve, il fut bientôt repris au moment où il tentait de mettre le pied sur le canot de la goëlette, saisie au nom du gouverneur des îles Mariannes. Pacheco le fit enfermer les fers aux pieds, et lui signifia qu'il eût à se préparer à répondre sur l'assassinat et sur toutes les déclarations de Thomson. En effet, le même jour on le fit comparaître dans la chambre du conseil devant les officiers. On a conservé les termes de son interrogatoire et de ses réponses; elles portent l'expression du cynisme et de l'audace. Robertson ne voulut rien avouer et se contenta de répondre aux menaces du capitaine Pacheco : Je suis toujours préparé à mourir.

La goëlette fit route pour l'île d'Agrigan. Quand on fut prêt à débarquer, l'Espagnol invita de nouveau le pirate à faire des révélations; celui-ci demanda d'abord qu'on fit tomber ses fers. Sur cette déclaration, on le mit immédiatement dans un canot, après toutefois lui avoir lié les mains. A terre, il tergiversa, n'eut pas l'air de se reconnaître, et prétendit qu'il fallait pousser plus loin; puis, tandis qu'on avisait à l'opportunité de ce conseil, Robertson parvint à s'échapper. Pacheco le poursuivit avec ardeur, le reprit, et, pour punition, le fit dépouiller de ses vêtements, attacher à un canon et frapper par deux hommes vigoureux à coups de garcettes. Les vingt-cinq premiers coups furent soufferts avec courage et résignation; mais lorsqu'on se prépara à redoubler le supplice, il cria grâce et promit pour cette fois un aveu franc et complet. Un canot fut immédiatement préparé pour le conduire dans le lieu qu'il indiquerait; on lui maintint les fers aux pieds, mais Robertson demanda quelques instants de répit; sa figure contractée accusait en effet une anxiété pleine d'angoisse et de vives douleurs. C'était la dernière scène de ce drame de cupidité et de sang.

Après une heure d'attente, le malheureux fit signe qu'il était prêt à partir; Thomson et Pacheco eurent un moment d'espérance et de joie. Robertson se leva alors péniblement, jeta un long regard de mépris sur tous ces hommes qui, par cupidité, demeuraient encore esclaves de son secret; son orgueil sembla lui donner un triste et dernier triomphe; l'embarcation était prête, il la repoussa du pied et s'élança dans les flots. Ce fut en vain qu'un matelot, excellent plongeur, se précipita après lui; les forces du misérable étaient centuplées par la fureur; il faillit l'étrangler dans les pénibles étreintes de sa convulsive agonie. La lutte était terminée et l'Océan venait de se refermer pour toujours sur les crimes et le secret de cet homme aussi audacieux que terrible.

Ce fut en vain que le gouverneur Médinilla, lors du retour du navire de Pacheco à Guaham voulut essayer de pénétrer ce secret et de se mettre en possession du trésor. Il y envoya six cents ouvriers: mais, soit que les travaux aient été mal dirigés, soit que les moyens employés pour le cacher présentassent des conditions extraordinaires, toujours est-il qu'on ne découvrit rien. Depuis lors, de semblables tentatives ont été souvent renouvelées sans plus de résultat. Il y a à peine deux ans, nous en causions avec une personne qui a succombé depuis*, et qui avait été sur le point d'affréter un navire pour tenter cette découverte; son opinion était que les deux millions de piastres avaient dû être déposées dans la mer, et qu'on n'avait échoué jusqu'ici dans toutes les recherches que parce qu'elles avaient été dirigées dans l'intérieur et non sur le littoral de l'île d'Agrigan.

* M. de Richebourg.

On ne saurait d'ailleurs mettre en doute la réalité de cette singulière histoire qui semble, au premier abord, renouvelée des rêves de l'abbé Faria et du roman de *Monte-Christo*. M. H. de Luray, qui s'en est spécialement occupé, a connu le capitaine *Young*, commandant du port, à l'époque où le *Peruvian* fut enlevé, en 1828; il a vu, aux îles Sandwich, le matelot qui s'était seul sauvé du brick que Robertson fit sombrer en vue de Wahon; enfin, le vieux *Thomson* lui répéta mille fois l'histoire de ses infortunes, et, en 1831, le gouverneur *Médinilla* lui certifiait la vérité de tous les détails. Ajoutons que ces faits ont été également connus par le général don *Andrès Garcia*, qui a été longtemps gouverneur des îles Philippines, et que nous les avons entendu raconter par plusieurs personnages célèbres, et notamment par l'illustre romancier américain *Cooper*.

Le ciel nous préserve, toutefois, d'engager nos lecteurs à tenter de nouvelles recherches dont les résultats seraient fort incertains. Nous sommes loin d'être partisan des fortunes acquises par le jeu, le hasard, ou même par une tentative hardie; celle-ci, d'ailleurs, est souillée de vol et de sang. Ce que nous leur souhaitons, c'est la médiocrité aisée, résultant de l'ordre et du travail; elle assure mieux le bonheur que tous les trésors du monde convoités par l'orgueil, l'envie et l'avarice.

R. DE CROY.

ÉPISODE

DE LA

GUERRE D'ESPAGNE.

ÉPISODE

DE LA

GUERRE D'ESPAGNE.

...... Après avoir traversé Andujar, Cordoue, Essica et Carmona, nous arrivâmes à Séville, où nous reçûmes du maréchal Soult l'ordre d'aller rejoindre notre régiment à Ronda, ville située à dix lieues de Gibraltar. Nous avions d'abord été frappés de la tranquillité profonde qui régnait dans les plaines de l'Andalousie; la plupart des grandes villes avaient envoyé des députations au roi Joseph; mais cette tranquillité n'était qu'apparente, et n'existait que dans la plaine, là où les français avaient des troupes nombreuses : les habitants des royaumes de Murcie, de Grenade, de la province de Ronda, ceux enfin de toutes les montagnes qui traversent, entourent ou avoisinent l'Andalousie, ou la séparent de l'Estramadure et du Portugal, avaient tous pris simultanément les armes.

Nous quittâmes Séville le 18 mars pour aller coucher à Outrera, et le 19 nous allâmes à Moron, bourg situé au pied des montagnes de Ronda : les habitants de ce bourg étaient à la veille de se joindre à leurs voisins les montagnards, qui s'étaient depuis longtemps levés en masse. La plus grande partie de la population de Moron se rassembla sur la grande place au moment de notre arrivée; les hommes nous regardaient avec une expression de fureur contenue, et ils paraissaient suivre des yeux nos moindres mouvements, non pas pour satisfaire une simple curiosité, mais pour s'accoutumer à la vue des ennemis qu'ils se proposaient de combattre dans peu, et s'ôter ainsi cette terreur de l'inconnu qui agit si fortement sur les peuples à imagination. Quelques femmes étaient vêtues d'étoffes anglaises sur lesquelles on avait peint le portrait du roi Ferdinand VII, et ceux des généraux espagnols qui s'étaient distingués en faisant la guerre contre les Français. Quand nous vîmes la fermentation et l'esprit de révolte qui régnait dans le bourg, nous prîmes le parti de nous loger tous ensemble dans trois auberges voisines. Si nous nous étions dispersés, pour passer la nuit dans les maisons des habitants, comme nous pouvions le faire avec sûreté dans les plaines, nous aurions probablement été tous égorgés pendant la nuit.

Nous n'avions qu'un très-petit nombre d'hommes qui fussent en état de combattre, parce qu'on nous avait donné beaucoup de chevaux de remonte à conduire; nous escortions en outre la caisse du régiment et des effets d'équipements qui étaient portés par des ânes et des mulets de réquisition, ce qui rendait notre marche lente et difficile. Un maréchal-des-logis et moi, nous étions les seuls du détachement qui eussent été précédemment en Espagne, et qui pussent parler espagnol. Le maréchal-des-logis restait avec l'adjudant-major qui nous commandait, pour lui servir d'interprète. Je devançais tous les jours d'une heure le gros de notre troupe, dans les lieux où nous devions coucher, et j'ordonnais les vivres et les logements.

Au sortir de Moron, nous entrâmes dans les montagnes de Ronda, pour aller coucher à Olbera ; j'étais parti comme les autres jours un peu avant le détachement, pour aller faire préparer les logements, et j'étais accompagné par un hussard et par un jeune brigadier choisi provisoirement parmi les recrues pour faire les fonctions de fourrier. Quand je fus à deux lieues de Moron, je frappai à la porte d'une ferme, placée dans la montagne; un homme d'un âge mûr vint m'ouvrir en tremblant : je lui demandai de me donner à boire, ce qu'il fit sur-le-champ avec un zèle extraordinaire. J'appris ensuite qu'il y avait dans cette maison un petit poste de cinq contrebandiers armés, qui craignaient d'être découverts.

L'avant-garde nous ayant atteints bientôt après, je

craignis de n'avoir pas le temps de faire préparer les logements et les vivres avant l'arrivée du détachement; nous ne pouvions aller que lentement, parce que le chemin était montueux et difficile, et que nos chevaux venaient de faire une marche de plusieurs mois. Je donnai mon cheval à conduire au hussard, je montai celui d'un guide que nous avions pris à Moron. Je partis en avant de mes compagnons, et j'arrivai seul, à la vue d'Olbera. Une vallée profonde et dénuée d'arbres, dans laquelle on descend par un chemin rapide, me séparait de ce bourg, situé entre des rochers, au sommet d'une colline élevée qui domine tout le pays. A mesure que j'avançais, les paysans qui cultivaient les champs voisins, réunis par bandes de huit ou dix, suivant l'usage du pays, se demandaient les uns aux autres avec étonnement quelle pouvait être la cause de mon arrivée, et ils quittaient aussitôt leurs travaux, pour venir derrière moi dans le sentier. Les habitants du village m'avaient depuis longtemps aperçu, et ils se portaient en foule sur les rochers pour m'observer.

Je commençai à craindre qu'il n'y eût pas de Français dans Olbera, comme je l'avais cru d'abord, et je m'arrêtai au fond de la vallée, étonné de l'agitation croissante que j'observais; j'hésitai un instant si je ne retournerais pas en arrière; mais je crus devoir prendre le parti d'avancer de nouveau, à tout hasard : le cheval que je montais était fatigué de la course qu'il venait de faire, et le chemin par où j'aurais dû repasser était fort escarpé. J'étais d'ailleurs suivi de très-près par une troupe de laboureurs armés de pioches. Ceux-ci m'ayant bientôt atteint m'entourèrent, et me demandèrent de quelle province j'étais, où j'allais, et quelles nouvelles j'apportais ? Je vis d'abord aux questions qu'ils me firent qu'ils me croyaient au service d'Espagne ; mon uniforme d'un brun foncé était la cause de leur erreur. Je me gardai bien de les détromper, ne sachant pas si je pouvais le faire sans courir le risque de la vie. J'espérai gagner du temps jusqu'à l'arrivée de mon détachement, en laissant croire aux paysans que j'étais un officier suisse au service de la junte, et que j'allais à Gibraltar ; et j'ajoutai, pour les mettre en bonne humeur, que le marquis de la Romana venait de remporter une grande victoire près de Badajos. Les paysans reçurent cette nouvelle avec avidité, et ils se la répétèrent les uns aux autres en accablant les Français de mille imprécations, ce qui me donna une triste idée du sort qui m'attendait si je venais à être reconnu.

Je demandai à mon tour à ceux qui m'entouraient s'il n'y avait pas de ces maudits Français dans leur village ; ils me répondirent que le roi Joseph avait été repoussé de Gaucin avec toutes ses gardes, qu'il avait quitté Ronda depuis plusieurs jours, et que cette ville devait être déjà occupée par dix mille montagnards. C'était à Ronda que nous allions rejoindre notre régiment; si cette ville fût en effet tombée au pouvoir des ennemis, notre détachement aurait été en entier détruit dans ces montagnes. Les paysans s'arrêtèrent pour boire auprès d'une source qui est sur la route, et je continuai à gravir seul la colline.

Je vis bientôt cinq hommes, armés et équipés comme des soldats, qui se hâtaient de me devancer par une route de traverse; et ils entrèrent avant moi dans Olbera. De grands cris s'étant fait entendre, je ne doutai pas que ces cinq hommes ne fussent venus apporter la nouvelle de l'arrivée prochaine de mon détachement, et qu'ils n'eussent découvert que j'étais un officier français. Je m'arrêtai encore une fois, hésitant si j'avancerais. Les habitants qui m'observaient du haut des rochers virent mon incertitude, et leurs exclamations redoublèrent. Des femmes étaient venues en grand nombre se placer sur une élévation qui dominait l'entrée du village; leurs voix aiguës se mêlaient à celles des hommes comme les sifflements des vents dans la tempête. Je pris le parti d'avancer; j'étais perdu, je le crois, si j'avais alors essayé de retourner sur mes pas; je me serais donné tort à moi-même, ce qu'une multitude déchaînée pardonne rarement.

Je vis un corrégidor, un alcade et deux curés venir au-devant de moi; ils étaient précédés par cinq ou six personnes, à la tête desquelles marchait un jeune homme que je sus ensuite être le *gracioso* du village. Il me dit en espagnol avec un air moqueur : « Certainement les femmes d'Olbera aiment beaucoup les Français; elles vous recevront très-bien; » et il me fit en ricanant diverses autres plaisanteries de ce genre. Un de ses compagnons me demanda, d'une voix forte, quel était le nombre des Français qui me suivaient? Je lui dis qu'il y en avait deux cents plus ou moins. Il me répondit aussitôt rudement : « C'est faux; il n'y en a pas cent, vous compris. Ces cinq hommes qui viennent d'entrer dans le village les ont vus de la ferme sur le chemin de Moron. » Je vis clairement alors qu'ils savaient qui j'étais. Les curés et le corrégidor s'étant approchés, je crus un moment, à leurs physionomies sinistres, qu'ils allaient me proposer de recevoir l'extrême-onction; j'entendais au milieu du tumulte des voix articuler distinctement ces paroles : *Il faut le pendre, c'est un Français, c'est le démon lui-même, c'est le démon incarné.*

Les cris cessèrent tout-à-coup, à mon grand étonnement, et je vis les Espagnols se disperser; le brigadier, le hussard et le guide que j'avais laissé derrière moi venaient de paraître sur la hauteur opposée; ceux des habitants qui s'étaient placés sur les rochers les plus élevés les prirent dans le lointain pour l'avant-garde de mon détachement, et ils avertirent aussitôt du geste et de la voix la foule qui m'entourait.

Le corrégidor et l'alcade changèrent bien vite de maintien, et me dirent en faisant des révérences qu'ils étaient les magistrats du lieu, et qu'ils me faisaient leurs soumissions, pour obéir au décret du roi Joseph, qui ordonnait aux autorités constituées dans toute l'Espagne de se porter au-devant des troupes françaises et de les bien recevoir. Ma confiance s'étant accrue de tous les respects que les magistrats me témoignaient et de toute la peur qu'ils avaient, je leur conseillai, en leur faisant des menaces, de contenir les habitants dans l'obéissance, et je leur ordonnai de préparer sur-le-champ des vivres pour la troupe qui allait arriver.

Le corrégidor me dit, comme pour s'excuser de ce qui m'était arrivé, qu'il me suppliait de n'attacher aucune importance aux cris de quelques ivrognes qui s'amusaient à exciter la populace; et lorsque je demandai ce que les cinq hommes armés étaient venus faire dans le village quelques moments auparavant, un des curés me répondit d'un air doucereux et avec une espèce d'ironie, que ces hommes étaient des chasseurs aux petits oiseaux, et que les sacs qu'ils portaient sur leurs épaules étaient remplis de gibier. Je fus obligé de me contenter de ces excuses, quelque mauvaises qu'elles fussent. Je descendis de cheval, et allai à pied, avec les curés et les alcades, à la maison de ville qui était située sur la grande place au haut du village, et nous commençâmes à écrire les billets de logement.

Le brigadier qui me suivait laissa le hussard avec mon cheval à l'entrée du village, et il arriva bientôt au galop à la porte de la maison où j'étais. A peine avait-il mis pied à terre, que les Espagnols se précipitèrent dans les rues voisines en poussant des cris terribles; ils s'attendaient à l'arrivée d'une troupe nombreuse; mais, quand ils virent un seul homme traverser leur village, ils revinrent de leur erreur, et sortirent furieux de leurs maisons. Leur ardeur était telle, qu'ils s'écrasaient les uns les autres au passage d'une voûte qui conduisait à la place publique. Je m'avançai bien vite sur le balcon; je criai à mon brigadier de monter, ce qu'il fit, et nous nous enfermâmes et barricadâmes dans la salle du conseil. Le peuple s'arrêta un moment pour s'emparer du cheval, du porte-manteau et des pistolets du brigadier; les meneurs de l'émeute se jetèrent dans l'escalier, montèrent jusqu'à la porte de la chambre où nous venions de nous enfermer avec le corrégidor et les deux curés, et ils nous crièrent au travers de la cloison de nous rendre.

Je leur fis d'abord ordonner de rester tranquilles par le corrégidor que je tenais sous ma main, et je leur dis que notre détachement allait bientôt arriver, que nous leur vendrions chèrement nos vies, et que s'ils essayaient d'entrer, leur père curé serait la première victime de leur fureur. Craignant que la porte ne fût bientôt enfoncée, je reculai de quelques pas jusqu'à l'entrée la plus étroite de la seconde chambre, tenant le curé par le bras, pour m'en servir au besoin comme d'un bouclier; je tirai mon sabre, j'ordonnai au brigadier d'en faire autant et de rester au fond de l'appartement, afin d'empêcher que le vicaire et le corrégidor ne pussent me saisir par les épaules. Les cris redoublèrent bientôt, et les habitants qui venaient de parlementer avec nous furent refoulés par ceux qui remplissaient l'escalier et la place. La porte reçut de rudes secousses; elle allait céder aux efforts de toute cette masse d'hommes qui l'assaillaient. Je dis alors au curé : « Pardonnez-moi, mon père : vous voyez que je ne puis plus résister à la populace; je suis forcé par la nécessité de vous faire partager mon sort, et nous allons mourir ensemble. »

Le vicaire, effrayé du danger que courait le curé, et de celui dont il était lui-même menacé, s'avança sur le balcon, et il cria aux habitants d'une voix forte que leur père curé périrait infailliblement s'ils ne se retiraient à l'instant même. Les femmes poussèrent des hurlements en entendant ces paroles, et la foule rétrograda soudain par un mouvement unanime, tant était grande et vraie la vénération du peuple pour les prêtres.

Nous soutînmes, le brigadier et moi, pendant quelque temps encore, cette espèce de blocus. La place cessa bientôt d'être ébranlée par les clameurs redoublées de ce peuple en furie, et les pas des chevaux de mon détachement qui se formait au bas du village, se firent tout-à-coup entendre à mes oreilles aussi distinctement à midi que si nous avions été dans le silence profond de la nuit.

Nous allâmes rejoindre le détachement avec le corrégidor et le curé, nous gardions ce dernier avec nous comme notre sauve-garde. Je racontai à mes camarades ce qui m'était arrivé, et je leur conseillai d'aller le jour même à Ronda, après que nous aurions fait manger nos chevaux. L'adjudant-major qui nous commandait voulut, malgré toutes mes représentations, coucher à Olbera, me disant avec une sorte de reproche, qu'on n'avait jamais vu des troupes de ligne se déranger pour des paysans. Cet adjudant-major venait de passer plusieurs années en France dans le dépôt du régiment, et il ne connaissait pas les Espagnols.

Nous formâmes un bivouac dans une prairie entourée de murs, attenante à l'auberge qui est sur la route au bas du village. Les habitants furent, pendant le reste du jour, assez tranquilles en apparence, et ils nous fournirent des vivres ; mais, au lieu d'un jeune bœuf que j'avais demandé, ils nous apportèrent un âne coupé en quartiers ; les hussards trouvèrent que ce veau, comme ils l'appelaient, avait le goût un peu fade; mais ce ne fut que longtemps après que nous apprîmes cette bizarre tromperie par les montagnards eux-mêmes. Ils nous criaient souvent, dans la suite, en tiraillant avec nous : « Vous avez mangé de l'âne à Olbera. » C'était, dans leur opinion, la plus sanglante des injures qu'on pût faire à des chrétiens.

N'osant pas nous attaquer dans l'enceinte où nous étions retranchés, ils se préparèrent pour le moment de notre départ, et ils firent dire aux habitants des bourgs et des villages voisins, de placer des embuscades et d'aller nous attendre le jour suivant sur la route de Ronda. Vers le soir, ils prirent une attitude menaçante, se portèrent en grand nombre sur les rochers, et formèrent une haie serrée autour de l'entrée de notre bivouac. Là, ils restèrent immobiles, observant nos moindres mouvements. Quelques voix, bientôt réprimées par les alcades, rompaient de temps en temps le silence pour insulter nos factionnaires.

Le curé se présenta à notre bivouac un peu avant la nuit, demandant à me parler. Il me dit qu'il avait fait préparer d'excellents logements pour les chefs de notre troupe, et il me pressa beaucoup d'engager mes camarades à les accepter. Son dessein était, comme nous l'avons su depuis, de nous faire prisonniers, espérant que le désordre se mettrait parmi nos soldats, lorsqu'ils se verraient, le jour suivant, privés de leurs officiers.

Je refusai aussitôt ces offres. Le curé me demanda si je conservais du ressentiment de ce qui s'était passé le matin, et si nous avions de la défiance des intentions des habitants. Je lui répondis que nous n'avions ni ressentiment ni défiance. Il me pria alors de venir au moins seul chez lui, me disant qu'il voulait me bien traiter. J'allai consulter mes camarades les officiers, et nous convînmes que j'irais seul au village, pour montrer aux habitants que nous n'avions aucun projet de vengeance, et leur ôter ainsi toute pensée de nous attaquer pendant la nuit. Mes camarades furent aussi séduits par l'espérance que je leur enverrais à souper. Je revins vers le curé; je lui demandai de me donner sa parole sacrée qu'il ne me serait fait aucun mal; il me la donna sur-le-champ, et pour lui prouver une confiance entière, je remis, en sa présence, mon sabre au factionnaire, et je le suivis sans armes.

Nous traversâmes ensemble l'intérieur du bourg : tous les habitants à côté de qui nous passions saluaient profondément mon guide, et ils me regardaient ensuite avec une expression menaçante; lorsqu'ils s'approchaient trop près de moi, pour me faire craindre quelque surprise, le curé les repoussait d'un regard seulement et d'un mouvement de son sourcil; telle était l'autorité que lui donnait le caractère sacré dont il était revêtu.

Nous arrivâmes bientôt à la maison, et nous fûmes reçus par la gouvernante du curé; c'était une grande fille de trente-cinq à quarante ans: elle nous présenta d'abord du chocolat et des biscuits, et elle servit ensuite le repas sur une table auprès de la cheminée de la cuisine. J'envoyai à souper à mes camarades, et je m'assis auprès de la table; le curé se plaça vis-à-vis de moi; la gouvernante resta assise à sa droite, presque sous la cheminée qui était très-élevée. Après un moment de silence, le curé me demanda si je n'irais pas à la messe le lendemain avant que de partir; je lui répondis que je n'étais pas catholique. A ces paroles, ses traits se contractèrent, et sa gouvernante, qui n'avait jamais vu d'hérétiques, tressaillit sur sa chaise, fit une exclamation involontaire, poussa un long soupir. Après avoir dit ensuite rapidement plusieurs *Ave Maria* entre ses dents, elle consulta la physionomie du curé, pour savoir quelle impression elle devait recevoir à la vue d'une apparition aussi terrible que celle d'un hérétique. (Les descriptions populaires et les tableaux de quelques églises du pays représentent les hérétiques lançant des flammes par la bouche.) La gouvernante se remit donc de son trouble, quand elle vit le curé reprendre tranquillement la conversation.

Après le souper, le curé m'invita à coucher chez lui, en me disant que je devais être bien fatigué, et qu'il me donnerait un lit qui vaudrait au moins notre bivouac : voyant que j'hésitais à lui répondre, il ajouta qu'il était bon de laisser se dissiper la foule, et qu'il fallait que j'attendisse quelques heures. Je commençai alors à craindre qu'il ne voulût me retenir dans sa maison, et me livrer aux habitants. On m'a dit ensuite que c'était en effet son projet, et qu'il était le chef de l'insurrection. Quelques raisons m'ont fait croire, longtemps après, qu'en me retenant prisonnier, il voulait aussi me faire échapper au sort funeste que les habitants du village et lui destinaient à mon détachement.

Comme il était le maître de me trahir, s'il l'eut voulu, je me gardai bien de lui montrer de la défiance. Je lui dis que j'acceptais ses offres, me croyant en parfaite sûreté, puisque j'étais sous la sauve-garde de sa parole sacrée, que j'allais dormir ; mais que je le priais de me réveiller dans deux heures au plus tard, parce que mes camarades pourraient bien, s'ils ne me revoyaient pas avant minuit, sortir de leur bivouac et mettre le feu aux quatre coins du village. Le curé me conduisit dans la chambre voisine ; je me mis au lit, ce qui nous arrivait rarement en Espagne, et il emporta la lampe en me souhaitant le bon soir.

L'obscurité profonde ne contribua pas alors à me faire voir en beau la position dans laquelle je me trouvais : je me reprochais de m'être séparé de mon sabre, je le regrettais comme un compagnon fidèle qui eût pu m'inspirer un bon conseil. J'entendais les murmures des habitants qui passaient et repassaient dans la rue sous mes fenêtres. Le curé entr'ouvrait de temps en temps la porte, avançant sa tête blanche et la lampe qu'il tenait dans sa main droite, pour voir si je dormais : je faisais semblant d'être profondément assoupi, et il se retirait doucement.

Plusieurs hommes entrèrent dans la pièce voisine; ils parlèrent d'abord avec assez de calme, et ensuite confusément tous à la fois, puis firent tout à coup silence, comme s'ils eussent craint de m'avoir réveillé, et que je n'écoutasse leurs discours; ils recommencèrent alors à converser à voix basse et avec une grande vivacité. Je passai près de deux heures dans cette situation incertaine et bizarre, réfléchissant sur le parti que j'avais à prendre. Je me déterminai ensuite à appeler le curé; il vint aussitôt : je lui dis que je voulais aller sur-le-champ rejoindre mon détachement; il laissa sa lampe sans me répondre, et me quitta sans doute pour aller consulter les Espagnols qui étaient dans sa maison sur ce qu'il devait faire de moi.

Je vis arriver sur ces entrefaites, avec une vive joie, dans ma chambre celui de nos maréchaux-des-logis qui parlait espagnol; il était accompagné par le corrégidor. Il me dit que mes camarades étaient dans la plus vive inquiétude sur mon sort, et qu'ils l'avaient envoyé s'informer de ce que j'étais devenu ; que les habitants me regardaient déjà comme leur prisonnier ; qu'ils devaient nous attaquer le jour suivant, et qu'ils disaient qu'aucun de nous ne leur échapperait. Je m'habillai en grande hâte, et je sommai de nouveau le curé de tenir sa parole, en lui disant que mes camarades menaçaient de prendre les armes si je ne revenais pas bientôt. Heureusement pour moi que les préparatifs de l'insurrection du village n'étaient pas encore achevés : le curé n'osa pas me retenir plus longtemps : il appela le corrégidor et un alcade, et quelques hommes qui nous placèrent au milieu d'eux, et nous reconduisirent à travers la foule à notre bivouac.

Le maréchal-des-logis que mes camarades venaient de m'envoyer était un Normand, brave comme son sabre. Il cachait, sous l'apparence de la plus parfaite bonhomie, toute la ruse qu'on attribue communément à ses compatriotes; il s'était insinué auprès des habitants, en leur disant qu'il était fils d'un officier des gardes vallones, retenu prisonnier en France avec le roi Charles IV : qu'il avait été forcé de servir avec nous, et qu'il cherchait depuis longtemps l'occasion de déserter. Les Espagnols de ces montagnes étaient tour à tour rusés et crédules comme les sauvages. Ils crurent ce que disait notre maréchal-des-logis, le plaignirent, lui donnèrent de l'argent, et ils lui confièrent une partie de leurs projets : c'est par lui que nous apprîmes que les habitants des villages voisins devaient se réunir le jour suivant en grand nombre pour nous attaquer dans un défilé dangereux sur la route de Ronda. Cette découverte heureuse nous sauva d'une défaite complète.

Le curé et le corrégidor revinrent le jour suivant au moment de notre départ, à notre bivouac, nous demander une attestation qui prouvât aux Français qui pourraient venir dans la suite à Olbera, qu'ils s'étaient bien conduits à notre égard. Ils espéraient que l'air menaçant des habitants nous ferait faire ce qu'ils désiraient. Nous leur répondîmes que nous ne leur donnerions l'attestation que lorsqu'ils nous rendraient les armes enlevées sur le cheval du brigadier qui s'était enfermé avec moi dans la municipalité la veille. Nous les avions déjà inutilement réclamées plusieurs fois.

Le corrégidor et le curé reprirent en silence le chemin qui conduisait au haut du village, et peu de moments après leur départ, des cris d'alarme se firent entendre ; les habitants venaient de massacrer six hussards et deux maréchaux qui étaient imprudemment allés ferrer leurs chevaux à la forge ; alors la fusillade commença. Nous montâmes en hâte à cheval, et le gros du détachement suivit l'adjudant-major qui nous commandait, au lieu choisi pour le rassemblement à une portée de fusil du village. Je restai dans le bivouac, et je retins avec moi dix hussards pour soutenir la retraite et protéger les bagages qu'on n'avait pas encore pu charger sur les mulets, parce que les conducteurs espagnols s'étaient enfuis pendant la nuit.

Un de mes camarades revint bientôt me dire que notre arrière-garde allait être cernée, et que les Espagnols faisaient un feu de mousqueterie très-vif contre le détachement du haut des rochers, et par les fenêtres placées à l'extrémité du village que nous devions traverser. N'ayant aucune espérance de pouvoir être secourus, nous prîmes le parti de nous frayer un chemin au milieu des ennemis. Mon cheval reçut une balle qui lui traversa le col, et il s'abattit; je le relevai vivement et j'atteignis le détachement. Mon camarade eut peu après le bras cassé d'un coup de feu. Nous vîmes tomber successivement presque tous les hussards qui nous suivaient. Des femmes, ou plutôt des furies déchaînées, se précipitaient avec d'horribles hurlements sur nos blessés, et elles se les disputaient pour les faire mourir dans les tourments les plus cruels. Elles leur plantaient des couteaux et des ciseaux dans les yeux, se repaissant avec une joie féroce de la vue de leur sang. L'excès de leur juste fureur contre ceux qui venaient envahir leur pays les avait entièrement dénaturées.

Notre détachement était resté pendant tout ce temps immobile, faisant face aux ennemis, pour nous recevoir. Les habitants n'osèrent pas s'éloigner des rochers et des maisons du village, et nous ne pûmes, avec nos deux chevaux, aller à eux pour venger nos camarades. Nous fîmes l'appel des nôtres en leur présence; nous plaçâmes les blessés au centre de la troupe, et nous nous mîmes ensuite lentement en marche.

N'ayant pas pu nous procurer un guide, nous prîmes, sans savoir où nous allions, le premier sentier qui éloignait de la route battue sur laquelle nous savions que les montagnards avaient placé des embuscades, et nous errâmes d'abord pendant quelque temps dans les champs à l'aventure. Nous vîmes ensuite un homme monté sur un mulet s'échapper d'une ferme; je courus à lui, je l'atteignis et le plaçai entre deux hussards de l'avant-garde, lui ordonnant, sous peine d'être sabré, de nous conduire à Ronda. Sans ce paysan, que le hasard nous fit rencontrer, nous n'aurions jamais pu trouver notre route dans des pays à nous inconnus. C'est ainsi que nous avions à lutter sans cesse, non contre des difficultés militaires et prévues, telles qu'elles se trouvent dans la guerre régulière, mais contre des obstacles sans nombre qui, naissant de l'esprit national seulement, se renouvelaient et se multipliaient à l'infini sous nos pas suivant les circonstances.

A peine étions-nous entrés dans une vallée assez longue, que nous aperçûmes sur les hauteurs, vers notre gauche, une troupe de mille à quinze cents hommes qui observaient notre marche; on distinguait dans ce nombre des femmes, et même des enfants. C'étaient les habitants de Setenil et ceux des villages voisins, qui avaient appris que nous avions changé de route pour éviter leurs embuscades, et s'étaient mis à notre poursuite. Ils couraient avec précipitation dans l'espérance de nous couper le passage d'un défilé qui était en avant de nous.

Nous fîmes prendre le trot à nos chevaux afin de ne pas nous laisser devancer, et nous passâmes heureusement le défilé. Nous fûmes bientôt après enveloppés d'une nuée de paysans qui se détachèrent en désordre du gros des ennemis, et vinrent tirailler sur nos flancs. Ils nous suivaient à la course dans les rochers, sans jamais oser s'approcher de nous à plus qu'une portée de fusil, dans la crainte de ne pouvoir regagner assez tôt le sommet de la montagne, si nous les chargions. Des curés et des alcades couraient à cheval sur les hauteurs, pour diriger les mouvements de cette foule. Ceux de nos blessés qui avaient le malheur de tomber de cheval, étaient aussitôt impitoyablement poignardés derrière nous. Un seul s'échappa, parce qu'il eut la présence d'esprit de faire entendre qu'il voulait se confesser avant que de mourir, et le curé de Setenil le sauva de la fureur de ses ennemis.

Quand nous fûmes parvenus dans un sentier étroit pratiqué sur le flanc d'une montagne escarpée, nous nous arrêtâmes quelques minutes pour laisser respirer nos chevaux; des rochers nous mettaient à l'abri du feu des ennemis qui étaient au-dessus de nous. Nous aperçûmes ensuite Ronda; et comme nous nous réjouissions d'approcher enfin du terme de notre voyage, nous fûmes bien étonnés de voir de nouveaux ennemis embusqués dans les bois auprès de cette ville faire un feu très-vif sur nous. Nous éprouvâmes alors les plus vives inquiétudes, craignant qu'elle n'eût été abandonnée par les Français; mais nous vîmes bientôt avec une vive joie des hussards de notre régiment venir à notre rencontre, ils nous avaient aussi pris de loin pour des ennemis.

Nous entrâmes dans la ville, et nous nous arrêtâmes sur la grande place : là nos camârades du régiment vinrent tous nous embrasser et nous demander des nouvelles de la France et du reste du monde, dont ils étaient séparés depuis longtemps. Nous nous dispersâmes ensuite dans les divers logements qui nous furent assignés, comptant nous reposer pendant quelques jours au moins des longues fatigues que nous venions de supporter.

Quand la nuit fut venue, nous vîmes une multitude de feux s'allumer successivement sur les montagnes voisines : l'illusion produite par l'obscurité rapprochait de nous ceux de ces feux qui étaient les plus lointains, et l'on eût dit que nous étions entourés d'un cercle de flammes; l'ennemi venait de prendre position autour de la ville pour nous attaquer le jour suivant.

Nous entendions sonner à plusieurs reprises, depuis une demi-heure, un cornet à bouquin, dont le bruit paraissait partir d'entre les oliviers qui étaient au-dessous de nous, dans une petite vallée au-dehors de la vieille ville. Nous faisions mille plaisanteries sur ces sons informes sans pouvoir deviner quel en était l'objet, lorsqu'un hussard d'un de nos postes avancés, vint au galop dire au colonel qu'un parlementaire des ennemis demandait à être reçu dans la place. Le colonel donna l'ordre de l'introduire, et le brigadier l'amena bientôt après les yeux bandés. Le parlementaire nous dit qu'il venait nous proposer de nous rendre; que le général des montagnards occupait, avec quinze mille hommes, toutes les issues par lesquelles nous pourrions essayer de nous échapper; qu'il avait pris, quelques jours auparavant, un convoi de cinquante mille cartouches qui nous était destiné, et qu'il savait que nous ne pouvions pas nous défendre longtemps dans la place, parce que nous n'avions presque plus de munitions. Cela était vrai, les soldats de l'infanterie de la garnison n'avaient plus que trois cartouches chacun ; nos hussards ne pouvaient pas faire usage de leurs sabres dans les rochers, où leurs chevaux les embarrassaient le plus souvent sans leur être d'aucune utilité.

Le colonel répondit au parlementaire que nous allions préalablement nous mettre à table, et il me fit signe de conduire le nouvel arrivant dans la chambre où le repas était préparé, me recommandant d'en prendre soin. Le parlementaire était un jeune homme d'une assez jolie figure ; il portait un chapeau rond à l'andalouse, et une veste courte de drap brun, bordée d'un passe-poil bleu de ciel; sa seule marque distinctive était une écharpe à la mode du pays, dont l'extrémité était entremêlée de quelques fils d'argent. Il avait au lieu de sabre une longue épée droite à l'antique.

Il fut au premier instant étonné de se voir dans son modeste équipage au milieu d'un cercle d'officiers couverts de broderies, et quand nous mîmes tous à la fois la main à nos sabres pour les détacher avant que de nous asseoir auprès de la table, il montra quelque inquiétude, ignorant la cause de ce mouvement subit. Il lui vint, à ce que je crois, dans la pensée, que nous pourrions bien le tuer en représailles de ce que les habitants d'un village voisin avaient massacré, quelques jours auparavant, un échevin de la ville de Ronda que nous leur avions envoyé en parlementaire.

Je le rassurai aussitôt, en l'invitant à se désarmer et à s'asseoir ainsi que nous. Après quelques moments de silence, je lui demandai s'il y avait longtemps qu'il servait Ferdinand VII, il me répondit qu'il y avait une année seulement qu'il était entré comme lieutenant dans les hussards de Cantabria. « Quoiqu'ennemis, lui dis-je, nous sommes doublement camarades, et par le grade et parce que nous servons dans la même arme. » Il fut très-flatté d'être considéré comme un officier de troupes réglées. Je lui fis quelques questions sur les chefs de l'armée insurgée; il m'exhala beaucoup le mérite du général Gonzalès, me disant que c'était un homme qui avait de rares talents dans l'art de la guerre, et les connaissances les plus profondes en tactique. Nous n'avions jamais entendu nommer ce chef, et nous sûmes ensuite que c'était un sergent des troupes de ligne auquel les insurgés avaient donné nouvellement le grade de brigadier général, pour faire croire qu'ils étaient une armée organisée. A force de nous louer ensuite avec exagération tout ce qui tenait à son parti, il nous apprit précisément, par ce qu'il ne nous disait pas, la seule chose qu'il nous importât vraiment de savoir; c'est qu'aucun corps anglais sorti de Gibraltar n'était venu se joindre aux montagnards, ce qui aurait alors rendu notre situation vraiment dangereuse.

L'officier espagnol ne s'écarta pas d'abord de la

sobriété qui caractérise sa nation; mais lorsque nous bûmes à sa santé, il nous fit raison, et se piquant ensuite d'émulation il voulut nous tenir tête : nous n'étions que camarades au milieu du repas, nous nous appelâmes frères au dessert; nous nous jurâmes une éternelle amitié, et entr'autres marques d'attachement, nous nous promîmes de nous battre en combat singulier la première fois que nous nous rencontrerions.

Après le repas, mon colonel renvoya le parlementaire espagnol sans lui faire aucune réponse; je fus chargé de le reconduire jusqu'aux avant-postes ennemis. Je lui dis de se bander lui-même les yeux : un hussard se plaça à sa droite pour mener son cheval par la bride; j'étais moi-même à sa gauche, et nous prîmes ensemble la route de Gibraltar par laquelle il était venu. En passant à notre grand'-garde, nous fûmes rejoints par le trompette du parlementaire et par un vieux carabinier royal qui lui servait d'ordonnance; c'était le seul carabinier qu'il y eût dans l'armée insurgée, et on l'avait envoyé pour faire honneur au parlementaire à cause de son uniforme neuf. Je fus bien étonné de l'entendre demander à son officier, avec un ton d'autorité, pourquoi il l'avait fait attendre si longtemps.

Le trompette du parlementaire était un jeune berger qu'on avait habillé d'un dolman vert, qui contrastait avec ses sandales, son bonnet et le reste de ses vêtements rustiques ; on lui avait fait la leçon avant que de l'envoyer à nos avant-postes. Lorsque nos hussards lui demandèrent ce qu'il avait fait de sa trompette, il leur répondit qu'il venait de la perdre ; il avait en effet, à dessein, laissé tomber la conque modeste de berger dans laquelle il soufflait, craignant que la vue de cet instrument peu militaire ne détruisît l'illusion qu'il comptait produire sur nous par son déguisement. Le berger ne pouvait pas faire marcher en avant de nous son cheval, qui ruait et s'arrêtait à chaque pas. Je lui criai en espagnol d'avancer ; il me répondit tristement : « C'est la première fois que je monte à cheval, et on m'a donné une bête maudite, qui ne veut pas marcher. » Le carabinier, qui suivait à quelques pas derrière nous, s'approcha du berger, lui dit rudement de se taire, et le tira d'embarras en conduisant son cheval par la bride.

Quand nous fûmes arrivés auprès du premier poste espagnol, à l'extrémité du faubourg de la vieille ville, je dis adieu au parlementaire, et je retournai rendre compte de ma mission à mon colonel. On tint un conseil de guerre, et il fut convenu que nous abandonnerions la ville pour aller attendre des munitions à Campillo, bourg situé à sept lieues de Ronda au sortir des montagnes, dans une plaine où notre cavalerie devait nécessairement nous donner l'avantage sur les montagnards, quelque nombreux qu'ils fussent. Nous n'avions que peu de confiance dans les trois cents hommes de la garde du roi Joseph que nous avions avec nous : ce corps était composé en grande partie de déserteurs espagnols.

Le colonel ordonna que la garnison se mettrait en marche une heure après, sans battre la caisse et sans sonner les trompettes, pour ne pas instruire les ennemis de son départ. J'avertis promptement les maréchaux-des-logis qui étaient sous mes ordres, et nous allâmes de maison en maison réveiller les conscrits du détachement que j'avais amenés; ils avaient compté faire un long séjour à Ronda pour se reposer des fatigues du voyage; et quand nous allâmes à minuit les réveiller, ils étaient ivres de sommeil, et n'entendant pas la trompette sonner suivant l'usage, ils ne voulaient pas croire ce que nous leur disions; quelques-uns d'entre eux nous prenaient pour les fantômes de leur lieutenant et de leurs caporaux qui venaient les tourmenter jusque dans leurs rêves par des ordres de départ. Il fallait les battre rudement pour leur prouver que nous étions des êtres réels.

Nous marchâmes pendant deux heures dans le plus profond silence, à la claire lueur des feux de bois d'olivier, que les montagnards avaient allumés sur la pente des montagnes voisines. Quand le jour vint, nous nous arrêtâmes un quart d'heure dans une petite plaine où nous pouvions faire le coup de sabre, pour voir si les ennemis ne viendraient pas nous y chercher; mais ils s'éloignèrent partout à notre approche et regagnèrent les sommités des montagnes sans vouloir engager d'affaire. Les paysans des villages situés près de la route tiraient de loin en loin, à toutes portées, des coups de fusil sur nous; les femmes se plaçaient sur les rochers pour nous voir passer au-dessous d'elles et se réjouir de notre retraite. Elles chantaient des chansons patriotiques, dans lesquelles elles souhaitaient la mort à tous les Français, au grand duc de Berg, et à Napoléon. Le refrain des couplets était l'imitation du chant du coq, qui est considéré comme l'emblème de la France.

Nous arrivâmes enfin à Campillos, et nous vîmes bien à la manière dont nous fûmes reçus par les habitants, que la nouvelle de nos pertes d'Olbera et de notre retraite de Ronda nous avait précédé dans ce bourg. Quand j'entrai dans mon logement, je fus très-mal accueilli par mon hôte; mon domestique lui ayant demandé une chambre pour moi, il lui montra un mauvais trou noir et humide qui donnait sur une arrière-cour. On n'avait pas pu faire de distributions de vivres au moment de l'arrivée, et l'alcade avait publié un ordre par lequel il enjoignait aux habitants de nourrir les soldats logés chez eux. Le hussard qui me servait d'ordonnance, demanda par signes au maître de la maison de lui faire donner quelque chose à manger : je vis celui-ci apporter, d'un air moqueur, une très-petite table, sur laquelle il y avait du pain et quelques gousses d'ail. J'entendis qu'il disait à sa femme : *C'est bien bon pour ces chiens de Français, il n'y a pas de ménagements à garder avec eux ; ils ont été battus, ils se sauvent, et s'il plaît à Dieu et à sa sainte mère, aucun d'eux ne sera en vie dans deux jours.* Je fis semblant de ne pas entendre ses malédictions, afin de lui laisser ignorer que je savais l'espagnol.

Je sortis et revins une heure après dans mon logement, où je trouvai cinq individus du village assis en cercle, et fumant des cigarres; ils étaient, à ce que je sus, habitués à se rassembler tous les soirs chez mon hôte, qui vendait du tabac. Mon hussard était à quelque distance d'eux; il se leva quand j'entrai et me présenta sa chaise; je l'acceptai et m'approchai du feu ; les Espagnols firent d'abord silence : l'un d'entre eux, pour s'assurer si j'entendais ou non l'espagnol, me demanda si je n'étais pas bien fatigué; et quoique j'eusse l'air de ne pas le comprendre, il ajouta en ricanant : « Vous avez bien souvent fait usage de vos éperons depuis deux jours. » Je ne répondis pas; alors ils crurent que je ne savais pas un seul mot d'espagnol, et reprirent leur conversation.

Ils parlaient avec un enthousiasme sans bornes des braves montagnards qui nous avaient chassé de

Ronda. Ils racontaient dans le plus grand détail un prétendu combat très-meurtrier de douze heures qui avait eu lieu la veille dans les rues même de cette ville. Ils se disaient les uns aux autres que nous avions perdu au moins six cents hommes, et nous n'en avions en tout que cinq cent cinquante. Ils affirmèrent que le général des montagnards viendrait nous attaquer dans deux jours au plus tard ; que les habitants du village prendraient les armes, et qu'ils anéantiraient ces damnés d'hérétiques qui étaient pires que les Maures : car les Français, disaient-ils, ne croyaient ni en Dieu, ni à la Vierge, ni à saint Antoine, et pas même à saint Jacques de Gallice, et ne craignaient point de loger dans les églises avec leurs chevaux. Ils répétaient mille autres invectives de ce genre, avec lesquelles ils se montaient de plus en plus l'imagination. Ils finirent par dire qu'un Espagnol valait trois Français; un autre ajouta : J'en tuerai six de ma main.

Je me levai alors, et leur répétai deux fois de suite, *poco a poco*, qui signifie, en espagnol, *doucement, doucement;* ils restèrent pétrifiés, en apprenant que j'avais entendu toute leur conversation. Je les quittai pour aller avertir mon colonel de ce que je venais d'apprendre; il ordonna sur-le-champ à l'alcade de désarmer le village. Les habitants donnèrent leurs mauvaises armes et gardèrent celles qui étaient bonnes, ce qui arrive toujours en pareilles circonstances.

En rentrant dans mon logement, je ne retrouvai pas un seul de mes politiques, ils avaient tous pris la fuite; mon hôte était aussi allé se cacher; sa femme consternée avait tâché en mon absence d'adoucir mon hussard, elle ne lui avait d'abord donné que de l'eau à boire, mais alors elle lui apporta de l'excellent vin; celui-ci, qui ne savait pas que tous ces soins venaient de la peur, fut fort étonné de cette faveur inespérée, et il en conçut même un léger mouvement de vanité, et je le retrouvai occupé à relever ses horribles moustaches avec plus de complaisance que de coutume.

La femme de mon hôte prit mon sabre au moment où je le posai, et le porta avec beaucoup d'empressement dans la plus belle chambre de la maison, comme pour en prendre possession en mon nom. Elle vint ensuite me supplier en tremblant de ne pas conserver d'irritation contre son mari, me disant que quoiqu'il ne m'eût pas très-bien reçu au moment de notre arrivée, il était cependant un homme de bien, un homme qui avait un très-bon cœur. Je l'assurai que son mari pouvait revenir, que je ne lui ferais aucun mal, à condition qu'il me préviendrait promptement de tout ce qu'il apprendrait des projets des ennemis et de ceux des habitants. J'ajoutai toutefois, pour l'effrayer, que s'il y manquait, je le ferais pendre, et j'allai me reposer.

Je me levai le jour suivant au point du jour, et je

trouvai, en ouvrant la porte de ma chambre, mon hôte, qui m'attendait pour faire sa paix avec moi. Avant de me rien dire, il me présenta une tasse de chocolat avec des biscuits; j'acceptai le tout d'un air fort digne, et je lui dis que je réglerais dorénavant ma conduite d'après sa manière d'être à mon égard; il me répondit, avec une grande révérence, que lui et toute sa maison étaient à ma disposition.

Ce jour, quinzième de mars, nous apprîmes que les Serranos étaient entrés la veille à Ronda une heure après notre départ, et qu'ils se préparaient à venir nous attaquer à Campillos.

Le 16, notre colonel envoya un détachement fort de cent hussards et de quarante hommes d'infanterie reconnaître les ennemis. Je faisais partie de cette expédition ; nous nous mîmes en marche deux heures avant le lever du soleil, et nous rencontrâmes les montagnards à quatre lieues de Campillos. Ils avaient passé la nuit au bivouac sur le penchant d'une montagne, auprès du village de Canète-la-Réal. Nous nous arrêtâmes à deux portées de fusil pour examiner leur position et leur nombre, que nous évaluâmes à peu près à quatre mille; et quand nous eûmes achevé de faire notre reconnaissance, nous reprîmes tranquillement le chemin par lequel nous étions venus.

Les Serranos nous voyant retourner sur nos pas, crurent que nous avions peur d'eux; ils poussèrent de grands cris, descendirent de la montagne tous ensemble, et sans observer aucun ordre, nous suivirent pendant une heure, dans un pays coupé et difficile; le terrain devenant ensuite favorable pour la cavalerie, ils modérèrent leur ardeur, puis s'arrêtèrent bientôt sur des hauteurs pour se rassembler, n'osant pas d'abord avancer dans la plaine. Ils envoyèrent ensuite des paysans tirailler avec les escarmoucheurs de notre arrière-garde qui avait fait volte face, pendant que l'infanterie et le gros du détachement passaient un pont de bois construit sur le torrent qui coule au pied d'une montagne aride, au sommet de laquelle le village de Teba est placé comme un nid d'aiglons.

Les femmes du village, vêtues, suivant la mode du pays, d'habits rouge et bleu clair, étaient venues s'asseoir en foule sur leurs talons, au sommet des rochers, pour voir d'un lieu sûr et rapproché le combat qu'elles prévoyaient devoir s'engager dans peu. Notre peloton d'arrière-garde rassembla bientôt ses tirailleurs et commença à passer le pont : les femmes se levèrent alors toutes ensemble, et entonnèrent une hymne à la vierge Marie. A ce signal la fusillade commença, et les Espagnols, cachés dans le flanc de la montagne, firent pleuvoir sur nous une grêle de balles à toutes portées; nous continuâmes à passer tranquillement le pont sous le feu de l'ennemi sans y répondre; nous voyions les femmes descendre des rochers, arracher les fusils des mains de leurs maris, et se placer en avant d'eux pour les forcer à avancer et à nous poursuivre au-delà du pont.

Notre peloton d'arrière-garde se sentant trop pressé, fit volte-face, et les hussards du premier rang dirigèrent un feu bien nourri de carabine contre les plus avancés des montagnards, et ils en tuèrent deux, ce qui ralentit l'impétuosité de la foule. Les femmes regagnèrent avec précipitation le sommet de la montagne. Une centaine d'insurgés nous suivirent encore de loin jusqu'à une demi-lieue du village de Campillos.

Le lendemain 17, un détachement de cinquante hussards, envoyé à la découverte, trouva les Serranos campés de l'autre côté du pont de bois, au-dessous du village de Teba. Nos hussards s'avancèrent jusqu'auprès du pont, et retournèrent ensuite sur leurs pas sans tirer un seul coup de carabine; les montagnards s'enhardirent comme la veille, et poursuivirent nos éclaireurs jusqu'à nos avant-postes. Notre intention était de les attirer dans la plaine, auprès de Campillos, afin de les sabrer. Les insurgés n'étant, pour la plupart, armés que de fusils de chasse, avaient toujours l'avantage dans les montagnes, où nous ne pouvions les poursuivre dans les rochers; mais dans la plaine, leur manière désordonnée de combattre ne leur permettait pas de soutenir le choc de notre cavalerie, quelqu'inférieure qu'elle fût en nombre.

A dix heures du matin, je vis arriver mon hôte en grande hâte, il avait le sourire sur les lèvres et se frottait les yeux, s'efforçant vainement de pleurer; il me dit que tout était perdu pour nous, que nos gardes étaient repoussées, que quinze cents montagnards descendaient avec furie dans la plaine pour nous cerner, pendant que les habitants révoltés nous attaquaient au centre du village, et il me serra étroitement dans ses bras, comme s'il avait eu pitié du sort qui me menaçait.

Des coups de fusils, des cris confus, et les sons des trompettes et des tambours se firent en effet entendre au même instant, on courait de toutes parts aux armes; un de nos postes, placé non loin de la maison où je demeurais, venait d'être forcé de se retirer à l'entrée du village. Je montai aussitôt à cheval, et rassemblai mon détachement. Le colonel, accouru au même moment, m'ordonna d'aller soutenir les gardes repoussées; nous fîmes, dans la plaine, une charge en tirailleurs qui réussit, quarante de nos hussards sabrèrent une centaine de montagnards; ceux qui couronnaient les hauteurs voisines prirent la fuite dans la plus grande consternation; nous nous retirâmes ensuite. et la plaine, qui avait retenti auparavant des cris d'une nuée de tirailleurs, resta silencieuse, et jonchée des ennemis épars, qui venaient d'être moissonnés.

Pendant que nous étions montés à cheval pour repousser les ennemis, les habitants, persuadés que nous allions être tous anéantis, avaient massacré dans les rues ceux de nos soldats qui avaient tardé à se rendre à la place indiquée pour le rassemblement en cas d'alarme Nos hussards firent en rentrant dans le village main basse sur tous les habitants qu'ils trouvèrent armés, et l'on eut bien de la peine à arrêter le pillage. Les montagnards n'osèrent plus dès lors se montrer dans les plaines ; ils marchèrent le reste du jour et une partie de la nuit sans s'arrêter, et ils regagnèrent leurs hautes montagnes aux environs de Ronda.

Le 19 mars, le général Péremont vint de Malaga nous rejoindre à Campillos avec trois bataillons d'infanterie, un régiment des lanciers de la Vistule, et deux pièces de canon. Nous reçûmes des munitions, dont nous manquions, et le 20, à six heures du matin, nous partîmes tous ensemble pour aller reprendre possession de Ronda. Nous nous détournâmes de la route pour lever une contribution sur les habitants de Téba, en punition de ce qu'ils avaient pris, trois jours auparavant, les armes contre nous, quoiqu'ils eussent fait leur soumission au roi Joseph.

Notre colonel laissa son régiment au pied de la montagne, au sommet de laquelle est située Téba, et il monta vers le village, suivi de cinquante hussards seulement. Les habitants, instruits de notre approche, et de la contribution que nous venions exiger, s'étaient tous enfuis dans les rochers avec leurs effets les plus précieux. Des hardes abandonnées çà et là indiquaient les traces de leur désertion précipitée.

Le colonel donna l'ordre de faire enfoncer les portes de quelques-unes des maisons qui étaient autour de la place pour voir si on n'y rencontrerait pas des habitants cachés. On ne trouva qu'un pauvre vieillard, qui, loin d'avoir peur, poussa des cris de joie en voyant les hussards entrer chez lui. On voulut profiter de la bonne volonté de cet homme, et le conduire au dehors pour en tirer des renseignements, mais on s'aperçut bientôt qu'il était fou, et c'était sa folie qui avait probablement empêché ses parents ou ses amis de l'emmener avec eux dans la montagne.

Nous passâmes près de deux heures sans pouvoir trouver dans le village un seul individu qu'on pût envoyer aux habitants pour les rassurer et leur dire qu'on n'en voulait à aucun d'entr'eux, et qu'on leur pardonnerait, à condition qu'ils payassent une contribution pour le compte du roi Joseph. Nous ne voulions pas nous en faire des ennemis irréconciliables et les pousser au désespoir par un châtiment rigoureux, et cependant il importait de ne pas laisser leur révolte impunie.

Voici l'expédient qu'on employa pour les attirer hors de leurs retraites. Les hussards brûlèrent de la paille mouillée dans les cheminées de quelques maisons : ces feux produisirent une fumée épaisse qui, chassée par le vent dans la montagne, persuada aux habitants qu'on allait embraser leur village. Ils se hâtèrent de nous envoyer une députation, et nous vîmes bientôt arriver l'alcade, suivi de quatre des plus riches propriétaires du bourg. Il portait un manteau rouge et un habit galonné. Il s'était sans doute revêtu de toutes les marques de sa dignité, parce qu'il croyait, en venant vers les Français, se livrer à la mort pour sauver son village. L'alcade promit que les habitants acquitteraient la contribution qu'on leur demandait. Nous l'emmenâmes comme ôtage, et il retourna chez lui deux jours après.

Nous allâmes coucher ce même jour dans un petit village situé à quatre lieues seulement de Campillos. Le 21, nous partîmes au lever du soleil pour aller à Ronda, où nous entrâmes sans résistance. Les montagnards abandonnèrent précipitamment cette ville à notre approche, en jetant leurs fusils et leurs manteaux dans les rues pour gagner la montagne par des sentiers de traverse. Les hussards de notre avant-garde sabrèrent ceux qui furent les plus tardifs à s'enfuir.

Nous fûmes reçus comme des libérateurs par une

partie des habitants de Ronda. Les montagnards avaient élevé en notre absence une potence sur la grande place pour punir ceux des bourgeois de la ville qui avaient favorisé les Français ; et si nous étions arrivés un jour plus tard, plusieurs individus auraient été conduits au supplice : on eût ainsi satisfait des haines particulières sous le prétexte de la vengeance publique. Un échevin allait être pendu pour n'avoir pas voulu se laisser corrompre dans une affaire de contrebande quelques années auparavant. Un pauvre tailleur avait été précipité la veille du haut en bas des rochers et mis en pièces parce qu'il avait servi d'interprète à nos soldats.

Le jour même où nous étions sortis de Ronda, les montagnards y étaient entrés avec l'aurore, en poussant de grands cris, et en déchargeant, en signe de joie, leurs fusils dans les rues. Tous les habitants d'un même village arrivaient ensemble, marchant sans ordre, et suivis de leurs femmes, qui ne différaient, comme je l'ai déjà dit, des hommes, que par le vêtement, par une stature plus élevée, et par un peu plus de rudesse dans les manières.

Elles prétendaient que leurs maris avaient conquis Ronda sur les Français, et que tout ce qui était dans la ville leur appartenait ; elles se disaient les unes aux autres, en s'arrêtant devant les portes des plus beaux hôtels : *Je prends cette maison pour moi, je me ferai dame, et je viendrai l'habiter dans peu de jours, avec mes chèvres et ma famille.* Elles chargeaient, en attendant, sur des ânes, tout ce qu'elles trouvaient dans l'intérieur des appartements. Ces dames ne cessèrent de piller que lorsque les animaux qu'elles avaient amenés furent au moment de succomber sous le poids du butin.

Des contrebandiers volèrent les chevaux et le porte-manteau d'un lieutenant anglais, qui faisait partie de l'expédition, sans que celui-ci pût parvenir à faire punir les coupables. Les prisons furent forcées; les insurgés, les détenus qu'elles contenaient, coururent, à l'instant même de leur délivrance, se venger de leurs juges et de leurs accusateurs. Les débiteurs arrachèrent par force des quittances à leurs créanciers, et mirent le feu à tous les papiers de la chancellerie, afin d'anéantir les actes des hypothèques que les habitants avaient sur les propriétés des montagnards.

Le général en chef des Serranos n'avait pu arriver dans Ronda que six heures seulement après notre départ. Il avait d'abord essayé d'établir un espèce d'ordre dans la ville, à l'aide de ce qu'il appelait ses troupes réglées. Ne pouvant y parvenir, voici le stratagême dont il se servit : il fit publier, par le crieur public, que les Français allaient arriver. Les montagnards se rassemblèrent alors en un clin d'œil, et les habitants eurent le temps de se barricader dans leurs maisons.

L'homme qui exerçait le plus d'influence sur ces hordes indisciplinées, était un nomm éCura, natif de Valence, où il avait été professeur de mathématiques. Forcé de s'exiler de sa patrie, après avoir tué un homme par jalousie, il s'était réfugié chez les contrebandiers pour échapper aux poursuites de la justice. Il avait répandu sourdement qu'il était de la plus haute naissance, et que des raisons de politique le forçaient à rester inconnu. Les montagnards l'avaient surnommé l'*inconnu au grand bonnet*, parce qu'il affectait de porter un bonnet à la mode du pays, d'une grandeur démesurée, afin d'attirer sur lui l'attention. Cette espèce d'existence mystérieuse lui donnait un grand empire sur les esprits. L'inconnu au grand bonnet leva un mois après de fortes contributions sur divers villages des montagnes, sous le prétexte d'aller acheter des armes et des munitions; il essaya d'échapper avec l'argent qui lui avait été confié, mais il fut pris et puni.

Le général Peremont était venu avec sa brigade à Ronda dans le but de faire une expédition jusqu'au centre des hautes montagnes, mais il fut forcé de retourner à Malaga sans avoir rien tenté. Il apprit que cette dernière ville venait d'être attaquée en son absence par d'autres bandes insurgées, et les hussards de notre régiment restèrent de nouveau en garnison à Ronda avec deux cents braves soldats de l'infanterie polonaise qu'on nous donna en remplacement du bataillon de la garde du roi Joseph qui était auparavant avec nous.

La ville de Ronda est située sur un plateau très-élevé vers le nord seulement, d'un accès facile. Elle est séparée des montagnes qui la dominent au midi et vers l'ouest par une vallée riante et cultivée. Le Guadiaro descend de la plus élevée de ces montagnes et traverse Ronda ; on dirait qu'un tremblement de terre a disjoint par une fente profonde le plateau élevé sur lequel la ville est bâtie, pour creuser le lit ténébreux de cette petite rivière.

La vieille cité placée sur la rive gauche, communique avec la ville neuve sur la rive opposée par un superbe pont en pierre, d'une seule arche, des balcons en fer débordent l'épaisseur des murs qui gardent les deux côtés du pont, et l'on est frappé d'une espèce de terreur lorsqu'on voit tout-à-coup à travers de simples barreaux de fer, à deux cent soixante-seize pieds au-dessous de soi, la rivière, comme un simple filet d'eau blanche, sortir d'un gouffre creusé par la violence du torrent depuis des siècles. Une espèce d'humidité nébuleuse s'élève sans cesse du fond de l'abîme, et l'on distingue à peine, tant ils paraissent petits à la vue, des hommes avec des ânes qui montent et descendent à toute heure dans le sentier tortueux et transportent des fardeaux de l'un à l'autre des moulins construits au pied de l'immense terrasse de rochers qui soutient la ville.

Du haut de ces rochers on voyait quelquefois, dans ces temps de guerre et de trouble, les jardiniers de la vallée quitter leurs paisibles travaux pour se joindre aux montagnards lorsqu'ils venaient nous attaquer, ou bien enterrer leurs fusils à l'approche des Français.

La partie de Ronda qu'on nomme la ville ancienne, est presque en entier de construction mauresque; les rues en sont étroites et tortueuses. La ville neuve est au contraire très-régulièrement bâtie, les places sont vastes et les rues larges et bien alignées. Nous mîmes facilement la vieille ville à l'abri d'un coup de main en construisant quelques ouvrages et en réparant un vieux château; elle pouvait être facilement défendue par notre infanterie. Nos hussards furent plus spécialement chargés de défendre la ville neuve; nous fîmes abattre de vieilles murailles et combler les inégalités du terrain aux approches de cette partie de la ville, afin de pouvoir repousser au besoin l'ennemi par des charges de cavalerie.

Les montagnards avaient placé leurs camps sur les sommets des montagnes voisines, et ils observaient jour et nuit ce qui se passait dans la ville. Quand nos trompettes avaient sonné le réveil au lever de l'aurore, on ne tardait pas à entendre des cornets de bergers réveiller les montagnards sur les sommets des montagnes voisines. Ils passaient des jours entiers à inquiéter nos avant-postes sur un point ou sur l'autre ; dès que nous allions à eux ils se retiraient pour revenir bientôt après nous harceler encore.

Lorsque les Serranos se préparaient à nous attaquer, ils poussaient de grands cris pour s'animer au combat, et faisaient feu sur nous longtemps avant que leurs balles pussent nous atteindre. Ceux d'entre eux qui étaient les plus éloignés croyaient, en entendant ces cris et ces décharges, que leurs compagnons avaient quelque avantage à l'avant-garde, ils se hâtaient de venir prendre part à l'action, afin de partager l'honneur d'un succès qu'ils croyaient facile ; ils dépassaient, en faisant mille bravades, ceux qui les précédaient, et lorsqu'ils reconnaissaient leur erreur, ils ne pouvaient plus reculer. Nous les laissions venir jusque dans la petite plaine autour de la ville neuve, afin de pouvoir les charger et les sabrer, et ils se retiraient toujours dès qu'ils avaient perdu quelques-uns des leurs.

Le plus doux passe-temps des ouvriers de la ville était de venir se placer derrière des rochers entre les oliviers à l'extrémité du faubourg, et de tirer sur nos vedettes en fumant leurs cigares. Ils sortaient le matin de la ville avec des instruments de labourage, comme s'ils eussent été travailler aux champs ; ils y trouvaient leurs fusils qu'ils avaient cachés dans des rochers ou dans des fermes, puis revenaient le soir, sans armes, dormir au milieu de nous. Il arriva que des hussards reconnurent les hôtes chez lesquels ils logeaient parmi les combattants. Nous ne pouvions pas faire des recherches trop rigoureuses; si l'on eût voulu exécuter le décret du maréchal Soult contre les Espagnols insurgés, il aurait fallu punir de mort presque toute la population du pays. Les montagnards pendaient et brûlaient vifs les prisonniers français; nos soldats, à leur tour, ne faisaient que très-rarement quartier aux Espagnols qu'ils prenaient les armes à la main.

Les femmes, les vieillards, les enfants mêmes, étaient contre nous, et servaient d'espions aux ennemis. J'ai vu un jeune garçon de huit ans venir jouer entre les jambes de nos chevaux, et s'offrir à nous pour nous servir de guide; il conduisit un petit parti de nos hussards dans une embuscade, et se sauva tout-à-coup dans les rochers en jetant son bonnet en l'air, et en criant de toutes ses forces : « Vive notre roi Ferdinand VII! » La fusillade commença aussitôt.

Les montagnards suppléaient par la force et la persévérance de leur caractère indomptable, à ce qui leur manquait sous le rapport de la discipline militaire : s'ils ne savaient pas nous résister dans les plaines, s'ils échouaient dans les attaques qui demandaient quelques combinaisons, ils combattaient en revanche admirablement dans les rochers, derrière les murs de leurs maisons, et dans tous les lieux où nous ne pouvions pas faire usage de la cavalerie. Nous ne pûmes jamais réduire à l'obéissance les habitants de Montejaque, hameau de cinquante à soixante feux, situé à une demi-lieue de Ronda.

Les habitants des bourgs et des villages de la montagne, qui se croyaient exposés aux visites des Français, envoyaient les vieillards, les femmes et les enfants sur des hauteurs inaccessibles, et ils cachaient leurs effets les plus précieux dans des cavernes. Les hommes seuls restaient dans les villages pour les défendre, ou faire à la dérobée des excursions dans les plaines pour enlever les bestiaux des Espagnols qui ne voulaient pas se déclarer contre nous.

La petite ville de Grazalema était la place d'armes des montagnards. Le maréchal Soult fit marcher contre cette petite ville une colonne mobile forte de trois mille hommes. Les contrebandiers se défendirent de maison en maison, et ils n'abandonnèrent la place que lorsqu'ils n'eurent plus de munitions; ils s'échappèrent alors dans la montagne, après avoir fait éprouver des pertes considérables à nos soldats; ils réoccupèrent la ville d'abord après le départ de la colonne mobile.

Une division de trois régiments d'infanterie de ligne, envoyée un mois après pour disperser de nouveau l'armée insurgée, parvint aisément à repousser les montagnards sur tous les points dans la campagne, mais elle ne put jamais s'emparer de Grazalema. Des contrebandiers s'étaient retranchés dans la place qui est au centre de la ville, ils avaient placé des matelas devant les fenêtres des maisons où ils s'étaient renfermés. Douze hussards du dixième régiment, et quarante voltigeurs qui faisaient l'avant-garde de la division française, arrivèrent sur cette place sans rencontrer de résistance; mais ils n'en revinrent pas, tous furent atteints par le feu qui partait au même moment de toutes les fenêtres : ceux qu'on envoya successivement pour s'emparer de cette place y périrent de même sans faire aucun mal aux ennemis. Les expéditions que les Français faisaient fréquemment contre les hautes montagnes dispersaient presque toujours les ennemis sans les réduire, et nos troupes retournaient à Ronda après avoir essuyé de grandes pertes.

Dans les montagnes, les serranos déjouaient, par leur manière de combattre, l'effort de nos troupes, lors même qu'elles leur étaient supérieures en nombre; ils se retiraient de rocher en rocher, de position en position à l'approche de nos masses, sans cesser de faire feu et de nous harceler; tout en fuyant, ils nous détruisaient des colonnes entières sans que nous pussions nous en venger. Cette manière de faire la guerre leur avait fait donner, par les Espagnols eux-mêmes, le surnom de *mouches de la montagne*, par allusion à la manière dont ces insectes obstinés tourmentent les êtres vivants sans jamais leur laisser de repos.

Les détachements qui sortaient de Ronda pour faire des expéditions quelconques ou des reconnaissances, étaient enveloppés du moment de leur départ jusqu'à celui de leur rentrée dans la ville d'une nuée de tirailleurs. Chaque convoi de vivres que nous allions chercher au-dehors nous coûtait la vie de quelques hommes tués dans des embuscades. Nous aurions pu dire avec vérité, selon le style de l'Ecriture, *que nous mangions notre chair et buvions notre propre sang* dans cette guerre sans gloire, pour expier l'injustice de la cause pour laquelle nous nous battions.

Les montagnes des royaumes de Grenade et de Murcie n'étaient pas plus soumises que celles de Ronda, et les Français attaqués à la fois par la population du pays sur tous les points de leurs communications, étaient dans toutes les parties montagneuses de la péninsule dans une situation à peu près pareille à celle de notre régiment. Voilà quel était le repos dont nous jouissions après avoir conquis l'Espagne depuis les frontières de la France jusqu'aux portes de Cadix. Le siége de cette ville était alors le seul événement militaire digne d'attirer l'attention.

Lorsque nos chevaux eurent consumé les fourrages des fermes voisines de Ronda, nous fûmes contraints d'étendre au loin nos excursions, et d'envoyer, trois ou quatre fois la semaine, des partis de trente ou quarante hussards chercher de la paille hachée à plusieurs lieues de la ville. La faiblesse de la garnison ne permettait pas qu'on pût soutenir nos fourrageurs de cavalerie par des détachements d'infanterie, comme cela eût été souvent nécessaire. Nos cavaliers n'étaient pas toujours assez forts pour repousser les ennemis dans ces sortes d'expéditions, et nous cherchions à tromper leur vigilance, soit en prenant chaque jour des routes différentes, soit en faisant de longs détours pour éviter les défilés dangereux, et souvent nous étions obligés de nous faire jour au travers des insurgés qui entouraient sans cesse la ville.

La fortune m'était depuis un mois très-favorable. je réussissais dans toutes les entreprises dont j'étais chargé hors de la ville, et les jours où je commandais la grande garde, aucun de nos soldats n'était tué. Les hussards, qui croient, jusqu'à un certain point, à la fatalité, commençaient à me croire invulnérable ; je fus cependant blessé presque mortellement le 1er mai; mais on m'a dit depuis, pour me consoler, que le sort s'était mépris ; que je ne devais pas me regarder comme moins heureux qu'auparavant, puisque l'adjudant - major s'était trompé en commandant le service, et que j'avais marché à la place d'un de mes camarades dont l'étoile était mauvaise.

Le 1er mai, je faisais partie d'un détachement de quarante-cinq hussards, commandé par un capitaine; nous allions chercher de la paille hachée à quatre lieues de Ronda, dans des fermes qui sont auprès du village de Sétenil: nous menions avec nous une centaine de paysans et de muletiers de la ville, qui conduisaient des mulets et des ânes. Nous nous étions mis en route à cinq heures du matin, et nous marchions, ce capitaine et moi, à la tête de la troupe; nous nous dîmes l'un à l'autre, en passant par un défilé, à une demi-lieue de la ville, il faut que les ennemis soient bien peu avisés, pour n'être point encore venu placer d'embuscade en ce lieu-ci: ils pourraient nous faire beaucoup de mal sans courir aucun risque. J'aperçus le premier, dans l'éloignement, en montant sur une colline élevée, de la poussière d'abord, et ensuite distinctement sur notre droite, quatre ou cinq cents hommes armés qui s'avançaient dans la vallée, vers le village d'Ariate; je dis au capitaine que je voyais les ennemis, et que je les reconnaissais à leur manière de marcher avec précipitation et en désordre.

Un maréchal-des-logis assura que les hommes qu'on discernait dans la campagne, étaient des muletiers qui retournaient à Ossuna, et qui étaient venus la veille, sous l'escorte de deux cents hommes d'infanterie, apporter à Ronda du biscuit et des cartouches : je soutins obstinément que ceux que je voyais étaient des ennemis, et j'ajoutai que si j'étais le chef du détachement, j'irais directement à eux pour les charger pendant qu'ils étaient encore en plaine, car si nous étions repoussés, notre retraite serait assurée, tandis que nous ne pouvions pas continuer notre marche sans nous exposer à être attaqués à notre retour dans quelque défilé qui serait défavorable à la cavalerie. Le capitaine ne fut pas de mon avis ; nous continuâmes notre route, et nous arrivâmes bientôt auprès du village de Setenil.

La lenteur et la mauvaise volonté des muletiers espagnols que nous avions amenés pour charger la paille sur leurs mulets nous donna quelques soupçons ; ces soupçons s'augmentèrent encore quand nous vîmes, au moment où nous nous préparions à retourner à Ronda, un paysan à cheval, sur une hauteur éloignée, observer notre marche, et partir ensuite au galop, comme pour aller avertir les ennemis.

Quand nous eûmes achevé de fourrager, nous reprîmes le chemin par lequel nous étions venus : nous fîmes passer le convoi de mulets en avant de nous, entre une avant-garde de douze hussards et le gros du détachement à la tête duquel nous étions le capitaine et moi. Arrivés à deux portées de fusil de celui des défilés par lequel nous redoutions le plus de passer, je vis un paysan perché sur un olivier couper des branches d'arbre à grands coups de hache. Je devançai le détachement au galop et m'approchai du paysan pour lui demander s'il n'avait pas vu les Serranos. Il en était un lui-même, comme je le sus ensuite, et coupait ces branches pour nous barrer le passage du défilé. Il me répondit, en affectant de redoubler d'activité à son travail, que l'ouvrage qu'il faisait ne lui permettait pas de s'occuper de ce qui se passait autour de lui. Le capitaine avait aussi interrogé au même instant un enfant de cinq à six ans qui lui avait répondu en tremblant et à voix basse, comme s'il eût craint d'être entendu, quelques paroles entrecoupées et confuses, auxquelles nous fîmes peu d'attention, parce que nous vîmes bientôt notre avant-garde et la tête du convoi de mulets sortir de l'autre côté du défilé et remonter la colline opposée : nous avions à passer dans un sentier étroit et glissant, où il fallait marcher à la file, et qui était long de quatre ou cinq cents pas et bordé par des haies de jardins très-épaisses. Le capitaine à côté de qui je marchais, me répéta, comme le matin, que nous étions bienheureux que les ennemis n'eussent point placé d'embuscade dans ce défilé. A peine avait-il achevé ces paroles, que quatre ou cinq coups de fusil partent de derrière les haies, et tuent les trois derniers mulets du convoi et le cheval du trompette qui était en avant de nous; nos chevaux s'arrêtèrent soudain.

Le capitaine devait passer le premier; mais le cheval qu'il montait avait appartenu à un officier tué quelques jours auparavant dans une occasion pareille, et cet animal hésitait. Voyant cela, je piquai des deux et devançai le capitaine; mon cheval franchit celui du trompette, ainsi que les mulets qui venaient de tomber avec leurs charges, et je traversai seul le défilé. Les Serranos qui étaient cachés derrière les haies crurent que j'étais suivi de près par le détachement, et ils firent avec précipitation toute leur décharge sur moi, à mesure que je passais. Je fus atteint de deux balles seulement : la première me traversa la cuisse gauche; l'autre m'entra dans le corps.

Le capitaine me suivit à quelque distance, arriva sain et sauf de l'autre côté du défilé, et il n'y eut dans le détachement que les quatre derniers hussards qui furent tués, parce que les ennemis eurent besoin de quelques minutes pour recharger leurs fusils et faire feu une seconde fois. Le maréchal-des-logis qui marchait à la suite du détachement eut son cheval tué, contrefit le mort, se glissa dans des broussailles, et revint au milieu de la nuit à Ronda, sans avoir reçu aucune blessure.

Quand nous eûmes rallié et formé notre détachement en bataille de l'autre côté du défilé, je dis au capitaine que j'étais blessé, que je sentais mes forces s'épuiser, et que j'allais retourner à Ronda par un chemin de traverse assez escarpé, mais très-court. Il me conseilla de rester avec le détachement qui allait faire un détour d'une demi-lieue du côté de la plaine, où l'ennemi n'était pas, afin de ne pas s'exposer inutilement à une seconde attaque. Je sentais que je ne pouvais supporter une marche aussi longue, et j'entrai dans le sentier escarpé, précédé par un hussard qui conduisait mon cheval par la bride. Comme je perdais tout mon sang, j'étais obligé de rassembler mes forces pour ne pas m'évanouir; si j'étais tombé de cheval, j'aurais probablement été poignardé. Je me tenais avec les mains à la palette de ma selle, et faisant de vains efforts pour faire avancer mon cheval en l'éperonnant avec la seule jambe dont je pusse me servir. Ce pauvre animal n'en allait pas plus vite, et bronchait à chaque pas : une balle l'avait traversé de part en part.

Quand je fus à un quart de lieue de la ville, mon cheval ne pouvait presque plus marcher. Le hussard qui m'accompagnait partit au galop pour prévenir le poste qui était au haut de la montagne, et je fis encore quelques pas seul, n'y voyant presque plus, et entendant à peine des coups de fusil que des paysans, qui travaillaient à couper du bois, tiraient de loin sur moi. Je fus enfin secouru par des soldats qui arrivèrent, et me transportèrent à mon logement dans la couverte de mon cheval.

Mes hôtes espagnols vinrent au-devant de moi, et ne voulurent pas permettre qu'on me conduisît à l'hôpital militaire, où il régnait une fièvre épidémique ; j'aurais probablement trouvé là, comme beaucoup d'autres, la mort pour guérison. Mes hôtes avaient eu pour moi, jusqu'à ce jour, une politesse froide et réservée, me considérant comme un des ennemis de leur pays. Par respect pour ce sentiment de patriotisme, j'avais été moi-même peu communicatif avec eux. Quand je fus blessé, ils me montrèrent l'intérêt le plus vif, et me traitèrent avec cette générosité et cette charité qui distinguent si éminemment le caractère espagnol. Ils me dirent que depuis que je ne pouvais plus faire de mal à leur pays, ils me considéraient comme étant de leur famille ; et sans se lasser un seul instant, pendant cinquante jours, ils eurent en effet de moi tous les soins possibles.

Le 4 mai, les insurgés vinrent, à la pointe du jour, attaquer Ronda, avec plus de force qu'ils ne l'avaient encore fait. Des balles passèrent si près de la fenêtre à côté de laquelle était mon lit, qu'on fut obligé de le retirer dans la chambre voisine. Mon hôte et mon hôtesse vinrent bientôt m'annoncer, en s'efforçant de conserver un air calme, que les montagnards étaient au bout de la rue, qu'ils gagnaient toujours du terrain en avançant de notre côté, et que la vieille ville allait être emportée d'assaut; ils ajoutèrent qu'ils allaient prendre des précautions pour me mettre à l'abri de la fureur des Serranos, jusqu'à l'arrivée du général Lerrano Valdenebro, qui était leur parent, et ils cachèrent en hâte mes armes, mes vêtements militaires, et tout ce qui aurait pu attirer l'attention des ennemis. Ils me transportèrent ensuite, à l'aide de leurs domestiques, au haut de la maison, derrière une petite chapelle dédiée à la vierge Marie, regardant ce lieu consacré comme un asile inviolable. Mes hôtes coururent chercher deux curés, qui se placèrent auprès de la porte de la rue pour en défendre l'entrée, et me protéger au besoin par leur présence.

Une dame âgée, la mère de mon hôtesse, resta seule avec moi et elle se mit en prières; elle tournait plus ou moins vite les grains de son chapelet, selon que les cris des combattants et le bruit des armes à feu annonçaient que le danger s'accroissait ou diminuait. Vers midi, la fusillade s'éloigna peu à peu, et cessa ensuite de se faire entendre. L'ennemi fut repoussé sur tous les points; mes camarades vinrent, en descendant de cheval, me raconter le combat.

Le deuxième de hussards reçut, quelques jours après, l'ordre d'aller à Sainte-Marie; il fut remplacé par le quarante-troisième régiment de ligne et je restai seul de mon corps à Ronda ; je ne connaissais aucun des officiers de la nouvelle garnison, et je ne reçus plus dès lors d'autres visites des Français, que celle d'un adjudant sous-officier d'infanterie, qui venait de temps en temps s'informer auprès de mes hôtes si je n'étais pas encore mort ou en état de partir : il était impatient d'occuper mon logement.

Mes hôtes redoublèrent de soins et d'attention pour moi, après le départ de mes camarades. Ils passaient plusieurs heures de la journée dans ma chambre ; et quand je commençai à me rétablir, ils réunirent chaque soir quelques-uns de leurs voisins, qui venaient causer et faire un petit concert auprès de mon lit pour me distraire de mes maux : ils chantaient des airs nationaux en s'accompagnant de la guitare.

La mère de mon hôtesse m'avait pris en grande amitié, depuis le jour où elle avait prié avec tant de ferveur, pour ma conservation, pendant l'assaut de la ville. Sa seconde fille était religieuse dans le couvent des dames nobles ; cette dame faisait de temps en temps demander de mes nouvelles, et elle m'envoyait des petits paniers de charpie parfumée, et recouverte de feuilles de roses.

Les religieuses des divers couvents de Ronda redoublaient de jeûnes et d'austérités depuis notre entrée en Andalousie; elles passaient la plus grande partie des nuits à prier pour le succès de la cause espagnole, et le jour elles préparaient des médicaments qu'elles envoyaient aux blessés Français : ce mélange de patriotisme et de charité chrétienne n'était point rare en Espagne.

Le 18 de juin, je me levai pour la première fois depuis ma blessure. Je fus obligé de faire le triste apprentissage de marcher avec des béquilles; j'avais perdu totalement l'usage d'une de mes jambes. J'allai visiter le cheval qui avait été blessé avec moi; il s'était heureusement guéri, mais il ne me reconnut pas d'abord; je vis par là combien j'étais changé. Je partis le 22 de Ronda sur un char de munitions, qui allait sous forte escorte chercher des cartouches à Ossuna. Je me séparai de mes hôtes avec le même regret qu'on éprouve lorsqu'on quitte pour la première fois le toit paternel. Eux aussi étaient tristes de mon départ; ils s'étaient attachés à moi par les bienfaits dont ils m'avaient comblé.

DE ROCCA.

DON JUAN MATRELLA

Nous extrayons des voyages de M. le capitaine Lafond de Lurcy le récit suivant, qui joint au mérite de scènes intéressantes d'un pays peu connu, la peinture d'un sentiment sorti d'une affreuse catastrophe, pour aboutir à un dénouement non moins triste. Après avoir beaucoup vu, M. de Lurcy, comme Bernardin de Saint-Pierre, a trouvé dans ses souvenirs un coloris aussi vrai que touchant pour reproduire la nature. On est certain d'inspirer de l'intérêt, quand on sait, comme lui, allier la vérité au talent de conteur.

DON JUAN MATRELLA.

Nous cheminions à travers une contrée entrecoupée de vallées et de montagnes, peu élevées à la vérité, mais très-escarpées et très-difficiles à gravir. Quoique nous fussions dans la saison sèche, nos mules avaient souvent toutes les peines du monde à se tirer des boues noires, profondes et compactes, que nous rencontrions souvent au fond des vallées, et où elles enfonçaient jusqu'au poitrail; quelques branchages, jetés sur ces bourbiers pour faciliter le passage des piétons, ne servaient souvent qu'à blesser le pauvre animal, ou du moins à embarrasser ses mouvements.

Ces marais, plus inextricables que celui de Lerne, devaient leur origine à la vigoureuse et épaisse végétation qui couvrait le sol, et entretenait une constante humidité dans ces bas-fonds privés de pente pour l'écoulement des eaux. Parfois, la forêt s'ouvrait devant nous pour former de magnifiques avenues qui auraient fait l'orgueil de nos parcs. Le vanillier, avec ses fleurs blanches, noires ou pourprées, et ses gousses odorantes, couvrait de ses mille festons les rameaux des grands arbres ; le majestueux scïbo, le sassafras aux corolles nuancées comme les ailes du papillon, le magnolia à la fleur blanche, charmaient la vue par les teintes variées de leurs feuillages ; des kakatoës et d'autres perroquets de toutes les couleurs, des milliers d'oiseaux aux plumages éclatants, animaient par leurs cris joyeux ces sombres solitudes ; mais quelquefois aussi, un serpent, sorti des ronces, faisait dresser les oreilles de nos mules effrayées ; les cris du jaguar retentissaient au loin, et ceux des sainos furieux annonçaient que le tigre, relancé sur un arbre, se désespérait de se voir assiégé. De temps à autre, au travers d'une clairière, nous voyions quelques cases d'Indiens, entourées d'une petite plantation de maïs et de quelques cannes à sucre ; ces bons indigènes suspendaient ordinairement leurs travaux pour voir passer notre petite caravane ; alors nos conducteurs s'arrêtaient, et les Indiens s'empressaient de nous offrir la *chiva,* boisson rafraîchissante, composée de maïs fermenté, ou le *guarapo,* qu'ils font avec le jus de la canne à sucre, ou quelques fruits de leurs plantations.

Nous étions parvenus dans un des passages les plus agrestes et les plus sauvages de ces montagnes, lorsque nous crûmes apercevoir au loin, sur le sommet d'une roche escarpée, une jeune fille qui paraissait soutenue par une femme de couleur : nous accélérâmes notre marche. Ce n'était pas une illusion, c'était bien une jeune personne dont les signes de détresse et la violente agitation réclamaient impérieusement une prompte assistance. Je n'hésitai pas, et, suivi de deux braves muletiers, je m'élançai au galop. Arrivés à la portée de la voix, nous entendîmes les cris de la mulâtresse qui réclamait du secours, tandis qu'elle prodiguait ses soins à sa maîtresse. Le rocher paraissait inabordable du côté où nous nous trouvions ; néanmoins, nous mîmes pied à terre, et, nous aidant des lianes, des arbres, des aspérités du sol, nous parvinmes à l'escalader. Nous fûmes alors frappés d'étonnement à la vue d'une créole d'une beauté parfaite, luttant contre une poignante douleur, et prête à perdre connaissance ; cependant, dès qu'elle nous aperçut, elle fit un effort sur elle-même, et notre présence sembla redoubler son énergie ; elle joignit les mains dans l'attitude la plus touchante, et, s'adressant à moi, elle s'écria :

— Ah ! Monsieur, je vous en supplie, sauvez mon père !

Après cet effort, elle tomba évanouie.

Le tableau que j'avais sous les yeux, le lieu sauvage et désert où se passait cette scène si dramatique, cette douleur si vive et si légitime, m'émurent jusqu'au fond de l'âme ; mais ce n'était pas le moment de me livrer à de stériles contemplations, la voix de l'humanité me disait qu'il fallait agir. Nous nous empressâmes d'abord autour d'elle, tandis que la mulâtresse, tout en nous secondant, nous apprenait que le père de sa maîtresse avait été lancé, par un bond de son mulet, dans un précipice qui bordait le rocher du côté opposé, et que deux domestiques, qui s'étaient hasardés à y descendre, n'avaient point reparus; enfin, elle rouvrit les yeux et s'écria aussitôt :

— Ah! de grâce, laissez-moi et sauvez-le, je vous en conjure!

Elle indiquait du geste et du regard cet affreux précipice, que l'on ne pouvait regarder sans frémir ; l'abîme ne me paraissait guère disposé à lâcher sa proie. Nos autres compagnons de route étaient venus nous rejoindre ; je les envoyai chercher les cordes des bagages et les sangles des mulets, et, après les avoir solidement attachées à des arbres, nous descendîmes dans le gouffre, au fond duquel nous ne pûmes cependant parvenir qu'avec des peines inouïes et au péril de notre vie; il nous avait fallu nous aider de nos machettes pour nous ouvrir un passage à travers les ronces et les buissons. Arrivés au fond du précipice, nous fûmes témoins du plus affreux spectacle : nous vîmes le corps du père horriblement mutilé, son domestique mulâtre gisait sans vie près de lui; un autre domestique Indien était grièvement blessé, le mulet du maître était mort sur le coup, et déjà les cris sinistres des vautours, qui planaient sur l'abîme, annonçaient qu'ils se disposaient à fondre sur les corps des malheureuses victimes.

Le domestique indien eut assez de force pour nous donner des détails sur cette catastrophe. La mule de son maître suivait l'étroit sentier qui longeait la montagne, lorsque, effrayée par l'aspect inattendu d'un jaguar, elle fit un écart, et l'animal et son cavalier roulèrent de rocher en rocher jusqu'au fond de l'abîme. Les deux domestiques mirent aussitôt pied à terre, et se soutenant aux branches des arbres, aux buissons, aux lianes, ils essayèrent de descendre pour sauver ou secourir leur maître; mais dans leur empressement, ils négligèrent sans doute les précautions de la prudence, le pied leur manqua presque en même temps, et, victimes de leur zèle et de leur dévouement, ils tombèrent, le mulâtre privé de vie auprès de son maître, et l'Indien couvert d'horribles blessures. Nous donnâmes à la hâte la sépulture au premier; l'Indien, croyant que nous allions également ensevelir son maître, déclara qu'il ne le quitterait pas; mais nous étions convenus de réunir tous nos efforts pour le rendre à sa fille; cependant, ce ne fut qu'après plusieurs heures de peines, de fatigues, de dangers, que nous parvînmes à transporter au sommet de la montagne le fidèle serviteur et le corps méconnaissable de son maître.

La scène qui suivit ne s'effacera jamais de mon cœur et de mon souvenir : rien de déchirant comme le désespoir de cette jeune fille ; elle se jeta sur le cadavre mutilé de son malheureux père en lui adressant les paroles les plus touchantes et les plus passionnées. Non, jamais la douleur ne trouva un langage plus pathétique ! jamais le sentiment de l'amour filial, ce sentiment si saint et si sublime, ne se manifesta plus vif et plus ardent ! Je craignis un moment que sa raison ne fût égarée, car, dans son délire, elle répétait à celui qui fût son père les rêves de bonheur qui faisaient le sujet de leur entretien quelques heures auparavant. Hélas ! il n'y avait point de consolations pour de pareilles douleurs ; nos larmes se mêlèrent à ses larmes, et je les vis couler sur les figures rudes et bronzées des autres témoins de cette scène de désolation.

Enfin, il fallut songer à quitter ces lieux funèbres, mais cette malheureuse orpheline était incapable de faire le moindre mouvement : aux peines morales qui l'accablaient se joignaient des besoins physiques, et depuis vingt-quatre heures elle n'avait pris aucun aliment. J'envoyai un de nos domestiques à la découverte, et, une heure après, il revint m'apprendre qu'il avait aperçu, à peu de distance de la route, quelques cabanes d'Indiens ; nous prîmes le parti d'y aller passer la nuit et d'y transporter le défunt, sa fille, l'Indien malade et nos bagages.

Nous aperçûmes les deux chaumières dans une clairière de la forêt; elles étaient abandonnées de leurs habitants, ce qui ne nous empêcha pas de nous y établir; cet usage est d'ailleurs consacré, et l'hospitalité indienne est pour ainsi dire sans limites. Mais elles ne nous offrirent qu'un abri; elles étaient dépourvues de vivres; il n'y avait ni maïs, ni volailles, rien de ce dont la moindre cabane est ordinairement pourvue; nous y trouvâmes seulement quelques racines sauvages, recueillies dans les bois, et deux singes que les indigènes avaient tués à coups de flèches.

L'état de dona Luisa (je venais d'apprendre le nom de ma jeune et belle protégée) me causait les plus vives alarmes; une fièvre brûlante la dévorait, son délire avait quelque chose d'affreux et de touchant à la fois, et j'étais dans un désert, privé des secours les plus indispensables pour la soulager! L'abandonner à son sort était impossible, c'eût été un crime, et je craignais d'être obligé de prolonger mon séjour en ces lieux. Je l'avais établie le moins mal possible dans l'une des cabanes avec son esclave, qui lui prodiguait les soins les plus attentifs; moi-même je veillais sur elle comme un frère sur une sœur.

Je prévoyais cependant que cette crise aurait un terme, elle était trop violente pour pouvoir durer longtemps, et le calme et le repos devaient amener un changement salutaire. J'aurais donc bientôt à songer à la faire vivre, ainsi que mes honnêtes compagnons de route, qui, comme moi, n'avaient point voulu l'abandonner. Quelques biscuits, des citrons, du sucre, du chocolat et de l'eau-de-vie, c'étaient là nos seules provisions; dans ce pays on en trouve partout, et il fallait que les Indiens qui habitaient ces chaumières fussent bien misérables pour que nous eussions trouvé leur demeure si dépourvue de subsistances.

Un des muletiers partit; il s'enfonça dans les bois pour tâcher de nous rapporter quelques provisions. Au bout d'une heure, il était de retour, accompagné de la famille dont nous avions violé le domicile; mais nos hôtes sauvages ne parurent pas mécontents de cette prise de possession peu cérémonieuse. Leur famille se composait d'un vieillard, de deux jeunes gens, de deux jeunes femmes et de trois petits enfants.

Ils apportaient avec eux une *yguana* et ses œufs; ils nous l'offrirent avec empressement et bonhomie, en nous faisant remarquer qu'il y avait là de quoi faire pour tous un excellent repas, et que nous pouvions y ajouter au besoin les deux singes encore suspendus aux parois de la cabane; nous les avions respectés, ainsi que le peu d'objets qu'elle contenait.

Ces offres hospitalières me séduisaient fort peu, l'aspect seul de l'*yguana* me révoltait, car c'est un horrible animal. Il avait trois pieds de longueur, une crête rouge se prolongeait sur toute l'étendue de son épine dorsale, son ensemble avait quelque chose d'analogue au crocodile, ou plutôt à ces animaux fantastiques que les Chinois représentent dans leurs peintures et les Orientaux à l'entrée des temples et des cavernes consacrées à la mort.

Mes compagnons de route me parurent avoir beaucoup moins d'antipathie que moi pour l'*yguana ;* ils firent leurs dispositions culinaires pour la préparer, et n'oublièrent pas les singes. Quant à moi, après m'être assuré de la situation de la jeune malade, qui me parut s'améliorer sensiblement, et avoir prescrit une tasse de chocolat qu'on lui prépara aussitôt, je pris mon fusil pour tuer quelques oiseaux, des pigeons ramiers ou des tourterelles que j'avais vus voler en grand nombre sur la lisière du bois. Effectivement, deux heures après, je rapportais ma carnassière beaucoup mieux garnie que je ne m'y étais attendu; j'avais abattu une dizaine de ramiers, un lièvre, plusieurs perroquets et un pavi ou paon sauvage dont la chair est excellente. De retour à nos cabanes, nous nous apprêtâmes à faire rôtir une partie de ma chasse, et les Indiens nous donnèrent des piments et diverses racines pour l'assaisonner. Personne ne voulut toucher au lièvre; dans tout le Mexique et le Guatemala, cet animal est réputé immonde, et l'on prétend qu'il occasionne des maladies mortelles.

Préoccupé de l'état alarmant de dona Luisa, j'avais négligé nos Indiens; maintenant que je commençais à me rassurer et que je prévoyais qu'il serait possible de continuer notre route, je leur donnai plus d'attention. Tous les individus qui composaient cette famille étaient dans un état complet de nudité; ils n'avaient sur le corps que des colliers de verre de couleur qui entouraient leur cou en descendant sur leur poitrine, et des gousses vertes de vanille suspendues à leurs oreilles; les hommes portaient autour des reins une ceinture d'écorce d'arbres, destinée à cacher ce qu'on ne montre nulle part; chez les femmes, ce voile de la pudeur était orné de feuilles et de fleurs brillantes. On voit que jusqu'au fond des forêts sauvages la coquetterie ne perd jamais ses droits, mais où va-t-elle se nicher! Quant aux enfants, leur unique parure consistait dans leurs longs et beaux cheveux noirs qui flottaient sur leurs épaules; les hommes les avaient à moitié coupés et la barbe épilée; le vieillard n'avait pas un seul cheveu blanc. On sait, au reste, que les Indiens conservent leur noire et rude chevelure jusqu'à l'âge le plus avancé. Tous étaient armés d'arcs et de flèches. Leurs traits étaient ceux communs à toutes les races américaines; ils avaient la taille plutôt petite que grande, la tête un peu forte, les yeux relevés vers les tempes, et les pommettes saillantes comme chez les Mongols; enfin, un air de douceur, de timidité même, respirait sur leurs physionomies olivâtres ou plutôt bistrées. Peu d'instants les avaient accoutumés à notre vue, ils paraissaient sensibles au malheur que nous déplorions, les jeunes femmes surtout s'intéressaient vivement aux chagrins et à la santé de dona Luisa. D'eux-mêmes, ils s'offrirent pour nous rendre une foule de petits services; ils coupaient du bois, allaient chercher de l'eau fraîche dans de grandes calebasses, puis, ces pauvres gens préparèrent une litière en branchage pour transporter notre intéressante malade, en déclarant qu'ils voulaient seuls se charger de ce soin. Heureusement son état lui permit bientôt de continuer son voyage; la journée s'avançait, nous n'avions pas un instant à perdre, il fallut partir, et nous nous mîmes en route.

Dona Luisa voulut que le brancard qu'on lui avait préparé servit à transporter le corps de son père; elle refusa de monter sur sa mule et déclara qu'elle le suivrait à pied tant que ses forces la soutiendraient. Je l'aidai à remplir ce pieux devoir en l'imitant; l'appui de mon bras lui devenait nécessaire. Notre marche dans ces solitudes avait quelque chose de lugubre et de solennel, et le silence de la forêt s'harmonisait avec nos tristes et douloureuses pensées. Bientôt la lune se leva, et sa lumière, d'abord pâle et timide, se déroula en gerbes d'argent au milieu des ombrages transparents des bois; enfin, nous aperçumes le village de Galenga où nous étions attendus, ayant eu soin d'envoyer un homme prévenir le curé de notre arrivée.

L'église était illuminée, on célébrait l'office du soir; dona Luisa exigea que son père y fut porté. Un moine, absorbé dans de pieuses méditations, était prosterné au pied des autels. J'attendis longtemps à l'écart qu'il eût terminé ses prières, je m'approchai alors.

— Venez, mon père, lui dis-je, appeler les bénédictions du ciel sur un Espagnol qui vient de périr sur la route par une fatale catastrophe; daignez aussi accorder les consolations de la religion à sa malheureuse fille que vous voyez devant vous.

A ces mots, le moine leva la tête, et, rejetant son capuchon, me laissa voir la plus noble physionomie; sa taille élevée, son air austère, imposant et digne, me frappèrent d'admiration. Il s'avança vers dona Luisa et lui demanda qui elle était.

— Je suis la fille unique de don Juan Matrella, dont voilà les tristes restes.

A peine ces mots étaient-ils prononcés que le moine poussa un cri qui retentit sous les voûtes de l'église; il voulut s'avancer vers le corps qu'on lui présentait, mais il tomba sans connaissance. L'émotion de dona Luisa fut si vive, que je crus qu'elle allait aussi s'évanouir, et je n'eus que le temps de la soutenir et d'appeler du secours. Le curé et plusieurs personnes accoururent aussitôt; ils prodiguèrent leurs soins au moine et le rappelèrent enfin au sentiment de l'existence. Ses regards se portèrent aussitôt sur la jeune fille qui, troublée au dernier point et saisie d'un frémissement convulsif, s'écria :

— *Dios mio ! es el retrato de mi padre !* Mon Dieu ! c'est la vive image de mon père !

— Oui, ma fille ! dit le moine, oui, je suis son frère.

Et il lui ouvrit ses bras ; elle s'y précipita et fondit en larmes.

— Oui, malheureuse enfant, je suis ton oncle, tu n'as plus que moi sur la terre, et je suis dans les ordres sacrés ! Mon Dieu, pardonnez-moi de regretter aujourd'hui de m'être dévoué à votre service et à celui des malheureux.

Cette scène déchirante m'avait tellement bouleversé que j'avais à peine remarqué le nom prononcé par dona Luisa. Lorsque je fus un peu plus calme, je me le fis répéter, et j'appris avec la plus grande surprise, comme on doit l'imaginer, que don Juan Matrella était le correspondant du capitaine Gardner, celui-là même que j'allais chercher à Nicaragua.

Cette double reconnaissance fit au moins une diversion à nos tristes pensées. Le curé s'empressa de nous offrir l'hospitalité que nous acceptâmes avec reconnaissance. Dona Luisa passa la nuit dans les larmes, son oncle dans la prière, et je cherchai vainement le repos.

La triste cérémonie du lendemain devait renouveler toutes les douleurs. Le digne curé, par un sentiment que l'on comprend, en hâta les préparatifs. Elle se célébra sans pompe. Je soutenais dona Luisa; elle pressait mon bras convulsivement, et je sentais ses artères battre avec la plus grande violence, tandis que ses larmes et ses sanglots étaient prêts à la suffoquer. Oui, je l'avoue, j'aurais donné en ce moment jusqu'à ma vie pour adoucir l'amertume de ses chagrins.

Tous nos compagnons avaient voulu assister au service. Après que la dépouille mortelle eût été rendue à la terre, chacun d'eux s'approcha de dona Luisa et lui témoigna sa douleur et sa sympathie d'une manière si décente et si convenable que je fus frappé de surprise. Je ne m'attendais guère, en effet, à trouver dans ce coin reculé du monde et chez des hommes incultes, habitués à la vie la plus dure, des sentiments aussi compatissants et aussi élevés; nos sauvages eux-mêmes prenaient évidemment part à la douleur commune. Il fallut bientôt se séparer, nos muletiers pour continuer leur voyage, et les Indiens pour retourner dans leurs forêts.

Le père Anselme décida que l'on devait accepter les offres du curé, qui nous engageait à prolonger notre séjour chez lui; son hospitalité et sa bienveillance naturelle s'étaient accrues en apprenant que la jeune malade était l'unique fille de l'opulent don Juan Matrella, et son oncle, le père Anselme, général de l'ordre des Capucins, dignité ecclésiastique qui, en Amérique, égalait presque celle de l'épiscopat.

Après tant de souffrances, l'état de dona Luisa exigeait impérieusement quelques jours de repos. J'étais fort indécis et ne savais quel parti je devais prendre. Les peines de cet ange de beauté et de douceur m'avaient profondément ému. C'était en effet une femme accomplie, et son caractère de bonté, sa pieuse résignation, la suave harmonie de ses formes, me rappelaient les perfections que j'avais rêvées. Elle semblait aussi touchée des soins que je lui prodiguais, de mon dévouement, de ce que j'avais fait pour elle et pour son malheureux père; ses paroles, ses regards exprimaient sa profonde reconnaissance. Elle avait dix-sept ans, j'en avais vingt; l'impulsion qui m'entraînait vers elle était irrésistible et je crois partagée; mais je comprenais tout ce que je devais de respect au malheur affreux qui venait de la frapper. Me livrer à tout autre sentiment était un sacrilége, et je cachai mon secret dans le fond de mon cœur. J'avais d'ailleurs d'autres devoirs à remplir envers mon capitaine qui m'avait chargé d'une mission d'une haute importance; je ne pouvais point trahir sa confiance en abandonnant le soin de ses intérêts.

Le père Anselme me pressait de son côté.

— Vous êtes un digne jeune homme, me disait-il, vous avez fait une bonne action, Dieu vous en récompensera ; mais ne nous quittez pas, je vous en supplie, car cette jeune fille a autant besoin de vos soins que des miens.

Comment résister à des prières exprimées de la sorte et par un homme de ce caractère? Je pris un parti qui me parut concilier mes devoirs avec ceux de l'humanité, car ce fut sous ce seul point de vue que je formai la détermination de rester. Aussitôt, j'écrivis au capitaine Gardner pour l'informer de la mort du correspondant que j'allais chercher à Nicaragua, de la situation de sa fille unique, des secours et des soins que j'avais eu le bonheur de lui donner. Je le prévenais que je resterais auprès d'elle jusqu'à son prochain rétablissement ; mais que sachant la maison de commerce de Nicaragua dirigée, en l'absence du maître, par un commis d'une haute capacité, je lui avais écrit, ainsi que dona Luisa, pour lui recommander ses intérêts. Au surplus, je lui demandais de nouvelles instructions, en lui annonçant qu'elles seraient strictement exécutées. Je fis partir ma lettre par un exprès que le curé me procura.

Cette réunion d'un oncle et d'une nièce qui ne s'étaient jamais vus, ma rencontre au milieu des forêts et avec des circonstances si dramatiques, avaient quelque chose de si extraordinaire et de si romanesque, que ma curiosité sur les causes de ces évènements était bien naturelle et bien excusable ; mais la situation douloureuse des principaux acteurs de cette scène m'inspirait une respectueuse réserve, je me gardais bien de m'en écarter ; ils me donnèrent bientôt d'eux-mêmes les éclaircissements que je désirais obtenir et que je n'avais pas osé demander.

Don Juan Matrella, indépendamment du commerce étendu qu'il faisait, était un des plus riches *hacendados* de ces contrées ; il possédait près de San-Marcos, bourg du voisinage, des terres considérables affermées à des Indiens qui se livraient à la culture de l'indigo ; il était également propriétaire à Nindo, village situé à douze ou quatorze lieues de San-Marcos, d'un beau domaine cultivé aussi en indigotiers et en nopals sur lesquels on élève la cochenille. Tous les ans, à l'époque des récoltes, il venait y résider pendant quelque temps pour surveiller ses intérêts.

Il revenait de San-Marcos avec sa fille. Pour charmer la longueur du trajet, il lui parlait de son frère le père Anselme, qu'il attendait à chaque instant et qui avait annoncé sa prochaine arrivée à Nindo, d'où il devait les accompagner à Nicaragua. Don Juan lui offrait un abri contre les persécutions auxquelles les ecclésiastiques espagnols de tout rang étaient alors en butte au Mexique. Ils étaient jumeaux, et il n'avait pas vu depuis dix-huit ans ce frère qui était pour lui un autre lui-même, il espérait bien le retenir et ne plus se séparer de lui. Il exaltait son âme noble et généreuse, l'élévation de son caractère, sa piété sincère et éclairée, ses hautes lumières et sa connaissance du cœur humain. Le père Anselme, avant d'entrer dans les ordres, avait été homme du monde; l'éducation qu'il avait reçue en France et en Italie agrandit ses idées; il servit en Espagne et se fit un nom honorable dans la carrière militaire qu'il ne tarda cependant pas à quitter pour suivre avec ses frères dans les Colonies Espagnoles celle du commerce; il y acquit d'immenses richesses, mais, à la suite de chagrins profonds occasionnés par la mort tragique de l'un d'eux, au Pérou, il se jeta dans le cloître. La noble physionomie de cet homme remarquable, sa douceur, la résignation qu'il puisait dans ses sentiments religieux, unis à la plus haute philosophie, m'inspirèrent une vive sympathie.

Nous prîmes deux jours de repos au presbytère. L'état de dona Luisa paraissant moins alarmant, le père Anselme décida que nous pourrions partir. Une litière fut préparée pour l'intéressante malade, et nous nous séparâmes avec regret de notre excellent curé qui voulut nous accompagner pendant une partie de la route. Nous nous dirigeâmes à travers les bois par un sentier qui abrégeait la distance et nous rapprochait de Nindo.

Après quelques heures de marche, nous sortîmes de la forêt, et un spectacle inattendu vint aussitôt frapper nos regards. La scène avait complètement changé de face. Aux sombres forêts succédèrent comme par enchantement des aspects admirables. Ce n'était plus la nature brute et sauvage, c'était la nature riante, pleine de fraîcheur et de grâce; la campagne qui s'ouvrait devant nous se couvrait de villages, de hameaux et de fermes, où l'on cultivait avec le plus grand succès et presque sans travail, l'indigotier, le nopal, le cotonnier, la canne à sucre et le vanillier. Cette partie de l'État de Guatemala qui s'étend entre Massaya et Nicaragua, sur les rives méridionales du lac de ce nom et de celui de Léon, est généralement riante et fertile, tandis que par un contraste bizarre, mais fréquent en Amérique, la contrée contigüe qui borde l'Océan Pacifique est inculte, abandonnée aux forêts séculaires et habitée par des Indiens qui ont mieux aimé rester fidèles à leurs antiques et barbares traditions que d'accepter les bienfaits de la civilisation. La partie de cette contrée qui est resserrée entre les lacs et la mer, forme une sorte d'isthme dont le sol a été profondément travaillé par l'action des feux souterrains; sa configuration bizarre, accidentée, annonce que l'on est dans la patrie des volcans; mais s'ils ont bouleversé cette terre, ils l'ont aussi fécondée en donnant naissance aux grands lacs de Léon et de Nicaragua et à plusieurs autres lacs plus petits, tous remarquables par l'admirable transparence de leurs eaux. Celui de Massaya se déroulait à nos yeux; il doit son nom à la ville de Massaya que nous voyions s'étendre sur sa rive opposée, à deux heures à l'ouest de Nindo, où nous allions arriver.

A notre approche, les serviteurs accoururent en larmes au-devant de leur jeune maîtresse et du père Anselme ; ils étaient informés du déplorable évènement. Dona Luisa parut sensible à leurs témoignages d'affection; mais la vue de ces beaux lieux lui rappela trop vivement de doux et cruels souvenirs, qui augmentèrent sa douleur et hâtèrent peut-être sa destinée. Les médecins les plus habiles de Nicaragua et de Granada furent appelés. Que pouvait leur science problématique? Que pouvaient les exhortations religieuses du père Anselme et tous mes tendres soins? Le coup fatal était porté et rien ne devait la sauver.

Tant qu'elle pût sortir, je l'accompagnais quelquefois seul, plus souvent avec son oncle. Je soutenais ses pas tremblants dans nos promenades, tantôt au bord du lac dont les flots venaient mourir à nos pieds, tantôt sous des dômes de verdure, d'où s'envolaient, au bruit de nos pas, des milliers d'oiseaux au plumage scintillant, tantôt dans des sentiers où le vanillier, le magnolia, le géranium, les citroniers, les orangers, les iris, les sassafras, les lauriers nous embaumaient du parfum de leurs fleurs. Ces pompes de la création, cette nature animée et riante invitaient à la vie ! hélas ! elle devait mourir !!! Tous les objets qui l'environnaient avaient pour cette âme jeune et impressionnable un charme inexprimable et une douceur infinie ; elle me parlait de reconnaissance tandis que nos regards, en se rencontrant, s'abaissaient tout-à-coup, que nos voix tremblaient, et que je sentais ses mains tressaillir dans les miennes. Dans de longs et mornes moments de silence, nous nous abandonnions à nos sinistres réflexions ; nous nous cachions soigneusement l'un à l'autre, dans les plus profonds replis de nos cœurs, les sentiments que nous éprouvions ; les faire connaître eut été une profanation dans ces moments suprêmes, et cet ange de la terre en porta bientôt le secret aux anges du ciel.

La crise n'arriva que trop tôt. C'était un soir, un peu après le crépuscule ; jamais ce souvenir ne s'effacera de mon âme. Je la vois encore sur sa couche funèbre m'abandonnant sa main que j'arrosais de larmes amères, tandis que du regard elle m'adressait un éternel et douloureux adieu. Bientôt sa belle âme se livra à d'autres pensées, et son vénérable oncle lui ouvrit les portes du ciel, au milieu des gémissements, des prières et des sanglots de la foule qui remplissait les appartements. C'est ainsi que mourut, à l'aurore de la vie, cette douce victime de la piété filiale.

Il est superflu de dire tout ce qui suivit, de parler

de mon désespoir. Il me tardait de quitter ces lieux funestes que je maudissais. Le père Anselme, qui veillait sur moi avec une sollicitude toute paternelle, m'annonça que nous allions partir pour Nicaragua, et cette seule idée rafraîchit mon cœur désolé.

J'avais, au reste, reçu une lettre du capitaine, qui approuvait mon séjour dans la famille de son correspondant, et m'autorisait à le prolonger jusqu'à l'arrivée du navire au port de Saint-Jean du Sud (port de Nicaragua sur la mer Pacifique), dont il me donnerait avis.

LAFOND DE LURCY.

CONRAD DE ROSEN

ÉPISODE DES GUERRES DU PALATINAT.

CONRAD DE ROSEN.

Vers la fin d'août 1825, je parcourais à pied les belles montagnes des Vosges et de l'Alsace, cherchant des sites, visitant les antiques ruines que les guerres du Palatinat ont multipliées dans ces provinces, vivant en artiste, c'est-à-dire avec peu de chose, mais dans une continuelle suite d'émotions. Parti de Belfort où je m'étais enfermé quelques jours, je traversai le val d'Oie et je me mis à gravir le *ballon* majestueux qui le domine. Le soleil levant m'apparut au sommet de la montagne. Placé sur sa crête comme sur celle d'une vague puissante, autour de moi se nuançaient de mille tons harmonieux cet océan de rochers qui devaient revêtir des formes plus prononcées avec le jour. Je restai longtemps comme l'épervier à tourner sur ces hauteurs. C'est une belle chose que les rayons du soleil mêlés au brouillard, lorsqu'on voyage dans les montagnes. Celles de l'Alsace, moins arides, moins escarpées que les Alpes ou les Pyrénées, conviennent mieux certainement à des excursions suivies ou au portefeuille d'un amateur. Leurs plateaux, coupés par des sentiers pittoresques qui se jouent tantôt sur des pelouses, au milieu de sombres forêts de sapins, ou à travers des blocs de rochers, laissent apercevoir d'admirables perspectives sur la vallée du Rhin et ce fleuve se déroulant au loin à l'horizon comme un brillant fil d'or. Mieux valent pour moi ces jouissances que les délices de la table d'hôte, la monosyllabe d'un conducteur de diligence, ou le pêle-mêle nocturne du café, du *Constitutionnel* et d'un cigare ; chacun son goût, le mien fut de descendre dans la vallée de Giromany, d'admirer ces châlets en planches de sapin, couverts de grosses pierres, de rafraîchir mes lèvres altérées à toutes ces petites sources que l'habitant des montagnes sait si bien diriger, enfin de philosopher à la vue de jeunes filles, pieds nus, chantant avec abandon, s'agenouillant au pied d'une vieille croix de pierre pour reprendre ensuite leur insouciance et leurs chants. Il me semble que mon cœur se reposait aux immuables beautés de la nature. Ma philosophie mondaine était méprisante et colère, elle devint généreuse, tolérante, je dirai presque sublime, avec les idées religieuses que réveillait en moi l'hommage rendu au signe de la délivrance humaine. Grand bien me prit d'avoir des dispositions si bénignes, nous allons en juger tout à l'heure.

La journée s'écoula, mon projet était d'aller chercher asile chez M. d'Argenson, aux forges d'Oberbruck, mais sans m'en douter, j'avais dépassé Massevaux et je visitais les églises gothiques du vieux et du nouveau Thann, ainsi que la tour renversée tout d'une pièce à l'entrée de la vallée de Saint-Amarin, avant la fin du jour. Un beau soleil couchant a toujours été pour moi un spectacle qui appelle à la contemplation. Je résolus de continuer ma route; il faisait une délicieuse soirée et rien n'aurait troublé mon bonheur, si, pour compagnon de voyage, je n'avais eu un artiste d'un talent véritable mais d'un positivisme désespérant. C'était un petit homme gros et court, vieux garçon, confit dans toutes les douceurs de la vie qui, après avoir dessiné avec ardeur, n'en mettait pas moins à bien dîner et à s'étendre dans un bon lit en soupirant sur les fatigues du jour.

— Où coucherons-nous? me dit-il, en me suivant deux pas en arrière; où dînerons-nous? Songez donc que nous sommes à jeun depuis dix heures.

— Et ce soleil couchant, lui disais-je, ces admirables échos de lumière, ces teintes roses sur les rochers, cette vapeur dans la vallée, serions-nous aises de ne pas les voir? Vous, peintre de portraits, n'est-ce pas là une robe transparente qui siérait à beaucoup de vos belles dames? Les succès de Lawrencie ont-ils un prisme différent?

La réponse était un soupir.

Nous marchions cependant et à peu près au hasard, la nuit vint et nous gagna dans une forêt de mélèzes, remplie de fondrières, de pointes de rochers et de petits ruisseaux. Mon compagnon de voyage s'était rapproché de moi; il avançait d'un pas rapide et avec une sorte de désespoir. Après s'être fâché, d'ennui de parler seul, il s'était tu et je voyais qu'alors il aurait singulièrement redouté de rentrer isolé dans ces sauvages sentiers. Tout-à-coup il s'arrêta, sa main se posa sur mon épaule.

— Avez-vous entendu? dit-il.

Et la violence de son émotion faisait battre avec force son cœur.

— Eh bien? lui dis-je... quoi?

— Vous n'avez pas entendu le pas d'un homme derrière nous?

— Je n'entends rien.

— Sans doute il se sera arrêté, ce ne peut être qu'un brigand. Pourquoi ne marche-t-il pas?

— Il raisonne avec vous, répondis-je en marchant, lui aussi peut avoir peur.

Mon compagnon n'était pas très-satisfait de mes observations.

— Causons, lui dis-je, nous sommes deux contre un. car je venais d'entrevoir l'homme qui nous suivait; montrons de la sécurité, du courage même. s'il le faut absolument.

Ce conseil fut suivi. On imaginera peut-être que la conversation ne fut pas très-animée ; eh bien ! on se tromperait. Je fis des frais pour tenir mon compagnon en bonne humeur et, peu à peu il devint plus à l'aise, en remarquant que l'homme qui nous suivait n'approchait pas. Les arts, la capitale, l'industrie alimentèrent tour-à-tour nos observations. Mon peintre en portraits était un admirateur passionné de toutes les industries, et quelquefois il se trouvait dans une perplexité sensible pour concilier son amour de la nature sauvage avec les travaux des hommes. et des hommes producteurs. Cette fois, il trouva de vigoureux arguments en faveur de la cause de la fabrication et du travail, soutenu qu'il était sans doute par la pensée que tout cela n'allait pas sans un bon souper, un bon lit et la tranquillité du coin du feu.

Au milieu de notre controverse, il venait de se lancer dans une phrase à plusieurs périodes, lorsque tout-à-coup une exclamation de terreur lui fut arrachée auprès de moi. Je me retournai rapidement, un homme grand et qui paraissait vigoureux avait mis la main sur le bras du pauvre artiste. et avant que je pus lui parler :

— L'ami, lui dit-il avec un accent étrange, vous êtes donc un juif ou un colporteur, pour être si grand partisan des calicots, des filatures et des soieries? Vous croyez apparemment que nos montagnes sont plus belles dépouillées de leurs bois, nos vallées plus aimables quand elles sont sillonnées par des canaux fétides, notre population plus heureuse lorsqu'on la réduit à être esclave dans les ateliers du matin au soir? diable! je vous dis, moi, que la nature est bouleversée par cette race de sangsues intéressées qui vient, au moyen de son argent, tyranniser notre pays, changer nos châteaux en usines, nos cascades en virants, nos sentiers en vastes routes sans ombre et sans gibier; aussi, Dieu les confonde, les misérables, et si..... n'avait pas les cent ans bien comptés, il en serait peut-être autrement.

Cette sortie nous étonna, nous nous taisions et nous marchâmes dès lors accompagné de celui qui s'était joint à nous avec si peu de cérémonie. Après quelques minutes, nous commençâmes à descendre, mais un obstacle nous arrêta tout d'un coup. Un torrent sillonnait profondément le sentier que nous suivions; au fond du ravin qu'il s'était creusé on l'entendait mugir avec fureur; un sapin, jeté au-dessus de cet abîme, était le seul passage qui nous fut offert, nous nous arrêtâmes, la situation était difficile. L'homme qui nous accompagnait s'arrêta comme nous, mais il ne dit mot et sembla attendre le parti que nous prendrions.

— Il faut passer, dis-je à mon compagnon.

— Je le crois, répondit-il, mais qui passera le premier?

— Moi, si vous le voulez, lui dis-je.

Et, sans attendre sa réponse, je m'élançai. Parvenu au milieu de l'abîme, le sapin tourna et peu s'en fallut que je ne fus précipité dans ses profondeurs. J'atteignis cependant l'autre rive. J'appelai mon compagnon, je l'entendis se disposer à franchir le passage périlleux, car je ne le voyais plus; il commença à marcher, mais à peine avait-il fait quelques pas, tremblant et avec des jambes incertaines, que le sapin tourna de nouveau et le malheureux tomba dans l'abîme. Un cri se fit entendre, j'y répondis avec angoisses, et j'allais voler à son secours quand la voix de l'inconnu m'arrêta.

— Votre ami est-il un juif ou un marchand? me cria-t-il avec un ton bas, mais précis, qui parvint de suite à mon oreille.

— Non, répondis-je, c'est un artiste, un peintre, le meilleur de tous les hommes.

— Assez, dit la même voix, vous allez le revoir; et peu d'instants après le peintre en portraits était à mes côtés, soutenu, traîné, comme on voudra, par notre homme qu'il redoutait et sans autre mal qu'une assez forte égratignure à sa culotte qui s'était heureusement accrochée pour le suspendre dans les airs.

J'ignore ce qui se passait alors dans l'esprit du peintre en portraits, mais je serrai sa main froide sans qu'il semblât ressentir mon étreinte et sans qu'il proférât un mot. Nous étions tous trois arrêtés, debout sur le penchant de la montagne, et notre groupe ressemblait alors assez au serment des trois Suisses exposés autrefois par Steuben. La lune vint qui éclaira cette scène, j'en profitai pour jeter les yeux sur celui qui venait de nous rendre un véritable service; il s'en aperçut, et, rompant le silence :

— Votre ami, me dit-il, paraît souffrant, il ferait bien de descendre dans la vallée; en suivant ce sentier, à une demi-lieue d'ici, il trouvera une excellente auberge, c'est aux *Armes d'Autriche*...

Ce conseil n'était pas achevé que déjà nous en profitions, mais j'eus à peine fait trois pas que je fus honteux de quitter ainsi ce brave homme; je me retournai, il était à la même place.

— Allez; dis-je à mon compagnon de voyage, je vous retrouverai.

Et, m'approchant de l'inconnu, je lui demandai comment je pouvais le remercier de ce qu'il venait de faire pour nous.

— Rien, rien, interrompit-il, je n'ai pas besoin d'être remercié pour avoir traité un homme autrement qu'un chien, quoi qu'à dire vrai, votre ami ressemble à un juif ou à un colporteur.

— N'avez-vous pas d'habitation ici près? dis-je à mon tour, cette auberge que vous venez d'indiquer pourrait nous servir...

— Je ne descends jamais dans les vallées, s'écria

l'inconnu, j'habite des ruines, c'est la tombe d'un vieux soldat qui n'a connu que la guerre, d'un vieillard dont le monde ignore l'existence, qui n'a jamais mendié ni rien reçu...

Cette réponse, j'ignore pourquoi, réussit à m'émouvoir; elle était faite d'une voix mélancolique qui m'inspira une vraie curiosité. La conversation continua encore quelques minutes entre moi et le vieillard, et le résultat en devint fort différent de ma première pensée. Sur son offre cordiale, j'acceptai chez lui une nuit d'hospitalité; il était onze heures du soir, nous avions encore trois heures de route pour gagner sa demeure, nous nous mîmes donc à marcher avec une nouvelle ardeur.

Il avait fallu la disposition d'esprit dont j'ai parlé plus haut pour me faire accepter une invitation si aventureuse. La route me paraissait longue, la nuit devenait froide, nous n'arrivions pas et j'avais certainement fait au-delà de seize lieues dans cette journée. Peut-être aurais-je fini par me plaindre si ma situation étrange et l'aspect du paysage, que la lune fit naître tout-à-coup à mes regards, n'avait pas distrait mon attention de mes fatigues. Nous étions dans une clairière, à cent pas environ de moi, sur la cime de la montagne, s'élevait un vieux et féodal manoir; ses tours grosses et élevées semblaient prendre racine dans un abîme dont une forêt de sapins dérobait les profondeurs. Un vaste corps de logis survivait encore au milieu de ces ruines, et un large balcon seigneurial courait en saillies au milieu des airs; le lierre, la clématite sauvage s'entrelaçaient dans chaque ouverture et se perdaient dans les ombres que la lune portait dans ces vieux bâtiments construits d'un granit devenu presque noir. J'avais devant les yeux les restes du Hohen-Kœnisberg, la plus belle peut-être des ruines de l'Alsace, dont la vue était encore plus frappante par la manière dont elles étaient éclairées. Surpris et vivement impressionné, je m'arrêtai pour admirer ces traces des anciens siècles qui paraissaient ressusciter au milieu du calme et du silence de la nature. Mon nouveau compagnon de voyage sembla comprendre mes regards, il s'arrêta aussi sans dire un mot, puis, après un instant, posant sa main sur la mienne :

— Entrons, dit-il, vous êtes digne de trouver place au foyer d'un vieux soldat, vous qui comprenez ce qu'à de beau la vue d'une vieille forteresse; entrons, car il se fait tard.

Au pied d'une des tours, une pierre fermait l'entrée d'un étroit passage, elle fut détournée et nous entrâmes; le vieillard marchait le premier. Je ne puis dire par combien de détours, d'escaliers, de petites pièces nous avancions, car après une longue et postérieure exploration de ces ruines, peut-être m'y perdrais-je encore. Anne Radcliffe me revint en mémoire et je m'imaginai un moment être un des héros des *Mystères d'Udolphe*. Je ne restai pas longtemps néanmoins dans cette flatteuse illusion, nous étions parvenus au but de notre course. Un feu clair brilla presque aussitôt dans l'énorme cheminée antique d'une petite pièce voûtée en ogive. Une lampe fut posée sur une table de pierre et je vis mon hôte faire avec rapidité les apprêts d'un repas. Sur la table fut placé un énorme morceau de cerf, du pain noir, des mérises et la liqueur qu'elles produisent, du kirchenwaser dans un vieux flacon de cristal, chamarré de devises et de gothiques dessins en or. Les sièges étaient de sapin, les assiettes de sapin, les fourchettes du même bois; car le sapin sert à tout dans ces montagnes; les maisons en sont bâties, couvertes, revêtues à l'intérieur. Il sert à conduire les eaux, de palissades, de pont même, on vient de le voir.

Mon hôte avait déposé son fusil de chasse, le petit baril qu'il portait au-dessus d'une carnassière, il quitta sa demi-blouse bleue et je vis apparaître un homme grand, maigre, aux cheveux gris, aux yeux étincelants, défiguré par une balafre qui lui traversait une joue, plus que par le nombre des années qu'il avait vécu, quoiqu'il comptât au-delà de cent ans. A table, nous causâmes. Jamais, auprès d'un modeste ou d'un somptueux repas, je n'ai passé si rapidement une nuit. Je ne sais combien de traditions, de souvenirs, d'anecdotes peuplaient sa mémoire : d'origine étrangère, né dans les camps ainsi que son père, il avait parcouru le monde, observé, et, chose rare, acquis une philosophie véritable qui ne l'avait pas mis cependant, comme on a pu le remarquer, au-dessus de certains préjugés. Au milieu de toutes les vieilles légendes qu'il me raconta, et dont la scène se passait souvent en Alsace, voici celle qui me frappa davantage, soit parce qu'elle était entièrement historique ou parce que je me trouvais en relation avec le dernier rejeton de la famille qu'elle concernait. Malheureusement l'extrait que je vais en donner, dépouillé de son entourage, le coin du feu, l'abri du vieux manoir, le langage naïf et franc du centenaire, ne présentera plus probablement ni poésie, ni couleur.

Albert Guisewel, l'aïeul du vieux soldat, avait reçu le jour en Livonie, dans le voisinage de Riga. Vassal de la famille de Rosen, il fut incorporé dans ces bandes indisciplinées, mais courageuses, espèces de Cosaques qui suivirent et assurèrent peut-être les succès de Gustave-Adolphe. Albert était l'écuyer des Rosen dont cinq membres combattaient en 1633, à la bataille de Lutzen, où le grand Gustave trouva la mort. Cet évènement disperse la famille de Rosen; trois d'entre eux, jeunes soldats pleins d'ardeur et dédiés à la chevalerie, se dirigent vers l'Alsace; Albert les y suivit. Le prince Bernard de Saxe-Weimar commandait cette horde d'aventuriers, guidés autant par l'espoir du pillage que par de véritables motifs de gloire. Des trois frères de Rosen, l'aîné se nommait Waldimir, on lui avait donné le sobriquet de *Folle Rosen*, l'intrépide, le furieux; Jean, le second, était connu sous le nom de *Brumme Rosen*, le tortu; le troisième et le plus jeune était le seul qui dût survivre à ses frères et servir de souche à la gloire que cette famille devait tout-à-coup acquérir.

Une circonstance puérile décida peut-être du sort des trois frères. Une nuit, ils étaient dans la tente du prince de Weimar, le jeune et joyeux convive; au milieu d'une orgie bruyante, s'échangeaient mille propos hardis et désordonnés, quand l'un d'eux eut la fantaisie d'appeler une jolie vivandière qui arrivait des montagnes de Suède, et qu'on disait descendre d'une de ces druidesses instruites à pénétrer dans les mystères de l'avenir. Elle vint, chacun tendit la main avec l'offrande due à ses talents. Les trois frères de Rosen donnèrent chacun une pièce d'or, et voici ce que répondit l'inconnue à leur railleuse curiosité * :

Rosen, votre vieux sang aima toujours la gloire :
Mais écoutez, pour l'obtenir,
Sur sa tige flexible, il faut savoir cueillir
Une rose avec la victoire.

Les trois frères de Rosen, Waldimir, Jean et Reinhold, interprétèrent probablement chacun à

* Note sur l'Histoire d'Alsace du P. Lagrille, t. 1, p. 97.

leur manière cette mauvaise et incompréhensible poésie. Le *Furieux*, croyant voir au siége de Thann une rose ou des lauriers à cueillir, fut tué sur la brèche, en 1638. Jean le *Tortu*, plus heureux d'abord, soumit cette ville mais succomba ensuite dans une bataille, sans avoir réalisé la prédiction de la vivandière. Reinhold sembla un instant sur le point d'arriver au sommet des honneurs. A la mort de Bernard de Saxe-Weimar, les soldats de ce prince, dont plusieurs depuis quatre générations n'avaient connu d'autre patrie que le régiment, désignèrent pour chefs quatre directeurs, savoir : Rosen, Nassau, Erlach, et Oheim. Lous XIV envoya M. de Guébriant pour traiter de leur soumission et de la cession de leur conquête. Cette négociation eut un plein succès. Toujours est-il que beaucoup d'entre eux conservèrent d'immenses propriétés en Alsace, acquises d'abord par violence, puis cédées peu-à-peu par transaction avec les puissances et les anciens propriétaires. Reinhold fut créé, en 1648, lieutenant-général. Mais son nom allait s'éteindre, il ne laissait que deux filles lorsque la prédiction vint enfin à s'accomplir.

Du fond de la Livonie, échappant au collége de Riga avant sa treizième année, un autre Rosen commençait, vers 1641, l'existence aventureuse et hardie qui devait en faire l'un des premiers généraux des armées de France. Entré comme volontaire dans les troupes du prince de Saxe, Conrad de Rosen devint bientôt son page, puis celui de la fameuse Christine, si fière et si faible, si orgueilleuse et si humiliée. Une rivalité d'amour, où la fille de Gustave-Adolphe avait quelque part, amena un duel; Conrad tua son adversaire. Condamné à avoir la tête tranchée, Christine le sauva en lui donnant les moyens de s'échapper. Un peu ému des dangers qu'il venait de courir, le jeune Rosen se dirigeait vers la France pour se rapprocher de ses parents, lorsqu'à Francfort, entraîné par ses passions ardentes, il joua et perdit tout ce qu'il possédait. Force lui fut alors de redevenir soldat. Cachant son nom, Rosen, à dix-sept ans, servit avec valeur, se dérobant à la renommée et aux éloges de ceux qui l'entouraient. Enfin, une circonstance terrible l'obligea à se faire connaître; surpris avec des maraudeurs, ce que les historiens du temps appellent *parti bleu*, le grand prévôt les condamna à être pendus; puis, par commisération, leur permit de tirer au sort lequel devrait ainsi acquitter la dette de tous. Rosen, au fond du cœur, était fier de son origine, la pendaison lui déplaisait assez. Il aurait pu toutefois éprouver ce malheur sans remède si la même vivandière, dont nous avons déjà parlé, esprit protecteur de sa famille, n'avait révélé publiquement son nom. Reinhold de Rosen connut alors son jeune parent, il le nomma lieutenant-colonel dans son régiment, lui donna les missions les plus périlleuses, et, à la suite d'une victoire, accomplissant la prophétie, fit épouser à

Conrad, Sophie de Rosen ou de Rose, sa fille, dont la beauté ressemblait au nom. A dater de cette époque la plus grande faveur entoura cette famille. Une charge furieuse, faite par Conrad, lors de la bataille de Senef, surprit le grand Condé.

— Vous n'avez pas fait de prisonniers, dit-il à Rosen ?

— Monseigneur, répondit celui-ci, quand ils sont morts ils ne sauraient plus tuer.

Ce mot plut à Louis XIV : Conrad devint maréchal de France ; et ce fut bien le plus brave et le plus intrépide de son temps. En garnison à Metz, un régiment se mutine, Rosen vient sur la place d'armes, le trouve en bataille, ordonne au premier capitaine de marcher et sur son refus lui brise la tête d'un coup de pistolet. Le même ordre est donné au second capitaine qui part sans hésiter et tout le régiment le suit dans un silence absolu. Je cite ce dernier trait parce qu'il peint l'homme et l'époque et que mon centenaire l'admirait plus qu'une bataille gagnée de nos jours.

Telles étaient les anciennes légendes dont me berçait le vieux soldat suédois. Au milieu de ses longs récits l'aurore parut ; je me levai pour lui faire mes adieux. Je voulais visiter les belles ruines où je me trouvais, les dessiner avec le lever du jour. Je parcourus les antiques salles d'armes, ces voûtes sombres et terribles dont le crayon d'Athalin a reproduit le prestige dans le bel ouvrage sur l'Alsace de mon savant ami M. Schweighauser, les oubliettes furent visitées ainsi que le balcon seigneurial et le sommet des murs couverts d'arbustes et de lierre. Sur la demande de mon vieux cicerone, je traçai sur les murs d'une des salles d'armes un chevalier des anciens temps qu'on doit y voir encore. Enfin, il fallut le quitter, quitter ces ruines majestueuses où je concevais qu'un homme pouvait passer sa vie. Je voulus faire accepter au vieillard quelque argent, il me refusa avec obstination.

— Je suis garde de ces forêts, me dit-il, je n'ai pas d'héritiers, nul besoin, je vis loin des hommes, gardez pour de plus malheureux vos secours.

Je lui pressai la main et je descendis la montagne. Le sentier que je suivais venait de faire un détour, lorsqu'à quelques pas de moi j'aperçus, marchant d'un pas lent et irrésolu, mon peintre de portraits qui était à ma recherche et dont la bile s'épancha violemment contre ce qu'il appelait son délaissement au milieu du danger. Le fait est que le pauvre homme, soit qu'il y eut de sa faute ou que ce fut malice de la part du vieux soldat, avait quelque raison de se plaindre. Au milieu de ses doléances, j'appris qu'après avoir longtemps marché, il avait été obligé, excédé de fatigue et ne trouvant pas l'excellente auberge dont on l'avait réjoui, de s'asseoir au pied d'un arbre et d'y greloter toute la nuit de faim, de froid et probablement de peur.

J'étais à Strasbourg quelques mois après, au moment de quitter l'Alsace dont les orages commençaient à dépouiller les forêts et les vallons de leurs attributs les plus touchants. Déjà la neige couvrait la cime des montagnes et leurs antiques ruines. Quelques jours encore c'était l'hiver, la mort de la nature, du voyageur. Oberlin aussi, ce disciple vivant de l'Évangile en Alsace, touchait aussi à ses derniers jours, mais il redoublait de zèle. Les malheureux du Ban de la Roche voyaient décupler ses soins, ses secours ; j'appris qu'un soir il avait été visité dans sa solitaire demeure par un vieillard extraordinaire, âgé de plus de cent ans. Une longue conversation avait eu lieu entre eux, puis des consolations du vieux pasteur, puis un séjour de quelques semaines sous son toit, asile de la charité chrétienne. Là, le vieillard était mort, se réjouissant de quitter les hommes, les juifs et les industriels de l'Alsace pour s'élever à Dieu. Oberlin devait bientôt éprouver le même sort, mais pour lui comme pour les vertus sublimes, sa récompense avait été dès la terre, car là était une âme digne vraiment de son créateur.

R. DE CROY.

FIN.

CATALOGUE

DES LIVRES DE FONDS

DE LA

LIBRAIRIE ARTHUS BERTRAND

LIBRAIRE DE LA SOCIÉTÉ DE GÉOGRAPHIE

Commissionnaire pour la France et l'Étranger

RUE HAUTEFEUILLE, 21, A PARIS

PARIS

DE L'IMPRIMERIE DE CRAPELET

RUE DE VAUGIRARD, 9

Janvier 1852

DIVISION DU CATALOGUE.

LIBRAIRIE ARTHUS BERTRAND,

LIBRAIRE DE LA SOCIÉTÉ DE GÉOGRAPHIE,

COMMISSIONNAIRE POUR LA FRANCE ET L'ÉTRANGER,

rue Hautefeuille, 21, à Paris.

CATALOGUE

JOURNAUX ET OUVRAGES PÉRIODIQUES.

NOUVELLES ANNALES DES VOYAGES et des sciences géographiques, cinquième série rédigée par M. *Vivien de Saint-Martin*, secrétaire général de la Société de géographie, avec la collaboration de plusieurs savants et de membres de l'Institut.

Il paraît un cahier chaque mois; les 12 cahiers réunis forment 4 forts vol. in-8, ornés de planches ou cartes quand les sujets l'exigent.

Cette nouvelle série comprend, dans chaque cahier,

1° Une ou plusieurs relations inédites et des mémoires originaux;

2° Une revue mensuelle, par M. *Vivien de Saint-Martin*, présentant le tableau critique de tout le mouvement géographique du mois précédent, publications, découvertes, voyages, etc.;

3° Le compte rendu des travaux de toutes les sociétés savantes de l'Europe, en ce qui se rapporte aux sciences géographiques;

4° L'analyse et des extraits ou des traductions partielles d'un ou de plusieurs ouvrages récents, français ou étrangers;

5° Un choix nombreux et varié d'articles divers, de notices, etc., parmi les plus piquants et les plus remarquables publiés par les recueils et par les journaux français, ou par les revues étrangères ;

6° Une bibliographie très-complète de toutes les publications géographiques du mois.

Pour Paris, 30 fr.
Pour les départements, 36 fr.
Pour l'étranger, 42 fr.

NOTA. On ne peut pas souscrire pour moins d'une année, qui doit toujours commencer avec le mois de janvier.

COLLECTION COMPLÈTE.

ANNÉES 1819 à 1851. 133 vol. in-8, y compris les tables générales; au lieu de 1000 fr., 610 fr.

LA COLLECTION se compose de cinq séries; les quatre premières séries se vendent séparément, savoir :

PREMIÈRE SÉRIE, par MM. *Eyriès* et *Malte-Brun*, comprenant les années 1819 à juin 1826 inclus, se compose de 30 vol. in-8 ornés de cartes, plans, vues, etc. Prix : au lieu de 225 fr., 112 fr. 50 c.

DEUXIÈME SÉRIE, par MM. *Eyriès, Larenaudière et Klaproth*, comprenant les années 1826 (depuis juillet) à 1833 inclus; se compose de 30 vol. in-8 ornés de cartes, plans, vues, etc. Prix : au lieu de 225 fr. 112 fr. 50 c.

TROISIÈME SÉRIE, par MM. *Eyriès*, *A. de Humboldt*, *Larenaudière*, *Auguste de Saint-Hilaire*, *Walckenaër* et *Dureau de la Malle*, comprenant les années 1834 à 1839 inclus; se compose de 24 vol. in-8 ornés de cartes, vues, plans, etc. Prix : au lieu de 180 fr., 90 fr.

QUATRIÈME SÉRIE, par MM. *Ternaux-Compans*, *F. Arago*, *d'Avezac, L. Duperrey*, *Dureau de la Malle*, *Eyriès*, *A. de Humboldt*, *Larenaudière*, *Marmier*, *Auguste de Saint-Hilaire*, *le vicomte de Santarem*, *le baron Walckenaër*, comprenant les années 1840 à 1844 inclus; se compose de 20 vol. in-8 ornés de cartes, vues, plans, etc. Prix : au lieu de 150 fr., 75 fr.

NOTA. Chaque année antérieure à 1845 se vend séparément ; au lieu de 30 fr., 20 fr.

LES TABLES générales des trois premières séries, 1819 à 1839, 1 vol. in-8. 10 fr.

JOURNAL DES SAVANTS. Ce journal paraît au commencement de chaque mois par livraison de 8 feuilles. Les 12 livraisons réunies forment 1 fort vol. in-4, orné de planches quand les sujets l'exigent, et terminé par une table générale par ordre des matières.

Pour Paris,	36 fr.
Pour les départements,	40 fr.
Pour l'étranger,	44 fr.

Le bureau de la rédaction du Journal des savants est ainsi composé : Président, M. *le Garde des sceaux*; assistants : MM. *Lebrun*, de l'Institut, Académie française, secrétaire du bureau; *Quatremère de Quincy*, de l'Institut, Académie des inscriptions et belles-lettres, et secrétaire perpétuel honoraire de l'Académie des beaux-arts; *Quatremère*, de l'Institut, Académie des inscriptions et belles-lettres; *Naudet*, de l'Institut, Académie des inscriptions et belles-lettres, et Académie des sciences morales et politiques.

Auteurs : MM. *Biot*, *Raoul-Rochette*, *Cousin*, *Letronne*, *Chevreul*, *Eugène Burnouf*, *Flourens*, *Villemain*, *Patin*, *Libri*, *Magnin*, *Mignet*.

COLLECTION COMPLÈTE.

ANNÉES 1816 à 1836.	400 fr.
ANNÉES 1837 à 1847.	264 fr.
ANNÉES 1848 à 1851.	144 fr.

BULLETIN DE LA SOCIÉTÉ DE GÉOGRAPHIE, 3e série, rédigé par MM. *d'Avezac*, *Berthelot*, *Cochelet*, *Cortambert*, *Daussy*, *Guigniaut*, *Jomard*, *de la Roquette*, *Noël Desvergers*, *Roux de la Rochelle*, *de Santarem*, *Vivien de Saint-Martin*, *Sédillot*, *de Froberville* et *Alfred Maury*.

Ce Bulletin paraît tous les mois par numéro de 4 à 5 feuilles; les 12 cahiers forment, à la fin de l'année, 2 vol. in-8, avec cartes et plans.

Pour Paris,	12 fr.
Pour les départements,	15 fr.
Pour l'étranger,	18 fr.

GRANDES PUBLICATIONS.

CAMPAGNE DE CIRCUMNAVIGATION DE LA FRÉGATE L'ARTÉMISE pendant les années 1837, 1838, 1839 et 1840, sous le commandement de M. *Laplace*, contre-amiral; publiée par ordre du roi. 4 vol. in-8 avec figures, formant 8 livraisons. 56 fr.

CAMPAGNE DANS LES MERS DE L'INDE ET DE LA CHINE, A BORD DE LA FRÉGATE L'ÉRIGONE, commandée, en 1841, 42 et 43, par M. *Cécile*, capitaine de vaisseau, et en 1843 et 44, par M. *Roy*, capitaine de vaisseau; publiée par ordre du roi, sous les auspices de M. le baron de Mackau, ministre de la marine et des colonies.

OBSERVATIONS HYDROGRAPHIQUES, physiques et magnétiques, par M. *A. Delamarche*, ingénieur-hydrographe, et M. *S. Dupré*, lieutenant de vaisseau. 4 vol. in-8.

En vente les tomes I, II et III.

Prix de chaque vol. 16 fr.

ESSAI SUR LA CONSTRUCTION NAVALE DES PEUPLES EXTRA-EUROPÉENS, ou collection des navires et pirogues construits par les habitants de l'Asie, de la Malaisie, du grand Océan et de l'Amérique, mesurés et dessinés par M. *Paris*, capitaine de corvette, pendant ses voyages autour du monde, à bord des bâtiments de S. M. *l'Astrolabe, la Favorite* et *l'Artémise;* ouvrage publié par ordre du roi, sous les auspices du ministre de la marine. 200 fr.

Cet ouvrage se compose de 130 planches grand in-folio de jésus, et de 40 feuilles de texte, même format. La moitié des planches sont lithographiées, les autres sont gravées. Il forme 1 fort volume.

EXPLORATION SCIENTIFIQUE DE L'ALGÉRIE pendant les années 1840, 1841 et 1842, publiée par ordre du gouvernement, avec le concours d'une commission académique. — Sciences physiques. — Zoologie. — Mammologie, Ornithologie, par M. *Levaillant;* Erpétologie, Ichthyologie, par M. *Guichenot;* Animaux articulés, par M. *Lucas.*

En vente, livraisons 1 à 33.

Prix de chaque livraison : 16 fr.

On vend séparément les parties suivantes qui sont complètes.

ANIMAUX ARTICULÉS, par M. *Lucas*.

Cette partie forme 3 volumes in-4°, papier jésus vélin, accompagnés d'un atlas du même format, composé de 117 planches gravées, tirées en couleur et retouchées au pinceau. 440 fr.

ERPÉTOLOGIE, ICHTHYOLOGIE, par M. *Guichenot*.

Cette partie forme 1 volume in-4°, papier jésus vélin, accompagné d'un atlas du même format, composé de 12 planches gravées tirées en couleur et retouchées au pinceau. 50 fr.

EXPLORATION DU TERRITOIRE DE L'ORÉGON, des Californies et de la mer Vermeille, exécutée pendant les années 1840, 1841 et 1842, par M. *Duflot de Mofras*, attaché à la légation de France à Mexico ; ouvrage publié par ordre du roi, sous les auspices de M. le maréchal Soult, président du conseil, et de M. le ministre des affaires étrangères. 2 forts vol. in-8, grand raisin vélin, ornés de 8 vignettes gravées sur acier, et un atlas grand in-folio de 22 cartes ou plans, dont une magnifique carte sur papier grand aigle coloriée avec soin. 80 fr.

La grande carte se vend séparément. 20 fr.

HISTOIRE PHYSIQUE, POLITIQUE ET NATURELLE DE L'ILE DE CUBA, par M. *Ramon de la Sagra*, directeur du Jardin botanique de la Havane, correspondant de l'Institut royal de France, etc. ; MM. *Alcide d'Orbigny*, *Cocteau*, *Bibron*, *Lefebvre*, *Guérin-Méneville*, *Martin-Saint-Ange*, *Montagne*, *Sabin-Berthelot*, et par M. *A. Richard*.

Cet ouvrage se composera de 75 livraisons environ. Chaque livraison, renfermée dans une couverture imprimée, contiendra 4 planches in-folio et 4 feuilles de texte, format grand in-8°.

Il paraît 60 livraisons.

Prix de chaque livraison, texte et planches, 12 fr.

On vend séparément les parties suivantes, qui sont entièrement terminées :

HISTOIRE PHYSIQUE ET POLITIQUE DE L'ILE DE CUBA, par M. *Ramon de la Sagra*, traduite par M. *Berthelot*. 2 vol. in-8, papier grand raisin, accompagnés de 20 tableaux et d'un atlas in-folio de 11 planches et 2 cartes sur papier grand aigle. 80 fr.

HISTOIRE NATURELLE DES MAMMIFÈRES DE L'ILE DE CUBA, par M. *Ramon de la Sagra*, traduite par M. *Berthelot*, et ornithologie de l'île de Cuba, par M. *Alcide d'Orbigny*. 1 vol. in-8, papier grand raisin, accompagné d'un atlas de 41 pl. in-4 tirées en couleur et retouchées au pinceau. 150 fr.

Les mammifères et les oiseaux forment un seul volume; ils ne peuvent pas être vendus séparément.

FORAMINIFÈRES DE L'ILE DE CUBA, par M. *Alcide d'Orbigny*. 1 vol. in-8, papier grand raisin, accompagné d'un atlas de 12 planches in-folio tirées en couleur et retouchées au pinceau. 50 fr.

BOTANIQUE, PLANTES CELLULAIRES DE L'ILE DE CUBA, par M. *Camille Montagne*. 1 vol. in-8, papier grand raisin, accompagné d'un atlas de 20 planches in-folio tirées en couleur et retouchées au pinceau. 80 fr.

REPTILES DE L'ILE DE CUBA, par MM. *Cocteau et Bibron*. 1 vol. in-8, papier grand raisin, accompagné d'un atlas de 31 planches in-folio tirées en couleur et retouchées au pinceau. 120 fr.

Sous presse :

LES INSECTES, par M. *Guérin-Méneville*.

LES MOLLUSQUES, par M. *d'Orbigny* *.

LES POISSONS, par M. *Bibron*.

LA BOTANIQUE, plantes vasculaires, par M. *Richard* *.

* Ces deux parties seront bientôt terminées.

ICONOGRAPHIE DES LÉPIDOPTÈRES, Papillons de France, par M. *Delahaye*, peintre d'histoire naturelle. Chaque planche contiendra les noms de genre et d'espèce, les sexes, les noms d'auteur, la localité et l'époque de l'éclosion, d'après l'ordre et la marche suivis dans l'*Index methodicus* de M. le docteur *Boisduval*.

80 livraisons in-8, composées de 3 planches en couleur.

Prix de chaque livraison. 1 fr.

En vente les livraisons 1 et 2.

INDE (L') FRANÇAISE, ou collection de dessins représentant les divinités, temples, meubles, ornements, armes, ustensiles, cérémonies religieuses et scènes de la vie privée, faisant connaître les costumes et les diverses professions des peuples hindous qui habitent les possessions françaises de l'Inde, et en général la côte de Coromandel et le Malabar; dessinée et publiée par MM. *Géringer* et *Chabrelie*, et accompagné d'un texte explicatif rédigé par M. *E. Burnouf*, membre de l'Institut, Académie des inscriptions, et M. *E. Jaquet.*

Cet ouvrage se compose de 144 planches in-folio coloriées, accompagnées d'un texte explicatif du même format; il forme 1 fort vol. in-folio.

Au lieu de 260 fr., 144 fr.

ITINÉRAIRE PITTORESQUE DU FLEUVE HUDSON et des parties latérales de l'Amérique du Nord, d'après les dessins originaux pris sur les lieux, par *J. Milbert*, ancien professeur de dessin à l'école royale des mines, et lithographiées par MM. *Adam*, *Bichebois*, *Deroy*, *Dupressoir*, *Jacottet*, *Joly*, *Sabatier*, *Tirpenne* et *Villeneuve*. 2 vol. grand in-4, pap. vél., et atlas grand in-folio tiré sur papier de Chine, à grandes marges. 350 fr.

JOURNAL DE LA NAVIGATION, AUTOUR DU GLOBE, de la frégate *la Thétis* et de la corvette *l'Espérance*, exécuté par ordre du roi, par M. le baron *de Bougainville*, commandant l'expédition. 2 vol. grand in-4 ornés de vignettes et accompagnés d'un atlas grand in-folio contenant 56 pl. 150 fr.

Papier vélin. 225 fr.

Papier vélin, doubles figures. 350 fr.

MAGASIN DE ZOOLOGIE, d'anatomie comparée et de paléontologie. Recueil destiné à faciliter aux zoologistes de tous les pays les moyens de publier leurs travaux, les espèces nouvelles qu'ils possèdent, et à les tenir surtout au courant des nouvelles découvertes et des progrès de la science, par M. *F. E. Guérin-Méneville.*

PREMIÈRE SÉRIE.

Années 1831 à 1838. 8 vol. in-8, 635 planches, gravées et soigneusement coloriées. 259 fr.

On vend séparément :

PREMIÈRE SECTION. Animaux vertébrés, 149 planches avec tables alphabétique et méthodique. 3 vol. in-8. 99 fr.

DEUXIÈME SECTION. Mollusques et zoophytes, 162 planches, avec tables alphabétique et méthodique. 3 v. et demi. 77 fr. 50 c.

TROISIÈME SECTION. Animaux articulés, 284 planches, avec tables alphabétique et méthodique. 6 v. et demi in-8. 137 fr. 50 c.

MAMMIFÈRES........	1 vol. in-8°,	30 planches.	22 fr.
OISEAUX...........	2 vol. in-8°,	86 planches.	66 fr.
REPTILES	1 vol. in-8°,	16 planches.	12 fr.
POISSONS...........	1 vol. in-8°,	17 planches.	12 fr.
MOLLUSQUES........	3 vol. in-8°,	119 planches.	64 fr.
CRUSTACÉS..	1 vol. in-8°,	27 planches.	13 fr.
ARACHNIDES	1 vol. in-8°,	18 planches.	10 fr.
INSECTES	5 vol. in-8°,	238 planches.	115 fr.

DEUXIÈME SÉRIE.

Années 1839 à 1844. Prix de chaque année :

Pour Paris, 36 fr.

Par la poste, pour la France, 42 fr.

On souscrit également pour chaque section séparée. L'abonnement est de 25 planches accompagnées de leur texte.

PREMIÈRE SECTION. Mammifères, oiseaux, reptiles, poissons. 16 fr.

Par la poste, 18 fr.

DEUXIÈME SECTION. Mollusques zoophytes. 13 fr.

Par la poste, 15 fr.

TROISIÈME SECTION. Annélides, crustacés, arachnides, insectes. 13 fr.

Par la poste, 15 fr.

ORDONNANCES DES ROIS DE FRANCE de la troisième race, recueillies par ordre chronologique, et suivies de quatre différentes tables destinées à faciliter toutes sortes de recherches, par MM. *de Bréquigny* et *Pastoret*. In-folio, tomes XVI, XVII, XVIII; chaque volume, 36 fr.

— Le tome XIX, 40 fr.

OSTÉOGRAPHIE, ou description iconographique comparée du squelette et du système dentaire des cinq classes d'animaux vertébrés récents et fossiles, pour servir de base à la zoologie et à la géologie, par M. *H. M. Ducrotay de Blainville*, membre de l'Institut (Académie des sciences), professeur d'anatomie comparée au Muséum d'histoire naturelle; ouvrage accompagné

de planches lithographiées sous sa direction, par MM. *J. C. Werner* et *Delahaye*, peintres du Muséum d'histoire naturelle de Paris.

Cet ouvrage est publié par fascicules. Chaque fascicule, complet en lui-même, est entièrement consacré à un grand genre linnéen, tant sous le rapport iconographique que sous le rapport littéraire. Le texte, format in-4°, sur papier grand raisin vélin, est livré broché. Les planches, format demi-jésus vélin superfin satiné, sont toutes dessinées et lithographiées par M. *Werner*, peintre du Muséum d'histoire naturelle ; elles sont renfermées dans des couvertures imprimées, avec une étiquette annonçant le contenu de chaque fascicule, et le prix est établi, d'après le nombre de planches et de feuilles de texte qu'il contient, à raison de 2 fr. 35 c. Ainsi un fascicule de 10 planches et 10 feuilles de texte est du prix de 23 fr. 50 c.

Les vingt-quatre fascicules suivants sont publiés :

PRIMATÈS. *G. Pithecus*...............	11 pl. et 13 f. de texte.	28	50
PRIMATÈS. *G. Cebus*................	9 pl. et 4 f. de texte.	14	50
PRIMATÈS. *G. Lemur*................	11 pl. et 19 f. 1/2 de texte.	38	50
PARESSEUX. *G. Bradypus*............	6 pl. et 8 f. de texte.	17	»
CHÉIROPTÈRES. G. *Vespertilio*.........	15 pl. et 13 f. de texte.	32	50
INSECTIVORES. *G. Talpa, Sorex, Erinaceus*..........................	11 pl. et 14 f. 1/2 de texte.	31	»
PHOQUES. *G. Phoca*..................	10 pl. et 17 f. 1/2 de texte.	34	»
OURS. *G. Ursus*......................	18 pl. et 12 f. de texte.	35	»
PETIT OURS. *G. Subursus*.............	16 pl. et 15 f. 1/2 de texte.	38	50
MUSTELAS. *G. Mustela*................	15 pl. et 10 f. 1/2 de texte.	31	»
VIVERRAS. *G. Viverra*.................	13 pl. et 12 f. 1/2 de texte.	30	»
FÉLIS. *G. Felis*......................	19 pl. et 25 f. 1/2 de texte.	55	50
CANIS. *G. Canis*.....................	16 pl. et 20 f. de texte.	46	»
HYÈNE. *G. Hyæna*....................	8 pl. et 10 f. 1/2 de texte.	23	»
LAMANTIN. *G. Manatus*...............	11 pl. et 17 f. 1/2 de texte.	37	»
GRAVIGRADES. *G. Elephas*............	17 pl. et 46 f. de texte.	85	50
GRAVIGRADES. *G. Dinotherium*.....	4 pl. et 8 f. de texte.	16	»
ONGULOGRADES. *G. Daman* (hyrax)..	3 pl. et 6 f. de texte.	12	50
TAPIRS. *G. Tapirs*....................	7 pl. et 7 f. de texte.	17	25
ONGULOGRADES. *G. Rhinocéros*.....	14 pl. et 29 f. de texte.	57	»
ONGULOGRADES. *G. Palæotherium, Lophiodon, Anthracotherium et Chæropotame*..................	15 pl. et 24 f. de texte.	50	75
ONGULOGRADES. *G. Hippopotamus et Sus*	17 pl. et 31 f. de texte.	62	75
ONGULOGRADES. *G. Anoplotherium*...	9 pl. et 20 f. de texte.	38	50
ONGULOGRADES. *G. Camelus*.........	7 pl. et 16 f. 1/2 de texte.	32	25

Sous presse le vingt-cinquième fascicule.

AVIS. MM. les souscripteurs sont invités à faire retirer exactement leurs livraisons, attendu qu'aucun fascicule ne se vend plus séparément et qu'ils risqueraient de ne pouvoir compléter leur exemplaire.

RECUEIL DES HISTORIENS DES GAULES ET DE LA FRANCE, par *dom Bouquet* et autres, tomes XIV, XV, XVI, XVII, XVIII, XIX ; chaque vol. 36 fr.
— Sur papier vélin. 72 fr.

RECUEIL DE VOYAGES ET DE MÉMOIRES publiés par la Société de géographie. 7 vol. in-4.

Tome Ier. VOYAGES DE MARCO POLO. 1 vol. in-4 (épuisé).

Tome II (Ire et IIe parties), avec 18 planches. Prix : 18 fr.

CONTENANT :

1° Une relation de Ghanat et des coutumes de ses habitants ;
2° Des relations inédites de la Cyrénaïque ;
3° Une notice sur la mesure géométrique de quelques sommités des Alpes ;
4° Résultats des questions adressées à un maure de Tischit et à un nègre de Walet ;
5° Réponses aux questions de la Société sur l'Afrique septentrionale ;
6° Un itinéraire de Constantinople à la Mecque ;
7° Une description des ruines découvertes près de Palenqué, suivie de recherches sur l'ancienne population de l'Amérique ;
8° Une notice sur la carte générale des Pachaliks de Hhaleb, Orfa et Bagdad ;
9° Un mémoire sur la géographie de la Perse ;
10° Des recherches sur les antiquités des États-Unis de l'Amérique septentrionale.

Tome III. OROGRAPHIE DE L'EUROPE, par M. *L. Bruguière* ; ouvrage couronné par la Société dans sa séance générale du 31 mars 1826, avec une carte orographique, 15 tableaux synoptiques et vues des principales chaînes de montagnes. 20 fr.

Tome IV. Avec une carte et plusieurs *fac-simile*. 30 fr.

CONTENANT :

1° Description des merveilles d'une partie de l'Asie, par le P. *Jordan de Séverac* ;
2° Relation d'un voyage à l'île d'Amat, d'après les manuscrits de M. *H. Ternaux* ;
3° Vocabulaires de plusieurs contrées de l'Afrique, d'après M. *Kœnig* ;
4° Voyages en Orient de *Guillaume de Rubruk* ;
5° Notice sur les anciens voyages en Tartarie en général, et sur celui de *Jean du Plan de Carpin* en particulier, avec une carte, par M. *d'Avezac* ;

6° Relation de la Tartarie, de *Jean du Plan de Carpin* ;
7° Voyage de *Bernard* et de ses compagnons en Égypte et en terre sainte ;
8° Relation des voyages de Sœvulf à Jérusalem et en terre sainte.

Tomes V et VI. GÉOGRAPHIE (LA) D'ÉDRISI, traduite de l'arabe en français, d'après deux manuscrits de la bibliothèque du roi, et accompagnée de notes ; par *P. Amédée Jaubert*, membre de l'Institut, etc., avec 3 cartes. 48 fr.

Tome VII (Ire partie). GRAMMAIRE ET DICTIONNAIRE ABRÉGÉ DE LA LANGUE BERBÈRE, composés par feu *Venture de Paradis*, revus par *P. Amédée Jaubert*, membre de l'Institut, etc. 12 fr.

TABLEAUX DE LA RÉVOLUTION FRANÇAISE, ou collection de 223 gravures, dont 66 portraits, représentant les événements principaux qui ont eu lieu en France depuis la transformation des états généraux en assemblée nationale le 20 juin 1789, et accompagnés d'un discours historique composé par une société de gens de lettres. 2 vol. in-folio imprimés sur papier vélin. Au lieu de 400 fr. 100 fr.

Le premier volume contient les états généraux, l'assemblée constituante, l'assemblée législative : le deuxième se compose de la convention et du gouvernement directorial ; il est terminé par un discours sur les événements qui ont eu lieu depuis cette dernière époque jusqu'à la première restauration.

Les 223 gravures ou portraits in-folio, tirés sur papier vélin, ont été gravés au burin par les premiers artistes de Paris, au nombre desquels on distingue les Choffart, Duplessis-Bertaux, Copia, Coigny, Bovinet, etc. ; et le texte, qui est aussi in-folio, est imprimé sur papier vélin superfin d'Annonay, avec de très-beaux caractères.

Il reste peu d'exemplaires de cet ouvrage devenu rare.

TRAITÉ DES ARBRES ET ARBUSTES que l'on cultive en pleine terre en Europe et particulièrement en France, par *Duhamel du Monceau*, rédigé par MM. *Vieillard*, *Jaume*, *Saint-Hilaire*, *Mirbel*, *Poiret*, et continué par M. *Loiseleur-Deslongchamps*, ouvrage enrichi de plus de 500 planches garvées par les plus habiles artistes, d'après les dessins de *Redouté* et *Bessa*, peintres du Muséum d'histoire naturelle. 7 vol. in-folio, papier jésus vélin, figures coloriées. Au lieu de 3300 fr., 450 fr.

TRAITÉ GÉNÉRAL DES EAUX ET FORÊTS, CHASSES ET PÊCHES, composé de quatre parties.

PREMIÈRE PARTIE.

RECUEIL CHRONOLOGIQUE DES RÈGLEMENTS SUR LES FORÊTS, LA CHASSE ET LA PÊCHE, contenant les lois, ordonnances royales, arrêts de la cour de cassation, décisions ministérielles, et les circulaires et instructions administratives. Nouvelle série par M. *Théod. Chevalier,* avocat aux conseils du roi et à la cour de cassation, avocat consultant et plaidant de la direction générale des forêts.

Le prix de la collection complète du RECUEIL DES RÈGLEMENTS FORESTIERS, 1815 à 1847 inclus, est de 262 fr. 50 c.

PRIX DE CHAQUE ANNÉE SÉPARÉE.

PREMIÈRE SÉRIE.

TOME Ier....	Livraisons 1, 2, 3	1815 à 1821, à 9 fr. chaque ..	27 f.	»
TOME II.....	Livraisons 4, 5		18	»
TOME III...	Livraison 6......	1822 et 1823............	8	»
	Livraison 7......	1824...................	7	»
	Livraison 8......	1825...................	6	»
	Livraison 9......	1826 et 1827............	9	»
TOME IV....	Livraison 10......	1828...................	8	»
	Livraison 11......	1829...................	8	»
	Livraison 12......	1830 et 1831............	15	»
	Livraison 13......	1832 et 1833............	15	»
TOME V....	Livraison 14......	1834...................	7	75
	Livraison 15......	1835...................	9	50
	Livraison 16......	1836...................	10	25
	Livraison 17......	1837...................	14	»

Il faut ajouter UN FRANC *par* chaque année antérieure à 1838, *pour la recevoir franco par la poste.*

DEUXIÈME SÉRIE.

TOME VI ...	Livraison 1.............	1838.............	10	»
	Livraison 2.............	1839.............	10	»
	Livraison 3.............	1840.............	10	»
	Livraison 4, 1er semestre	1841.............	5	»
	— 4, 2e semestre	1841.............	5	»
	Livraison 5, 1er semestre	1842.............	5	»
	— 5, 2e semestre	1842.............	5	»

TOME VII...	Année 1843.	Livraison 6, 1er semestre...	5 f.	»
		Livraison 7, 3e trimestre...	2	50
		Livraison 8, 4e trimestre...	2	50
	Année 1844.	Livraison 9, 1er trimestre...	2	50
		Livraison 10, 2e trimestre...	2	50
		Livraison 11, 3e trimestre...	2	50
		Livraison 12, 4e trimestre...	2	50
	Année 1845.	Livraison 13, 1er trimestre...	2	50
		Livraison 14, 2e trimestre...	2	50
		Livraison 15, 3e trimestre...	2	50
		Livraison 16, 4e trimestre...	2	50
	Année 1846.	Livraison 17, 1er trimestre Livraison 18, 2e trimestre Livraison 19, 3e trimestre Livraison 20, 4e trimestre	10	»
	Année 1847.	Livraison 21, 1er trimestre Livraison 22, 2e trimestre Livraison 23, 3e trimestre Livraison 24, 4e trimestre	10	»

DEUXIÈME PARTIE.

DICTIONNAIRE GÉNÉRAL, RAISONNÉ ET HISTORIQUE DES EAUX ET FORÊTS, contenant l'analyse des lois, ordonnances, arrêts et instructions, la police et la conservation des forêts; les diverses méthodes de culture, d'aménagement et d'exploitation; l'architecture navale, la botanique, la minéralogie, etc., appliquées à l'économie forestière, par M. *Baudrillart.* 2 forts vol. in-4. 60 fr.

TROISIÈME PARTIE.

DICTIONNAIRE DES CHASSES, contenant l'histoire des animaux qui font l'objet de la grande et de la petite chasse, l'explication des termes de chasse, la description des piéges et engins pour prendre les animaux, par M. *Baudrillart.* 1 vol. in-4 et atlas. Au lieu de 45 fr. 20 fr.

QUATRIÈME PARTIE.

DICTIONNAIRE DES PÊCHES, contenant l'histoire des poissons, l'explication des termes de pêche et de navigation, la description des appâts, instruments, filets, engins et procédés de toute espèce qui sont employés pour prendre le poisson; avec les dispositions réglementaires, tant sur la pêche fluviale que sur la pêche maritime, par M. *Baudrillart.* 1 vol. in-4 avec un bel atlas. Au lieu de 34 fr. 20 fr.

VOYAGE AUTOUR DU MONDE DE LA BONITE, exécuté pendant les années 1836 et 1837, par M. *Vaillant*, capitaine de vaisseau; publié par ordre du roi. 3 volumes in-folio renfermant 356 planches et 15 volumes de texte. 807 fr.

HISTORIQUE, par M. *de la Salle*. 3 vol. in-8, grand raisin vélin, ornés de vignettes et accompagnés d'un album in-folio de 100 planches. 240 fr.

ZOOLOGIE, par M. *Souleyet*. 2 vol. in-8, grand raisin vélin, accompagnés d'un atlas in-folio de 100 planches gravées, tirées en couleur et retouchées au pinceau. 252 fr.

Voyez page 47.

BOTANIQUE, par M. *Gaudichaud*, membre de l'Institut. 4 vol. in-8, grand raisin vélin, accompagnés d'un atlas in-folio de 136 planches gravées. 264 fr.

Voyez page 42.

LA CRYPTOGAMIE, par MM. *C. Montagne* et *Leveillé*. 1 beau vol. in-8, accompagné d'un atlas de 20 planches gravées. 50 fr.

PHYSIQUE, par MM. *B. Darondeau* et *E. Chevalier*. 4 vol. in-8, grand raisin vélin, accompagnés de planches dans le texte. 60 fr.

MINÉRALOGIE ET GÉOLOGIE, par *E. Chevalier*. 1 vol. in-8, grand raisin vélin, accompagné de planches. 15 fr.

VOYAGE AUTOUR DU MONDE SUR LA CORVETTE LA COQUILLE, pendant les années 1822, 1823, 1824 et 1825, par M. *L. I. Duperrey*, capitaine de frégate, commandant l'expédition. Cet ouvrage se composera de 6 vol. in-4 et de 4 atlas in-folio formant 376 planches, dont 230 coloriées.

Il paraît 15 livraisons de la partie historique, par M. *L. I. Duperrey*.

Les feuilles 1 à 31 du tome Ier sont seules publiées. 180 fr.

La partie zoologique, par MM. *Lesson* et *Garnot*, est entièrement terminée (texte et planches); elle forme 28 livraisons. 336 fr.

La livraison 28 se vend séparément. 30 fr.

Il paraît 15 livraisons de la partie botanique, par MM. *Bory de Saint-Vincent* et *Al. Brongniart*. Les livraisons 16 et 17, ainsi que la fin du texte (feuille 30 à la fin) de la partie de M. *A. Brongniart*, restent à paraître. 180 fr.

Il paraît de la partie hydrographique l'atlas, 1 volume grand in-folio, composé de 52 cartes et 12 feuilles de texte. Complet. 150 fr.

Il paraît de la partie physique, par M. *Duperrey*, 3 cahiers in-4°, savoir : *Hydrographie*, pages 1 à 164 ;— *Hydrographie* et *Physique*, pages 1 à 133, avec une carte ; — *Physique*, pages 1 à 294, avec 7 planches dont 6 cartes. 48 fr.

VOYAGE AUTOUR DU MONDE DE LA FAVORITE, exécuté, pendant les années 1830, 1831 et 1832, sous le commandement de M. *Laplace*, capitaine de frégate. 4 vol. grand in-8 ornés de vignettes, avec un atlas de 12 cartes et plans, et accompagnés d'un album historique de 72 planches, gravé et publié par les soins et sous la direction de M. *Sainson*, dessinateur du voyage de *l'Astrolabe*.

Chaque partie se vend séparément :

HISTORIQUE, 4 vol. 30 fr.

HISTORIQUE, album, 12 livraisons, tiré sur papier de Chine, à 12 fr, 144 fr.

— Le même tiré au bistre, à 14 fr. 168 fr.

— Le même tiré en couleur et retouché au pinceau, à 24 fr. 288 fr.

HYDROGRAPHIE, atlas, 3 livraisons sur grand aigle. 30 fr.

ZOOLOGIE, 1 vol. in-8 orné de 60 planches. 55 fr.

VOYAGE PITTORESQUE AUTOUR DU MONDE, offrant des portraits de sauvages d'Amérique, d'Asie, d'Afrique et des îles du grand Océan, leurs armes, habillements, ustensiles, canots, maisons, danses et instruments de musique ; des paysages et des vues maritimes ; plusieurs objets d'histoire naturelle, accompagnés de description ; par M. le baron *Cuvier* et M. *A. Chamisso* ; et de crânes humains, accompagnés d'observations, par le docteur *Gall* ; le tout dessiné et lithographié par M. *Louis Choris*, peintre, dans le voyage qu'il a fait sur le brick *le Rurick* commandé par M. *Otto Kotzebue* et armé aux frais de M. le comte *de Romanzoff*. 1 vol. grand in-folio orné de 125 planches environ. Prix, figures noires ; au lieu de 110 fr., 25 fr.

Prix, avec les objets d'histoire naturelle coloriés ; au lieu de 220 fr. 40 fr.

Prix, avec la totalité des figures coloriées ; au lieu de 330 fr., 50 fr.

VOYAGE EN ABYSSINIE, exécuté pendant les années 1839, 1840, 1841, 1842 et 1843, par une commission scientifique, composée de MM. *Théophile Lefebvre*, lieutenant de vaisseau, *A. Petit* et *Quartin-Dillon*, docteurs-médecins, et *Vignaud*, dessinateur. 6 vol. grand in-8 et 200 planches grand in-folio, avec une carte grand aigle.

L'ouvrage est complet. 500 fr.

On vend séparément :

RELATION DU VOYAGE, par M. *Théophile Lefebvre*, 2 vol. in-8, papier grand raisin vélin, avec vignettes et une grande carte. 30 fr.

CALCULS ET RELÈVEMENTS, observations de physique et météorologie, statistique, dictionnaire géographique, ethnologie, archéologie, par M. *Théophile Lefebvre*. 1 vol. in-8, papier raisin vélin. 15 fr.

ALBUM HISTORIQUE, ethnologique et archéologique, 57 planches in-folio et une grande carte. 140 fr.

HISTOIRE NATURELLE. — FLORE DE L'ABYSSINIE, par M. *Richard*. 2 vol. in-8, papier raisin vélin, accompagnés d'un atlas de 102 planches grand in-folio. 270 fr.

Les 2 volumes sans l'atlas. 30 fr.

HISTOIRE NATURELLE. — ZOOLOGIE, par MM. *O. des Murs*, *Florent Prévost*, *Guichenot* et *Guérin-Méneville*. 1 vol. in-8, papier raisin vélin, accompagné d'un atlas de 40 planches grand in-folio coloriées et retouchées au pinceau. 115 fr.

VOYAGE AU BRÉSIL, par le prince *Maximilien de Wied-Neuwied*, traduit par *Eyriès*. 3 vol. in-8, avec un atlas in-folio, composé de 41 grandes planches gravées en taille-douce et de belles cartes. 90 fr.

Le même ouvrage, papier vélin. 150 fr.

Le même ouvrage, sans l'atlas, mais avec les cartes. 21 fr.

VOYAGES DE LA COMMISSION SCIENTIFIQUE DU NORD, pendant les années 1835, 1836, 1838, 1839 et 1840 ; publiés par ordre du roi, sous la direction de M. *Paul Gaimard*, président de la commission. 29 vol. grand in-8, sur papier grand raisin vélin, et 762 planches grand in-folio.

Ces voyages ont été exécutés en deux campagnes ; ils se divisent en deux parties, ayant chacune leur titre et leurs divisions particulières.

PREMIÈRE PARTIE.

VOYAGES EN ISLANDE ET AU GROËNLAND, exécutés pendant les années 1835 et 1836, sur la corvette *la Recherche*, commandée par M. *Tréhouart*, lieutenant de vaisseau. 7 vol. grand in-8 accompagnés de 2 atlas in-folio et 1 in-8; ensemble 236 planches, dont 50 tirées en couleur et retouchées au pinceau.

Cet ouvrage est complet. 534 fr.

— Le même, papier vélin, figures sur chine. 1068 fr.

On vend séparément :

PREMIÈRE DIVISION.

HISTOIRE DE L'ISLANDE, depuis sa découverte jusqu'à nos jours, par M. *Xavier Marmier*, conservateur de la bibliothèque Sainte-Geneviève. 1 vol. grand in-8, en 2 livraisons, illustré de 30 vignettes sur bois. 14 fr.

DEUXIÈME DIVISION.

LANGUE ET LITTÉRATURE ISLANDAISES, par M. *Xavier Marmier*. 1 vol. grand in-8, en 2 livraisons. 14 fr.

TROISIÈME DIVISION.

ASTRONOMIE, PHYSIQUE ET MAGNÉTISME, par M. *Victor Lottin*, capitaine de corvette. 1 vol. grand in-8, en 2 livr. 16 fr.

QUATRIÈME DIVISION.

GÉOLOGIE, MINÉRALOGIE ET BOTANIQUE, par M. le docteur *Eugène Robert*. 1 vol. grand in-8, en 2 livraisons, orné de 53 vignettes sur bois, accompagné d'un atlas de 36 planches, même format que le texte, gravées par M. *Himely*, d'après les dessins faits sur les lieux par l'auteur. 42 fr.

CINQUIÈME DIVISION.

ZOOLOGIE, MÉDECINE ET STATISTIQUE, par M. *Eugène Robert*. 1 vol. grand in-8, en 2 livraisons, accompagné d'un atlas grand in-folio de 50 planches gravées, tirées en couleur et soigneusement retouchées au pinceau. 126 fr.

SIXIÈME DIVISION.

HISTOIRE DU VOYAGE, par MM. *Paul Gaimard* et *Eugène Robert*. 2 vol. grand in-8, en 4 livraisons, accompagnés d'un atlas historique et pittoresque, en 2 vol. in-folio, contenant 150 planches lithographiées, imprimées sur papier de Chine. 375 fr.

DEUXIÈME PARTIE.

VOYAGES EN SCANDINAVIE, EN LAPONIE, AU SPITZBERG ET AUX FEROÉ, pendant les années 1838, 1839 et 1840, sur la corvette *la Recherche*, commandée par M. *Fabvre*, lieutenant de vaisseau. 22 vol. grand in-8 et 558 planches grand in-folio.

Cette partie se compose de neuf divisions ; elle formera 93 livraisons de planches et 44 livraisons de texte ; il paraît 74 livraisons de planches et 23 livraisons de texte.

Prix de chaque livraison de planches, 12 fr. 50 c.
Prix de chaque livraison de texte, 5 fr. 50 c.

Il a été tiré un petit nombre d'exemplaires sur papier jésus vélin satiné pour le texte et sur papier de Chine colombier vélin pour les figures.

Prix de chaque livraison de planches, 25 fr.
Prix de chaque livraison de texte, 11 fr.

PREMIÈRE DIVISION.

ASTRONOMIE, PENDULE, HYDROGRAPHIE, MARÉES, par MM. *Victor Lottin*, capitaine de corvette ; *A. Bravais*, docteur ès sciences, ancien élève de l'École polytechnique, enseigne de vaisseau ; *C. B. Lilliehook*, lieutenant de vaisseau de la marine royale de Suède ; *P. A. Siljestrom*, professeur de physique à Norrkoping ; *de Laroche-Poncié*, ingénieur-hydrographe de la marine ; et par MM. le capitaine *Fabvre* et les officiers de la corvette *la Recherche*. 1 vol. grand in-8 (sous presse).

DEUXIÈME DIVISION.

MÉTÉOROLOGIE, par MM. *Lottin*, *Bravais*, *Lilliehook*, *Siljestrom*, *de Laroche-Poncié*, *Martins*, *L. L. Læstadius*, pasteur à Karesuando en Laponie, membre de la Société royale des sciences d'Upsal, et *Pottier*, chef de timonerie de la corvette *la Recherche*. 3 vol. grand in-8.

En vente, 4 livraisons.

Prix de chaque livraison. 6 fr. 50 c.

TROISIÈME DIVISION.

MAGNÉTISME TERRESTRE, par MM. *Lottin*, *Bravais*, *Lilliehook*, *Siljestrom*, *E. G. Meyer*, capitaine de génie dans l'armée norvégienne, aide de camp de S. M. le roi Charles-Jean; *de Laroche-Poncié*, et par M. le capitaine *Fabvre* et les officiers de *la Recherche*. 4 vol. grand in-8.

En vente 5 livraisons.

Ces trois divisions ne se vendent pas séparément; elles sont accompagnées d'un atlas de 20 planches gravées grand in-folio, et forment 16 livraisons de texte et 3 livraisons de planches.

Prix de chaque livraison de texte, 6 fr. 50 c.

En vente, 9 livraisons de texte.

Prix de chaque livraison de planches, 14 fr. 50 c.

En vente 2 livraisons de planches.

QUATRIÈME DIVISION.

AURORES BORÉALES, par MM. *Lottin*, *Bravais*, *Lilliehook* et *Siljestrom*. 1 vol. grand in-8 accompagné d'un atlas de 12 planches grand in-folio. Complet. 42 fr.

CINQUIÈME DIVISION.

GÉOLOGIE, MINÉRALOGIE ET MÉTALLURGIE, par M. le docteur *Robert*, géologue de la commission. 1 vol. grand in-8. En vente, 1 livraison.

GÉOLOGIE, MINÉRALOGIE, MÉTALLURGIE ET CHIMIE, par M. *J. Durocher*, docteur ès sciences, ingénieur au corps royal des mines et professeur de géologie à la faculté des sciences de Rennes. 1 vol. grand in-8. En vente, 1 livraison.

Cette division est accompagnée d'un atlas de 40 planches grand in-folio gravées; elle forme 4 livraisons de texte et 6 livraisons de planches.

En vente, 2 livraisons de texte. Prix de chaque livraison, 6 fr. 50 c.

En vente, 4 livraisons de planches. Prix de chaque livraison, 14 fr. 50 c.

SIXIÈME DIVISION.

BOTANIQUE, GÉOGRAPHIE BOTANIQUE, GÉOGRAPHIE PHYSIQUE, PHYSIOLOGIE ET MÉDECINE, par MM. *Martins*, *J. Vahl*, *Læstadius*, *Bravais*, *Durocher*, *Siljestrom*, *Boeck* et *Robert*. 2 vol. grand in-8.

Cette division est accompagnée d'un atlas de 30 planches grand in-folio gravées et coloriées par les meilleurs artistes ; elle forme 4 livraisons de texte et 5 livraisons de planches.

En vente, 4 livraisons de texte. Prix de chaque livraison, 6 fr. 50 c.

SEPTIÈME DIVISION.

ZOOLOGIE, MAMMIFÈRES, OISEAUX, ARACHNIDES, INSECTES ET ÉCHINODERMES, par M. le professeur *C. J. Sundevall*, directeur du Musée royal de zoologie à Stockholm, et membre de l'Académie royale des sciences de la même ville.

POISSONS, CRUSTACÉS, MOLLUSQUES ET ACALEPHES, par M. *H. Kroyer*, membre de la Société royale des sciences de Copenhague.

ANNÉLIDES, TURBELLAIRES, INFUSOIRES, BRYOZOAIRES ET POLYPES, par M. *Boech*, professeur de physiologie à l'Université de Christiania.

Cette division, composée de 3 volumes in-8°, est accompagnée d'un atlas de 140 planches grand in-folio gravées et coloriées par les meilleurs artistes ; elle forme 6 livraisons de texte et 24 livraisons de planches.

En vente, 13 livraisons de planches. Prix de chaque livraison, 14 fr. 50 c.

HUITIÈME DIVISION.

HISTOIRE DE LA SCANDINAVIE, HISTOIRE LITTÉRAIRE, RELATION DU VOYAGE, par M. *Xavier Marmier*, conservateur de la bibliothèque Sainte-Geneviève. 4 vol. grand in-8.

En vente, relation du voyage et littérature. 3 vol. 48 fr.

HISTOIRE ET MYTHOLOGIE DES LAPONS, par M. *L. L. Læstadius*, pasteur à Karesuando en Laponie, membre de la Société royale des sciences d'Upsal. 1 vol. grand in-8. Sous presse.

Cette division est accompagnée d'un atlas de 314 planches grand in-folio lithographiées ; elle forme 10 livraisons de texte et 52 livraisons de planches.

En vente, 6 livraisons de texte. Prix de chaque livraison, 6 fr. 50 c.

52 livraisons de planches. *Complet.* 754 fr.

NEUVIÈME DIVISION.

STATISTIQUE DE LA SCANDINAVIE, DE LA LAPONIE ET DES FEROÉ, par M. *Paul Gaimard*, président de la commission.

1 vol. grand in-8 accompagné d'un atlas de 36 tableaux grand in-folio.

Cette division forme 2 livraisons de texte et 6 livraisons de tableaux. Sous presse.

Prix de chaque livraison de texte, 6 fr. 50 c.

Prix de chaque livraison de tableaux, 14 fr. 50 c.

VOYAGE DE DÉCOUVERTES AUX TERRES AUSTRALES, fait par ordre du gouvernement par les corvettes *le Géographe*, *le Naturaliste*, et la goëlette *la Casuarina;* rédigé par *Péron* et continué par M. *Louis de Freycinet;* seconde édition, revue, corrigée et augmentée par M. *Louis de Freycinet.* 4 vol. in-8, avec un superbe atlas grand in-4 de 68 planches noires ou coloriées, dessinées et gravées par les meilleurs artistes. 25 de ces planches sont publiées pour la première fois. 72 fr.

Le même ouvrage, papier vélin. 120 fr.

VOYAGE DANS L'INTÉRIEUR DE L'AMÉRIQUE DU NORD, exécuté, pendant les années 1832, 1833 et 1834, par le prince *Maximilien de Wied-Neuwied.* 3 vol. grand in-8, papier vélin superfin, ornés de 60 vignettes au moins dessinées et gravées sur bois, accompagnés d'un atlas de 80 planches environ, format demi grand colombier, dessinées sur les lieux par M. *Ch. Bodmer*, et gravées par les plus habiles artistes de Paris et de Londres. Avec atlas, figures noires. 240 fr.

— Le texte seul se vend séparément 36 fr.

VOYAGE AUX INDES ORIENTALES, par le nord de l'Europe, les provinces du Caucase, la Géorgie, l'Arménie et la Perse, suivi de détails topographiques, statistiques et autres sur le Pégou, les îles de Java, de Maurice et de Bourbon, sur le cap de Bonne-Espérance et Sainte-Hélène ; par M. *Charles Bélanger*, chevalier de l'ordre impérial du Lion et du Soleil de Perse, naturaliste, directeur du jardin royal de Pondichéry, membre de plusieurs sociétés savantes. 8 vol. grand in-8, accompagnés de 3 atlas grand in-4 formant au moins 200 planches, dont 90 environ coloriées.

La partie zoologique est terminée en 8 livraisons ; de la partie botanique il paraît 4 livraisons sur 8, et de la partie historique 9 livraisons sur 20 sont publiées.

Prix de chaque livraison, 10 fr.

VOYAGE AU JAPON, exécuté pendant les années 1828 à 1830, ou description physique, géographique et historique de l'empire japonais, par M. *Ph. Fr. de Siebold*. Édition française rédigée par MM. *A. de Montry* et *E. Fraissinet*.

Cet ouvrage se composera d'un atlas in-folio de 120 à 130 planches environ dont une partie coloriée, et de 5 volumes de texte, format in-8°, grand raisin ; il sera publié en 22 livraisons.

Le texte sera livré gratis aux souscripteurs par demi-volume broché.

12 livraisons de l'atlas et 4 demi-volumes de texte sont en vente.

Le prix de chaque livraison est de 14 fr.

VOYAGE EN SARDAIGNE, ou description statistique, physique et politique de cette île, avec des recherches sur ses productions naturelles et ses antiquités ; par le général comte *A. de la Marmora*. 2e édition.

Tome I. Histoire physique, politique, naturelle et statistique. 1 vol. grand in-8, et atlas grand in-folio colorié, 38 fr., et avec l'atlas noir. 24 fr.

Tome II. Antiquités. 1 vol. grand in-8, et atlas grand in-folio noir. 24 fr.

VOYAGES, RELATIONS ET MÉMOIRES ORIGINAUX, pour servir à l'histoire de la découverte de l'Amérique, publiés pour la première fois en français par M. *H. Ternaux-Compans*. 20 vol. in-8. 101 fr.

ZOOLOGIE ET PALÉONTOLOGIE FRANÇAISES (animaux vertébrés) ou nouvelles recherches sur les animaux vivants et fossiles de la France, par M. *Paul Gervais*, professeur de zoologie et d'anatomie comparée à la Faculté des sciences, à Montpellier ; ouvrage accompagné de planches lithographiées sous sa direction, par M. *Delahaye*, peintre d'histoire naturelle. 20 livraisons in-4.

En vente, livraisons 1 à 10.

Prix de chaque livraison. 5 fr.

OUVRAGES CLASSIQUES ET D'ÉDUCATION.

COURS DE COSMOGRAPHIE à l'usage des candidats à l'École militaire, conforme au programme de 1850, par M. *J. J. Guilloud*, professeur de mathématiques. 1 vol. in-8. 4 fr.

COURS DE VERSIONS ALLEMANDES à l'usage des écoles primaires et supérieures, suivi d'exercices phraséologiques et de mémoire, et d'un vocabulaire, par *Roustan*, 1 vol in-12. 1 fr. 50 c.

DICTIONNAIRE DES MÉTAPHORES FRANÇAISES, ou Recueil des métaphores extraites des meilleurs auteurs français dans le style soutenu et dans celui familier, par *A. Varinot*. In-8. 6 fr.

ÉLÉMENTS D'ALGÈBRE, par M. *P. J. E. Finck*, docteur ès sciences, officier de l'Université, professeur de mathématiques spéciales dans les collèges et aux écoles nationales d'artillerie. 2e édition. 1 vol. in-8. 7 fr.

ENSEIGNEMENT (DE L') DE LA PHILOSOPHIE EN FRANCE AU DIX-NEUVIÈME SIÈCLE, par l'abbé *L. Bautain*, professeur de philosophie, doyen de la faculté des lettres de Strasbourg, docteur en médecine, etc. 1 vol. in-8. 2 fr.

ÉPOQUES PRINCIPALES DE L'HISTOIRE, avec un tableau colorié indiquant l'origine, les progrès, la durée et la chute des empires, par *F. Goffaux*, ancien professeur au collége de Louis le Grand. 5e édition; 1 vol. in-12. 3 fr.

ÉTUDES GRAMMATICALES SUR LA LANGUE EUSKARIENNE, par *T. d'Abbadie et J. A. Chaho* de Navarre. 1 vol. in-8. 7 fr. 50 c.

EXERCICES ORTHOGRAPHIQUES ET ORTHOLOGIQUES sur un nouveau plan propre à soutenir l'intérêt et à piquer la curiosité des étudiants, accompagnés d'exercices d'analyse grammaticale et d'analyse logique, d'après une nouvelle méthode, par M. *Dessiaux*. 1 vol. in-12. 1 fr. 50 c.

CORRIGÉ DES EXERCICES orthographiques et orthologiques, avec des notes grammaticales, par M. *Dessiaux*, principal du collége d'Issoudun. 1 vol. in-12. 1 fr. 50 c.

EXTENSION DU CALCUL DES DÉRIVÉES ou introduction au calcul différentiel et au calcul intégral, par M. *J. J. Guilloud.* 1 vol. in-8. 3 fr.

GÉNIE (LE) DE LA LANGUE LATINE, par *Chaho.* 1 vol. in-8. 3 fr.

GÉOMÉTRIE ÉLÉMENTAIRE, suivie de la trigonométrie rectiligne et sphérique, à l'usage des candidats aux écoles spéciales, par M. *P. J. E. Finck*, docteur ès sciences, officier de l'Université, professeur de mathématiques spéciales dans les colléges et aux écoles nationales d'artillerie. 3e édition. 1 vol. in-8. 6 fr.

Autorisé par le Conseil de l'Instruction publique.

GRAMMAIRE ALLEMANDE à l'usage des colléges et des maisons d'éducation, par *P. Roustan.* 5e édition. 1 vol. in-12. 1 fr. 60 c.

GRAMMAIRE ET DICTIONNAIRE ABRÉGÉ DE LA LANGUE BERBÈRE, composés par feu *Venture de Paradis*, revus par *P. Amédée Jaubert*, membre de l'Institut. 1 vol. in-4. 12 fr.

GRAMMAIRE FRANÇAISE ANALYTIQUE, suivie d'un programme de questions grammaticales, en forme de table; par M. *Dessiaux*, principal du collége d'Issoudun. 1 vol. in-12 de 200 pages. 1 fr. 25 c.

ABRÉGÉ DE LADITE GRAMMAIRE, à l'usage des commençants. 1 vol. in-12. 75 c.

INTRODUCTION A L'ÉTUDE DE LA CHIMIE MOLÉCULAIRE, par M. *J. Persoz*, professeur de chimie à la Faculté des sciences de Strasbourg, directeur de l'école de pharmacie de la même ville, etc. 1 vol. in-8. 12 fr.

NOUVELLE MÉTHODE DE LECTURE sans épellation, servant aussi de méthode d'orthographe usuelle, par *A. G. Heinhold*, instituteur du degré supérieur. 1 vol. in-12. 40 c.

PARABOLES DE KRUMMACHER, à l'usage des écoles primaires et enfantines, traduit par l'abbé *L. Bautain*, professeur de philosophie à la Faculté des lettres de Strasbourg, docteur en théologie, en médecine, et ès lettres. Nouvelle édition. 1 vol. in-18. 60 c.

Le même ouvrage, in-12. 1 fr. 75 c.

PETIT COURS DE THÈMES ALLEMANDS, par *Roustan*. Nouvelle édition. 1 vol. in-18. 75 c.

PETIT COURS DE VERSIONS ALLEMANDES, à l'usage des colléges et des maisons d'éducation, par *Roustan*. 1 vol. in-18. 60 c.

PETITE GÉOGRAPHIE DE LA TERRE SAINTE, par M. *Voisard*, instituteur du degré supérieur à Strasbourg. 1 vol. in-18, avec une carte, 35 c.

PRÉCIS ÉLÉMENTAIRE DE GÉOLOGIE, par *J. J. d'Omalius d'Halloy*. In-8, figures. Au lieu de 12 fr. 6 fr.

PRÉCIS DES LEÇONS PRÉPARATOIRES AU BACCALAURÉAT ÈS SCIENCES PHYSIQUES, par M. *L. Castelnau*, professeur de mathématiques. 1 fort vol. in-12, accompagné d'un grand nombre de figures gravées sur bois. 5 fr.

QUADRILLE (LE) DES ENFANTS, ou système nouveau de lecture, par *Berthaud*. *Quatorzième édition*, refondue et perfectionnée à l'usage des enfants; augmentée de contes et historiettes, ornée de figures et de vignettes, et accompagnée d'une boîte contenant 84 fiches. 1 vol. in-8. 15 fr.

TABLEAUX CHRONOMÉTRIQUES ÉLÉMENTAIRES DE L'HISTOIRE DE FRANCE, indiquant, par les couleurs, les démembrements des provinces et leur réunion à la couronne, et, *par des signes*, la vie des rois, la durée de leur règne, les événements mémorables, siéges, traités, alliances, généalogies, paix et trêves, fondations, lois, institutions, personnages historiques; l'origine de la féodalité, celle de la noblesse, des parlements, des impôts, les convocations des états généraux, etc., etc., avec un texte explicatif dans lequel on suit l'état civil et politique de la nation française depuis son origine jusqu'en 1830; par *F. Goffaux*, professeur émérite du collége Louis le Grand. Nouvelle édition revue et augmentée. 1 vol. in-8, avec une carte par provinces et par départements, et deux tableaux format grand aigle, coloriés. 8 fr.

THÉORIE GÉNÉRALE DES CALCULS PAR APPROXIMATION, contenant une formule générale qui exprime l'approximation du résultat d'un calcul quelconque, dont les données ne sont connues que par approximation; diverses formules approximatives, c'est-à-dire substituant un calcul plus simple à un autre, et donnant à peu près le même résultat; avec de nombreux exemples numériques et l'application à la recherche des racines approchées des équations algébriques ou transcendantes, soit par la formule de fausse position soit par la formule de Newton rectifiée; par *J. J. Guilloud*, professeur de mathématiques. 1 vol in-8. 1 fr. 50 c.

TRAITÉ ÉLÉMENTAIRE D'ARITHMÉTIQUE, à l'usage des candidats aux écoles spéciales, par *P. J. E. Finck*, docteur ès sciences, officier de l'Université, professeur de mathématiques spéciales dans les colléges et aux écoles nationales d'artillerie. 2e édit. 1 vol. in-8. 3 fr. 50 c.

Autorisé par le Conseil de l'Instruction publique.

HISTOIRE, LITTÉRATURE ET MÉMOIRES.

ABRÉGÉ DE L'HISTOIRE DE SUÈDE, par M. *L. Lemoine*, ancien professeur de S. A. R. le prince Oscar. 2 vol. in-8. 14 fr.

AFGHANISTAN (L') ou description géographique du pays théâtre de la guerre, accompagnée de détails sur les tribus de ces contrées, leurs mœurs, leurs usages. etc., par *N. Perrin*. 1 vol. in-8 avec une carte. 8 fr.

ALGÉRIE (L') par le baron *Baude*, conseiller d'État, ex-commissaire du roi en Afrique. 2 vol. in-8. 16 fr.

AMBASSADE AU THIBET ET AU BOUTAN, contenant des détails sur les mœurs, la religion, les productions, le commerce, et une notice sur les événements qui s'y sont passés jusqu'en 1793, par *Samuel Turner*. 2 vol. in-8 et atlas in-4. 15 fr.

AMES EN PEINE (LES), contes et nouvelles d'un voyageur, par *X. Marmier*. 1 fort vol. in-12. 4 fr.

ANGLETERRE (DE L') ET DE LA FRANCE, lettres à S. S. le très-honorable lord comte *Grey*, pair du Royaume-Uni, suivies d'un aperçu sur l'Université d'Oxford, par M. le comte *Henri de Viel-Castel*. 1 vol. in-8. 7 fr. 50 c.

APRÈS DINERS (LES) DE CAMBACÉRÈS, second consul, prince archichancelier, etc., ou révélations de plusieurs grands personnages sur l'ancien régime, le Directoire, l'Empire et la Restauration, recueillies et publiées par l'auteur des *Mémoires de Louis XVIII* et de ceux d'*une Femme de qualité*. 4 vol. in-8. 30 fr.

BIBLIOTHÈQUE ASIATIQUE ET AFRICAINE, ou catalogue des ouvrages qui ont été publiés sur ces deux continents jusqu'à ce jour, par *H. Ternaux-Compans*. 2 vol. in-8 terminés par une table des noms d'auteurs, etc. 15 fr. 50 c.

BIBLIOTHÈQUE (NOUVELLE) D'UN HOMME DE GOUT, contenant les jugements tirés des journaux les plus connus et des critiques les plus estimées sur les meilleurs ouvrages qui ont paru dans tous les genres, tant en France que chez l'étranger; par M. *Barbier*, bibliothécaire du roi. 5 vol. in-8, papier fin. 25 fr.

Les tomes IV et V se vendent séparément. Prix de chaque volume. 6 fr.

CHATEAU DE PIERREFONDS, par *Adhelm Bernier*. 2 vol. in-8. 15 fr.

CHRISTIANISME (LE) EN HARMONIE avec les plus douces affections de l'homme, dédié à monseigneur l'évêque de la Rochelle, par *Biret*. 2 vol. in-12. 6 fr.

CONTES DE CHEYKH-ÊL-MODHY, traduits de l'arabe, d'après le manuscrit original, par M. *J. J. Marcel*. 3 vol. in-8. 24 fr.

COURS DU NORD (LES) ou mémoires originaux sur les souverains de la Suède et du Danemark depuis 1766, traduit de l'anglais de John Brown par *J. Cohen*. 3 vol. in-8 accompagnés de plusieurs gravures. 21 fr.

On a joint à ces Mémoires l'histoire de la révolution de Suède de 1772, composée par le traducteur, sur des documents authentiques et secrets, et la relation de la déposition de Gustave IV Adolphe, écrite par lui-même, pièce inédite.

DESCRIPTION HISTORIQUE DE L'ILE SAINTE-HÉLÈNE, extraite de l'ouvrage anglais publié à Londres, par *H. F. Brooke*, secrétaire du gouvernement de l'île, traduite par *J. Cohen*, avec des notes géographiques, par M. *Malte-Brun*. In-8, figures. 2 fr. 50 c.

DESCRIPTION DES HORDES ET DES STEPPES DES KIRGHIZ-KAZAKS OU KIRGHIZ-KAISSAKS, par *Alexis de Léochine*, conseiller d'État, membre de plusieurs sociétés savantes, traduite du russe par Ferry de Pigny, revue et publiée par E. Charrière. 1 vol. in-8. 21 fr.

DÉSERT (LE) ET SES ÉPISODES, par M. *Éd. de Manne*, in-8. 2 fr.

ÉCONOMIE POLITIQUE, ouvrage traduit de l'allemand de *Schmalz*, conseiller intime du roi de Prusse et professeur de droit, par M. *Jouffroy*, et annoté par M. *Fritot*, avocat à la cour d'appel de Paris. 2 vol. in-8. 14 fr.

ÉGYPTE (L') ET LA NUBIE, de 1829 à 1836, par MM. *Éd. de Cadalvène* et *J. Breuvery;* ouvrage orné de cartes et de planches. 2 vol. in-8. 20 fr.

ESSAI SUR L'ANCIEN ÇUNDINAMARCA, par M. *H. Ternaux-Compans*. 1 vol. in-8. 3 fr. 50 c.

ESSAI SUR LA CONSTITUTION DE L'HOMME considérée dans ses rapports avec les objets extérieurs, par *J. Combe*, président de la Société phrénologique d'Édimbourg, traduit de l'anglais par *P. Dumont*. 1 vol. in-8. 7 fr. 50 c.

ESSAI SUR LES RICHESSES ET LA PUISSANCE TEMPORELLE DES PRÊTRES, chez les nations qui ont précédé ou qui méconnaissent le christianisme, et sur les moyens qu'ils ont employés pour les acquérir et s'emparer de l'opinion publique, par *Verrut*. 1 vol. in-8. 6 fr.

EXPATRIATION (DE L') considérée sous les rapports économiques, politiques et moraux, par M. *Dutot*. 1 vol. in-8 grand raisin. 8 fr.

EXCURSION EN GRÈCE pendant l'occupation de l'armée française en Morée, dans les années 1832 et 1833, par M. *J. L. Lacour*, attaché à cette armée en qualité de sous-intendant militaire. 1 vol. in-8. 7 fr. 50 c.

HISTOIRE DES CAMPAGNES DE 1814 ET 1815 EN FRANCE, par le général *de Vaudoncourt*. 5 vol. in-8, avec cartes et plans. 35 fr.

HISTOIRE DES DOUZE CÉSARS, traduite de Suétone,

sans aucun retranchement, avec des tables indicatives, des notes et des observations, par M. *Maurice Levesque*. 2 v. in-8. 12 fr.

HISTOIRE DE L'ÉGYPTE SOUS LE GOUVERNEMENT DE MOHAMMED-ALI-PACHA, ou récit des événements politiques et militaires qui ont eu lieu depuis le départ des Français jusqu'en 1823, par M. *Félix Mengin*; ouvrage enrichi de notes par MM. Langlès et Jomard, et précédé d'une introduction historique par M. Agoub. 2 gros vol. in-8, imprimés sur beau papier, accompagnés d'un atlas. 22 fr.

Le même ouvrage, figures coloriées. 27 fr.

HISTOIRE DE LA GUERRE DE MÉHÉMET-ALI CONTRE LA PORTE OTTOMANE EN SYRIE et en Asie Mineure; ouvrage accompagné de pièces justificatives, de notes et de documents officiels, par *Éd. de Cadalvène*. 1 vol. in-8. Au lieu de 10 fr. 5 fr.

HISTOIRE DE L'ISLANDE. depuis sa découverte jusqu'à nos jours, par M. *Xavier Marmier*, conservateur de la bibliothèque Sainte-Geneviève. 1 vol. grand in-8, en deux livraisons, illustré de 30 vignettes sur bois. 14 fr.

HISTOIRE DE LA LITTÉRATURE EN ISLANDE, par *Xavier Marmier*. 1 vol. in-8. 10 fr.

HISTOIRE DU MEXIQUE, par *don Alvaro Tezozomoc*, traduite sur un manuscrit inédit, par *H. Ternaux-Compans*. 2 vol 15 fr.

HISTOIRE DE LA SCANDINAVIE, par *Xavier Marmier*. 1 vol. in-8. — *Sous presse*. 16 fr.

HUNS BLANCS (LES) OU EPHTALITES des historiens byzantins, par M. *L. Vivien de Saint-Martin*. In-8. 6 fr.

JOURNAL DES SAVANTS.

Voy. page 3.

LETTRES SUR L'ALGÉRIE, par X*avier Marmier*. 1 vol. in-12. 3 fr. 50 c.

LETTRES SUR L'AMÉRIQUE, Canada, États-Unis, Havane, Rio de la Plata, par *Xavier Marmier*. 2 vol. in-12. 8 fr.

LETTRES SUR LA RUSSIE, par *E. Robert*. 1 vol. in-8. 4 fr.

LITTÉRATURE (DE LA) et des hommes de lettres des

États-Unis d'Amérique, par *Eugène A. Vail.* 1 vol. in-8. 7 fr. 50 c.

LITTÉRATURE SCANDINAVE (DE LA), par *X. Marmier.* 1 fort vol. in-8. 16 fr.

MAROC (LE) ET SES TRIBUS NOMADES. Excursion dans l'intérieur, chasses, détails de mœurs, superstitions, coutumes, etc., par *J. Drummond Hay;* traduit de l'anglais par Mme *Louise Sw. Belloc.* 1 vol. in-8. 7 fr.

MARQUISES (ILES) ou **NOUKA-HIVA.** Histoire, géographie, mœurs et considérations générales, d'après les relations des navigateurs et les documents recueillis sur les lieux, par MM. *Vincendon-Dumoulin*, ingénieur-hydrographe de la marine, et *C. Desgraz*, commis de marine. 1 vol. in-8, avec cartes et plans. 7 fr.

MÉMOIRES BIOGRAPHIQUES-HISTORIQUES sur le président de la Grèce, le comte Jean Capo-d'Istria, avec des notes critiques-historiques sur plusieurs événements politiques, ainsi que sur plusieurs personnages étrangers et grecs, accompagnées des pièces justificatives et authentiques, pour servir de documents à l'histoire contemporaine, et suivis d'un ouvrage posthume de Capo-d'Istria sur Ali-Pacha de Janina, par *André Papadopoulo Vrétros*, docteur en médecine, membre correspondant étranger de l'Institut royal d'encouragement du royaume des Deux-Siciles et de la Société pontanienne des sciences et belles-lettres de Naples, ancien bibliothécaire de l'Université ionienne à Corfou. 2 vol. in-8. 13 fr.

Le tome premier séparément. 5 fr.

Le tome deuxième séparément. 8 fr.

MÉMOIRES DE JOHN HAMPDEN, histoire de la politique de son temps et de celle de son parti, par *lord Nugent*, et précédés d'une introduction historique par M. *de Salvandy*, 2 vol. in-8, et un portrait. 15 fr.

MÉMOIRES DE JOHN TANNER, ou trente années dans les déserts de l'Amérique du Nord, traduits sur l'édition originale publiée à New-York par M. *Ernest de Blosseville.* 2 vol. in-8. 15 fr.

MÉMOIRES DU CAPITAINE LANDOLPHE, contenant l'histoire de ses voyages pendant trente-six ans aux côtes d'Afrique et aux deux Amériques. 2 vol. in-8, ornés de fig. 14 fr.

MÉMOIRES DE LA MARGRAVE D'ANSPACH, écrits par elle-même, contenant les observations recueillies par cette princesse, dans les diverses cours de l'Europe, ainsi que des anecdotes sur la plupart des princes et autres personnages célèbres de la fin du XVIIIe siècle, traduits de l'anglais par *J. T. Parisot*. 2 vol. in-8. 14 fr.

MÉMOIRES POSTHUMES DU FELD-MARÉCHAL COMTE DE STEDINGK, rédigés sur des lettres, dépêches et autres pièces authentiques laissées à sa famille; par le général comte de *Bjornstjerna*. 3 vol. in-8. 22 fr. 50 c.

MÉMOIRE SUR SHÉRIDAN, sur sa vie privée, politique et littéraire, par *T. Moore*. 2 vol. in-8, et portrait. 14 fr.

MEXIQUE (LE), souvenirs d'un voyageur, par *Isidore Lowenstern*. In-8. 7 fr.

NAPOLÉON EN 1812, ou Mémoires historiques et militaires sur la campagne de Russie par le comte *Roman Soltyck*, officier supérieur à l'état-major de Napoléon. In-8, avec une carte. 8 fr.

NOTICE HISTORIQUE SUR LES ÉTABLISSEMENTS FRANÇAIS des côtes occidentales d'Afrique, par *M. E. Barthelemy*. In-8. 2 fr.

NOTICE SUR LES INDIENS DE L'AMÉRIQUE DU NORD, ornée de quatre portraits coloriés, dessinés d'après nature et d'une carte par *E. Vail*, membre de plusieurs sociétés savantes. In-8. 5 fr.

ŒUVRES COMPLÈTES DE LANTIER, contenant les Voyages d'Anténor, la Correspondance de Suzete d'Arly, le Voyage en Espagne, les Voyageurs en Suisse, son théâtre, contes et poésies, nouvelle édition, augmentée de pièces inédites, revue et collationnée sur les notes et manuscrits laissés par l'auteur, par *P. J. Charrin*, précédée d'une notice biographique et historique par M. *Gaston de Flotte*. 1 beau vol. grand in-8. 10 fr.

ŒUVRES COMPLÈTES DE MADAME LA PRINCESSE CONSTANCE DE SALM. 4 vol. grand in-8; portraits. 20 fr.

ORIGINE ET PROGRÈS DE LA PUISSANCE DES SIKHS DANS LE PUNJAB et histoire du Maha-Radja Randjet-Singh, suivis de détails sur l'état actuel, la religion, les lois, les mœurs et les coutumes des Sikhs, d'après le manuscrit du capitaine *Williams Murray*, agent du gouvernement anglais à Ambala, et divers écrits, par *Prinsep*, employé du gouvernement anglais dans le Bengale, traduit par *Xavier Raymond*. 1 vol. in-8, accompagné de figures. 8 fr.

PARTOUT UN PEU DE TOUT, souvenirs poétiques, par *J. L. Lacour*, sous-intendant militaire en retraite, etc. In-8. 8 fr.

PENSÉES, par Mme la princesse *Constance de Salm*. Nouvelle édition, in-8. 4 fr.

PENSÉES ET NOTES CRITIQUES extraites du journal de mes voyages dans l'empire du sultan de Constantinople, les provinces russes, géorgiennes et tartares du Caucase, et dans le royaume de Perse, par M. *J. Ch. Teule*, médecin et docteur ès sciences. 2 forts vol. in-8. 18 fr.

PHILIPPINES (LES ILES), histoire, géographie, mœurs, agriculture, industrie et commerce des colonies espagnoles dans l'Océanie, par M. *J. Mallat*. 2 vol. in-8, papier grand raisin vélin, accompagnés d'un atlas grand in-folio jésus, pl. col. 30 fr.

PRISONNIERS (LES) FRANÇAIS EN RUSSIE, mémoires et souvenirs du marquis *de Sérang*, maréchal de camp, recueillis et publiés par M. *de Puybusque*, ancien commissaire des guerres à la grande armée. 2 vol. in-8. 15 fr.

RECHERCHES SUR LA RELIGION DES MALABARS, ouvrage extrait d'un manuscrit inédit de la Bibliothèque nationale et publié par M. *E. Jacquet*. 1 vol. in-fol., cart. à l'anglaise. 25 fr.

RECUEIL DES HISTORIENS DES GAULES ET DE LA FRANCE, par *dom Bouquet* et autres, tomes XIV, XV, XVI, XVII, XVIII, et XIX; chaque volume. 36 fr.

Sur papier vélin. 72 fr.

RELATION DES MALHEURS ET DE LA CAPTIVITÉ, pendant un an et cinq mois, du capitaine David Woodard et de quatre de ses compagnons dans l'île de Célèbes, située sous la ligne équinoxiale, avec la description de cette île, de ses productions, des mœurs et coutumes de ses habitants, traduite de l'anglais sur la troisième édition. 1 vol. in-8, figures. 5 fr.

RÉPONSE D'UN CHRÉTIEN AUX PAROLES D'UN CROYANT, par l'abbé *Bautain*, professeur de philosophie, doyen de la Faculté des lettres de Strasbourg, etc., etc. 1 vol. in-8. 2 fr.

RHIN AU NIL (DU). Tyrol, — Hongrie, — Provinces danubiennes, — Syrie, — Palestine, — Égypte. Souvenirs de voyages; par *Xavier Marmier.* 2 vol. in-12. 7 fr.

ROMANIE (LA), ou origine, langage, géographie, histoire, littérature, orographie et statistique des peuples de la langue d'or, *Ardialiens, Valaques et Moldaves*, résumés sous le nom de *Romans;* par *J. A. Vaillant.* 3 vol. in-8, carte. 21 fr.

RUSSIE PENDANT LES GUERRES DE L'EMPIRE (LA) (1805-1815). Souvenirs historiques de M. A. Domergue, l'un des quarante exilés, par le comte Rostopchin, recueillis et publiés par M. *Tiran,* et précédés d'une introduction par M. *Capefigue.* 2 vol. in-8, avec figures. 15 fr.

SAINT-DOMINGUE. Étude et solution nouvelle de la question haïtienne, par M. *Lepelletier de Saint-Remy,* auditeur au conseil d'État. 2 vol. in-8, avec carte. 45 fr.

SCHLOSS HAINFELD, ou un hiver dans la basse *Styrie;* par le capitaine de la marine royale *Basil Hall.* In-8. 7 fr. 50 c.

SCIENCE POLITIQUE FONDÉE SUR LA SCIENCE DE L'HOMME (LA), ou études des races humaines sous les rapports philosophique, historique et social, par *V. Courtet de l'Isle.* In-8. 8 fr.

SETTIMIA, par Mme *Hortense Allard.* 2 vol. in-8. 15 fr.

SOUVENIRS D'ESPAGNE, ou Castille, Aragon, Valence et les provinces du nord, par *Henri Cornille.* 2 vol. in-8, ornés de vignettes. 15 fr.

SOUVENIRS ET PAYSAGES D'ORIENT, Smyrne, Éphèse, Magnésie, Constantinople, Scio, etc., par M. *Maxime du Camp.* 1 vol. in-8. 6 fr.

SYRIE (LA) SOUS LE GOUVERNEMENT DE MÉHÉMET-ALI jusqu'en 1840, par *F. Perrier,* aide de camp de Soliman-Pacha, pendant les campagnes de 1838, 1839 et 1840. 1 vol. in-8. 7 fr. 50 c.

SYRIE (DE LA) CONSIDÉRÉE SOUS LE RAPPORT COMMERCIAL, par *C. B. Houry.* 1 vol. in-8. 3 fr.

TABLEAUX DE LA RÉVOLUTION FRANÇAISE, ou collection de 223 gravures, dont 66 portraits représentant les événements principaux qui ont eu lieu en France depuis la transformation des états généraux en assemblée nationale, le 20 juin 1789, et accompagnés d'un discours historique composé par une société de gens de lettres. 2 vol. in-folio. Au lieu de 400 fr. 100 fr.

TABLE CHRONOLOGIQUE DES DIPLOMES, CHARTES ET ACTES IMPRIMÉS concernant l'histoire de France, par M. *de Bréquigny*, de l'Académie française, continuée par M. *Pardessus*, de l'Institut. Tome IV, in-folio, imprimerie royale. 40 fr.

TAÏTI (ILES). Esquisse historique et géographique, précédée de considérations générales sur la colonisation française dans l'Océanie, par MM. *Vincendon-Dumoulin*, ingénieur-hydrographe de la marine, et *C. Desgraz*, commis de marine. 2 vol. in-8, avec cartes et plans. 15 fr.

TRADITIONS TERATOLOGIQUES, ou récits de l'antiquité et du moyen âge, en Occident, sur quelques points de la fable, du merveilleux et de l'histoire naturelle, publiées d'après plusieurs manuscrits inédits grecs, latins et en vieux français, par *Jules Berger de Xivrey*. 1 vol. in-8, imprimé par autorisation du roi à l'imprimerie royale. 10 fr.

TRAITE (DE LA) DES ESCLAVES EN AFRIQUE et des moyens d'y remédier, par *Thomas Fowell Buxton, Bart*, président du comité de la Société pour l'extinction de la traite et la civilisation de l'Afrique, traduit de l'anglais, sur la seconde édition, par *J. J. Pacaud*, bibliothécaire à Sainte-Geneviève. 1 fort vol. in-8, figures. 8 fr.

TROIS ANNÉES DE PROMENADE EN EUROPE ET EN ASIE, par *S. Bellanger*. 2 vol. in-8. 15 fr.

TURQUIE (LA) D'EUROPE, ou observations sur la géographie, la géologie, l'histoire naturelle, la statistique, les mœurs, les coutumes, l'archéologie, l'agriculture, l'industrie, le commerce, les gouvernements divers, le clergé, l'histoire et l'état politique de cet empire; par *Ami Boué*. 4 vol. in-8, avec une carte nouvelle de la Turquie d'Europe. 32 fr.

TURQUIE (LA) ET SES RESSOURCES, par *Urquhart*, secrétaire d'ambassade à Constantinople. 1 vol. in-8. 8 fr.

TYROL (LE) ET LE NORD DE L'ITALIE, journal d'une excursion dans ces contrées, par *Frédéric Mercey;* 2e édition. 2 vol. in-8, avec 15 vignettes gravées à l'eau-forte. 15 fr.

VIE DE JACQUES II, ROI D'ANGLETERRE, d'après les Mémoires écrits de sa propre main, à laquelle on a joint les conseils du roi à son fils, et le testament de Sa Majesté, publiée sur les Mémoires originaux de la famille de Stuart, déposés au palais de Carlton; par *J. Clarke.* 4 vol. in-8, ornés d'un beau portrait. 24 fr.

VIE D'OVIDE, contenant des notions historiques et littéraires sur le siècle d'Auguste, par *Villenave*, membre de plusieurs sociétés littéraires. In-8. 4 fr.

VOCERI, CHANTS POPULAIRES DE LA CORSE, précédés d'une excursion faite dans cette île en 1845, par *A. L. A. Fée*, professeur à la faculté de médecine de Strasbourg. 1 vol. in-8. 5 fr.

DROIT ET JURISPRUDENCE.

ANNALES FORESTIÈRES. 1808 à 1815. 8 vol. in-8. 77 fr.

APPLICATIONS AU CODE CIVIL DES INSTITUTES DE JUSTINIEN et des cinquante livres du Digeste, avec la traduction en regard, par M. *Biret,* juge de paix, 2 vol. in-8. 15 fr.

CODE FORESTIER, précédé de l'exposé des motifs de ce Code et des discours prononcés aux chambres lors de la discussion, et suivi de l'ordonnance du roi sur son exécution et sur l'organisation de l'administration des forêts, avec un commentaire des articles du Code et de l'ordonnance d'exécution; ouvrage adopté par M. le conseiller d'État, directeur général des forêts, et publié par M. *Baudrillart*, chef de division à l'administration des forêts et auteur du Traité général des eaux et forêts. 3 vol. in-12. 13 fr.

Les tomes I et II se vendent seuls séparément. 8 fr.

CODE DE LA PÊCHE FLUVIALE, par *Baudrillart.* 2 vol. in-12 et atlas. 10 fr.

CODE RURAL, ou analyse raisonnée des lois, décrets et ordonnances, règlements, avis du conseil d'Etat, et arrêts anciens et modernes rendus en matière de police rurale, par M. *Biret.* 1 vol. in-8. 6 fr.

CONSULAT (LE) DE LA MER, ou pandectes du droit commercial et maritime, compilation des usages commerciaux et maritimes du moyen âge, suivis encore en Espagne, en Italie, à Marseille et en Angleterre comme lois, et partout ailleurs comme raison écrite, traduit du catalan ancien et français, d'après l'édition originale de Barcelone de l'an 1494, précédé de l'historique des coutumes maritimes des temps anciens, suivis des pièces justificatives, par *P. B. Boucher.* 2 vol. in-8 avec des tableaux. 15 fr.

DICTIONNAIRE GÉNÉRAL RAISONNÉ ET HISTORIQUE DES EAUX ET FORÊTS, contenant l'analyse des lois, ordonnances, arrêts et instructions; la police et la conservation des forêts; les diverses méthodes de culture, d'aménagement et d'exploitation, l'architecture navale, la botanique, la minéralogie, etc., appliquées à l'économie forestière; par M. *Baudrillart.* 2 forts vol. in-4; atlas. 60 fr.

DICTIONNAIRE DES CHASSES, par *Baudrillart.* 1 vol. in-4; atlas. Au lieu de 45 fr. 20 fr.

Voy. *Traité général des Eaux et Forêts, Chasses et Pêches*, page 13.

DICTIONNAIRE DES PÊCHES, par *Baudrillart.* 1 vol. in-4; atlas. Au lieu de 34 fr. 20 fr.

Voy. *Traité général des Eaux et Forêts, Chasses et Pêches*, page 13.

ESSAI OU COMMENTAIRES SUR LA LÉGISLATION DE SIMPLE POLICE, dédiés à M. le procureur général de la cour de Poitiers, par *Biret,* juge de paix. 1 vol. in-8, 3e édit. 5 fr.

La réponse de M. le procureur général près la cour de Poitiers à la dédicace que l'auteur lui a faite et qui se trouve en tête de cet ouvrage, fait bien connaître l'utilité dont il est et le talent avec lequel il est composé; il le loue, entre autres choses, sur les modèles d'actes de procès-verbaux et de jugements qu'il y a insérés et qui doivent servir aux juges de paix, aux maires, aux greffiers, huissiers, gardes champêtres, etc.

ÉTUDES LÉGISLATIVES, par *J. N.* 1 vol. in-8. 7 fr. 50 c.

FORMULAIRE GÉNÉRAL DES ACTES MINISTÉRIELS, extrajudiciaires et de procédure, impérieusement commandés par les codes civil et de procédure, pour l'instruction et la suite des actions à intenter en justice, ou pour l'exécution des jugements des tribunaux, et des actes de juridiction volontaire, susceptibles d'exécution sans intervention du juge, etc.; suivi d'une table alphabétique des matières, par *A. G. Daubanton*, 2e édition. 1 très-fort vol. in-8. 8 fr.

LIBERTÉ (DE LA) DES MERS, par *de Rayneval*. 2 vol. in-8. 10 fr.

MANUEL DES ARBITRES, ou traité complet de l'arbitrage tant en matière civile qu'en matière de commerce, contenant les principes, les lois nouvelles et toutes les formules qui concernent l'arbitrage. Deuxième édition, revue et considérablement augmentée par *Ch. Vasserot*, avocat à la cour royale de Paris. 1 vol. in-8. 8 fr.

MANUEL DES EXPERTS, ou traité des connaissances nécessaires aux experts en matière civile, contenant des principes pour rédiger toutes sortes de rapports, avec des modèles des principales formules, etc., traitant d'après les codes civil, de procédure et de commerce : 1° des experts, 2° des biens, 3° de l'usufruit, 4° des servitudes, 5° des réparations locatives, de la garantie et des défauts de la chose vendue, par M. *Ch. Vasserot*, avocat à la cour royale de Paris. 1 vol. in-8, 7e édition. 6 fr.

L'annonce de cette septième édition atteste suffisamment la bonté de cet ouvrage et fait assez connaître avec quelle avidité il est recherché.

ORDONNANCES DES ROIS DE FRANCE DE LA TROISIÈME RACE, recuelllies par ordre chronologique, et suivies de quatre différentes tables destinées à faciliter toutes sortes de recherches, par MM. *de Bréguigny et Pastoret*. In-folio, tomes XVI, XVII et XVIII; chaque volume. 36 fr.

Le tome XIX. 40 fr.

PROCÉDURE COMPLÈTE ET MÉTHODIQUE DES JUSTICES DE PAIX DE FRANCE, contenant les formules de tous jugements, actes et procès-verbaux quelconques qui sont dans les nombreuses attributions de ces justices tant au civil qu'en police, et dans les matières criminelles; le tout varié par les incidents et les exceptions prévus avec des décisions sur le droit par *Biret*. 1 vol. in-8, 2e édition. 6 fr.

RECUEIL CHRONOLOGIQUE DES RÈGLEMENTS SUR LES FORÊTS, LA CHASSE ET LA PÊCHE, contenant les lois, ordonnances royales, arrêts de la cour de cassation, décisions ministérielles, et les circulaires et instructions administratives. Années 1815 à 1847. 7 vol. in-4° et atlas. 262 fr. 50 c.

Pour plus de détails voir page 12.

RECUEIL GÉNÉRAL ET RAISONNÉ DE LA JURISPRUDENCE ET DES ATTRIBUTIONS DE JUSTICES DE PAIX DE FRANCE, contenant sommairement tout ce qui se rapporte à ces matières dans les cinq codes, dans les lois et règlements particuliers depuis vingt-huit ans; dans les arrêts des cours, décisions ministérielles et les avis du conseil d'État, le tout comparé à l'ancienne législation, par *Biret*. 2 vol. in-8, 2e édit. très-augmentée. 12 fr.

TRAITÉ DE L'ABSENCE ET DE SES EFFETS, par M. *Biret*. 1 vol. in-8. 5 fr.

Un Traité de l'absence était d'autant plus nécessaire, qu'avant le Code civil et le Droit intermédiaire, il n'existait que des usages coutumiers et locaux, mais point de législation proprement dite sur l'absence; que le Code civil lui-même n'y consacre que trente-deux articles, et que la matière exigeait de grands développements. Ce qui y entrait naturellement et que l'auteur n'a point oublié, c'est la loi du 13 janvier 1817 sur les *absents militaires*, qu'il a donnée avec un commentaire. Il a terminé ce Traité par les solutions de nombre de questions de droit relatives à l'absence en général, qu'il a puisées dans les arrêts des cours, et particulièrement de celle de cassation. On peut regarder son ouvrage comme complet.

TRAITÉ DU CONTRAT DE MARIAGE, par *Biret*, jurisconsulte. In-8 de 500 pages. 7 fr.

TRAITÉ DES NULLITÉS de tous genres de droit et de forme admises en matière civile par les nouveaux codes et la jurisprudence des cours avec l'esprit de l'ancien droit; par *Biret*. 2 vol. in-8. 12 fr.

TRAITÉ DU RÉGIME FORESTIER, ou analyse méthodique et raisonnée des arrêts, règlements, décisions, instructions et circulaires, concernant l'organisation des officiers et employés forestiers, et la partie administrative de leurs fonctions. Ouvrage servant d'introduction au Traité des délits et des peines, et des procédures en matières d'eaux et forêts; par M. *Dralet*, conservateur forestier. 2 vol. in-8. 10 fr.

SCIENCES ET ARTS, SCIENCE NAUTIQUE.

ARCHÉOLOGIE NAVALE, par *A. Jal*, historiographe de la marine, membre du comité historique des chartes, ouvrage publié par ordre du roi. 2 vol. grand in-8 ornés de 70 vignettes gravées sur bois. 38 fr.

ASTRONOMIE, PHYSIQUE ET MAGNÉTISME des *Voyages en Islande et au Groënland*, exécutés pendant les années 1835 et 1836, sur la corvette *la Recherche*, par M. *Victor Lottin*, capitaine de corvette. 1 vol. in-8, grand raisin. 16 fr.

AURORES BORÉALES, par MM. *Lottin*, *Bravais*, *Lilliehook* et *Siljestrom*. 1 vol. grand in-8, accompagné d'un atlas de 12 planches grand in-folio. 42 fr.

Cet ouvrage fait partie des Voyages en Scandinavie, en Laponie, etc., publiés par ordre du Gouvernement (voir p. 19).

CALCULS ET RELÈVEMENTS, observations de physique et météorologie statistique, dictionnaire géographique, ethnologie, archéologique, du VOYAGE EN ABYSSINIE, par M. *Théophile Lefebvre*. 1 vol. in-8, papier raisin vélin. 15 fr.

CATÉCHISME DU MÉCANICIEN A VAPEUR, ou traité des machines à vapeur, de leur montage, de leur conduite et de la réparation de leurs avaries, par *E. Paris*, capitaine de vaisseau, auteur du Dictionnaire de marine à vapeur. 1 vol. in-8, papier grand raisin, de plus de 700 pages, contenant 200 figures sur bois. 16 fr.

DICTIONNAIRE FORESTIER, par *Baudrillart*. 2 vol. in-4; atlas. 60 fr.

Voy. *Traité général des Eaux et Forêts, Chasses et Pêches*, page 13.

DICTIONNAIRE DE MARINE A VOILES ET A VAPEUR, par MM. le baron *de Bonnefoux* et *Paris*, capitaines de vaisseau; publié sous les auspices de M. le baron *de Mackau*, vice-amiral, ministre de la marine et des colonies. 2 vol. grand in-8, de 700 pages chacun. 40 fr.

Le premier volume traite de la marine à voiles; il est accompagné de 7 planches. 15 fr.

Le second volume traite de la marine à vapeur; il est accompagné de 10 planches. 25 fr.

DICTIONNAIRE UNIVERSEL FRANÇAIS-HOLLANDAIS de la marine et art militaire, par. *E. Goevic* et *H. G. Jansen*, ingénieur de la marine. 1 vol. grand in-8. 25 fr.

ESSAI SUR LA CONSTRUCTION NAVALE DES PEUPLES EXTRA-EUROPÉENS, ou collection des navires, pirogues construits par les habitants de l'Asie, de la Malaisie, du grand Océan et de l'Amérique, mesurés et dessinés par M. *Paris*, capitaine de corvette, pendant ses voyages autour du monde, à bord des bâtiments de S. M. *l'Astrolabe*, *la Favorite* et *l'Artémise*. 1 fort vol. in-folio de 130 planches et de 40 feuilles de texte. 200 fr.

ESQUISSES DES CONNAISSANCES INDISPENSABLES AUX OFFICIERS qui servent dans la marine militaire et dans l'artillerie de marine, avec des considérations sur la spécialité de ces deux armes, par M. *Collombel*, capitaine au corps royal de l'artillerie de marine. 1 vol. in-8. 3 fr.

GÉOGRAPHIE PHYSIQUE, Géographie botanique, Botanique et Physiologie, DES VOYAGES EN SCANDINAVIE, en Laponie, au Spitzberg et aux Feroë pendant les années 1838, 1839 et 1840, par MM. *Ch. Martins*, *J. Vahl*, *L. L. Læstadius*, *A. Bravais*, *J. Durocher*, *P. A. Siljestrom*, *Ch. Boëck* et *E. Robert*. 2 vol. in-8, papier grand raisin, avec figures. 26 fr.

LIBERTÉ (DE LA) DES MERS, par *de Rayneval*. 2 vol. in-8. 10 fr.

MACHINES DU BRANDON. Rapport à l'appui du projet des machines du *Brandon*, dressé en exécution d'une dépêche du 6 août 1842, par M. *Reech*, ingénieur de la marine. In-4. 12 fr.

MANUEL DE MATELOTAGE ET DE MANŒUVRE à l'usage des élèves de l'école et des candidats aux places de capitaine au long cours, et au cabotage, par M. *P. J. Dubreuil*, capitaine de vaisseau. Avec planches, 4e édition, suivie d'un appendice destiné à compléter le *Cours de manœuvre*. 1 vol. in-8, avec planches. 7 fr.

MÉMOIRES SUR LA CONSTRUCTION DES BATIMENTS EN FER, adressés à M. le ministre de la marine et des colonies, par *Dupuy de Lôme*, ingénieur de la marine. In-4 accompagné d'un grand atlas in-folio sur papier colombier. 30 fr.

MÉMOIRES SUR LES MACHINES A VAPEUR et leur application à la navigation, par M. *Reech*, ingénieur de la marine. In-4, accompagné d'un grand atlas in-folio. 30 fr.

NEMROD, OU L'AMATEUR DES CHEVAUX DE COURSES, observations sur les méthodes les plus nouvelles, de propager, d'élever, de dresser et de monter les chevaux de courses, par *C. James Apperley*. In-8, avec fig. 20 fr.

OBSERVATIONS HYDROGRAPHIQUES, PHYSIQUES ET MAGNÉTIQUES, par M. *A. Delamarche*, ingénieur-hydrographe, et M. S. Dupré, lieutenant de vaisseau, recueillies pendant la campagne dans les mers de l'Inde et de la Chine, à bord de la frégate *l'Érigone*, commandée en 1841, 1842 et 43 par M. Cécile, capitaine de vaisseau, et en 1843 et 1844, par M. *Roy*, capitaine de vaisseau. 4 vol. in-8. En vente les tomes I, II et III. Prix de chaque volume. 16 fr.

OBSERVATIONS MÉTÉOROLOGIQUES ET MAGNÉTIQUES, par M. *B. Darondeau*, ingénieur-hydrographe et M. *E. Chevalier*, enseigne de vaisseau. Recueillies pendant le VOYAGE AUTOUR DU MONDE DE LA CORVETTE *LA BONITE*, en 1836 et 1837. 4 vol. in-8 grand raisin vélin; accompagnés de planches dans le texte. 60 fr.

PHYSIQUE DU VOYAGE AUTOUR DU MONDE SUR LA CORVETTE LA COQUILLE, pendant les années 1822, 1823, 1824 et 1825, par M. *L. J. Duperrey*, capitaine de frégate, commandant l'expédition. 3 vol. in-4 et atlas in-folio. 198 fr.

Tous les savants connaissent les travaux de M. *Duperrey*, membre de l'Institut; cet ouvrage est le seul où ils se trouvent consignés; il se divise en trois parties, savoir : *Hydrographie*, 1 vol. in-4 de 164 pages, avec un atlas grand in-folio de 52 cartes; *Hydrographie et Physique*, 1 vol. in-4 de 133 pages, avec une carte; et *Physique*, 1 vol. in-4 de 294 pages, avec 7 planches, dont 6 cartes.

PHYSIQUE DES VOYAGES EN SCANDINAVIE, en Laponie, au Spitzberg et aux Feroë pendant les années 1838, 1839 et 1840, sur la corvette *la Recherche*, commandée par M. *Fabvre*, lieutenant de vaisseau, par MM. *Victor Lottin*, *A. Bravais*, *Lillichook*, *Siljestrom*, *E. G. Meyer*, *de La Roche-Poncié*. 8 vol. in-8, papier grand raisin vélin, accompagnés d'un atlas de 20 planches. 138 fr.

Ces huit volumes indiqués sous le titre de *Physique* seront publiés sous les titres suivants : *Astronomie*, *Pendule*, *Hydrographie*. *Marées*, *Météorologie* et *Magnétisme terrestre*.

Pour plus de détails voir page 18.

PROPULSEURS HÉLIÇOIDES. Recherches théoriques et expérimentales sur les propulseurs hélicoïdes, par *Bourgois*, enseigne de vaisseau. In-4. 6 fr.

MANUEL DU PEINTRE AU CAOUTCHOUC, de la peinture brillante à l'huile d'olive ou sans huile, avec une palette toujours fraîche, de la peinture monumentale, mate, plus facile et moins blafarde que la fresque, du siccatif-caoutchouc, remplaçant l'huile grasse dans la peinture ordinaire, avec un appendice indiquant la manière de faire soi-même les préparations nécessaires, par M. *C. A. Gay*. In-8. 2 fr.

WHIST (LE) RENDU FACILE, suivi de traités du whist de Gand, du boston de Fontainebleau et du boston russe, par un amateur. 1 beau vol. in-12. 3 fr. 50 c.

SCIENCES NATURELLES.

BOTANIQUE, par M. *Gaudichaud*, pharmacien de la marine, membre de l'Institut. 3 volumes in-8 grand raisin vélin, accompagnés d'un atlas in-folio de 130 planches gravées. 252 fr.

Cet ouvrage fait partie de la publication faite par ordre du Gouvernement du *Voyage autour du monde de la corvette* la Bonite.

L'auteur donne, dans les deux premiers volumes, tous les rapports qu'il a adressés à l'Institut sur l'organographie et la physiologie des végétaux. Dans le tome III se trouve la description détaillée des genres et des espèces figurés dans l'atlas.

BOTANIQUE. CRYPTOGAMES CELLULAIRES, par M. *Montagne*, **CHAMPIGNONS**, par M. *J. H. Leveillé*. 1 vol. in-8 grand raisin vélin, accompagné d'un atlas in-folio de 20 planches gravées. 50 fr.

Cet ouvrage renferme l'iconographie et la description de la collection cryptogamique faite par M. Gaudichaud, pendant le voyage autour du monde de la corvette *la Bonite*, en 1836 et 1837.

BOTANIQUE, CRYPTOGAMIE, par M. *Bory de Saint-*

Vincent. 1 fort vol. in-4, avec un atlas de 39 planches gravées, tirées en couleur et soigneusement retouchées au pinceau. 72 fr.

La collection cryptogamique que M. *Bory de Saint-Vincent* a bien voulu se charger de publier a été recueillie dans le VOYAGE AUTOUR DU MONDE de M. le capitaine *Duperrey*.

BOTANIQUE, PLANTES CELLULAIRES DE L'ILE DE CUBA, par M. *C. Montagne*. 1 vol. in-8, papier grand raisin, accompagné d'un atlas de 20 planches in-folio, tirées en couleur et retouchées au pinceau. 80 fr.

DESCRIPTION DES MOLLUSQUES FLUVIATILES ET TERRESTRES de la France et particulièrement de l'Isère, précédée de notions élémentaires sur la conchyliologie, par M. *Albin Gras*. In-8, avec planches. 5 fr.

ESSAI SUR L'HISTOIRE DE LA NATURE, ouvrage dédié au roi, par MM. *Gavoty* et *Toulouzan*. 3 forts vol. in-8. 20 fr.

FAUNE ENTOMOLOGIQUE DE L'ANDALOUSIE, par *P. Rambur*. 2 vol. in-8 grand raisin vélin, accompagnés de 50 planches gravées, tirées en couleur et retouchées au pinceau. (L'ouvrage formera 10 livraisons), en vente livr. 1 à 4. Prix de chaque livraison 6 fr.

FAUNE ORNITHOLOGIQUE DE LA SICILE, avec des observations sur l'*habitat* ou l'apparition des oiseaux de cette île, soit dans le reste de l'Europe, soit dans le nord de l'Afrique, précédé d'un aperçu de l'histoire politique, scientifique et littéraire de la Sicile, par M. *A. Malherbe*, président de l'Académie royale des sciences, lettres et arts, secrétaire de la Société d'histoire naturelle de la Moselle, et membre de plusieurs sociétés savantes et étrangères. 1 vol in-8. 6 fr.

FLORE DE L'ILE DE CUBA, ou description et histoire des végétaux qui croissent naturellement dans les diverses parties de cette île ou qui y sont cultivés en grand, par M. *A. Richard*, membre de l'Institut, professeur de botanique à la faculté de médecine de Paris, etc. 2 vol. in-8, accompagnés d'un fort atlas in-folio. 00 fr.

Voir page 6.

FORAMINIFÈRES DE L'ILE DE CUBA, par M. *Alcide d'Orbigny*. 1 volume in-8, papier grand raisin, accompagné d'un atlas de 12 planches in-folio tirées en couleur et retouchées au pinceau. 50 fr.

GÉOGRAPHIE PHYSIQUE, GÉOGRAPHIE BOTANIQUE, BOTANIQUE ET PHYSIOLOGIE, recueil d'observations faites pendant les voyages en Scandinavie, en Laponie, au Spitzberg et aux Feroë pendant les années 1838, 1839 et 1840, par MM. *Ch. Martins, J. Vahl, Læstadius, A. Bravais, Durocher, Siljestrom, Ch. Boëck* et *E. Robert.* 2 vol. in-8, papier grand raisin, avec figures. 26 fr.

GÉOLOGIE ET MINÉRALOGIE, par M. *E. Chevalier*, lieutenant de vaisseau, membre de la Société géologique de France. 1 vol. in-8 grand raisin vélin, avec planches. 15 fr.

Cet ouvrage contient les observations faites, pendant le cours du voyage autour du monde de la corvette *la Bonite*, sur la constitution géologique des différentes parties du globe visitées par ce bâtiment.

GÉOLOGIE, MINÉRALOGIE ET BOTANIQUE *des Voyages en Islande et en Groënland*, exécutés pendant les années 1835 et 1836, sur la corvette *la Recherche*, par M. le docteur *Eugène Robert.* 1 vol. in-8, grand raisin, avec vignettes sur bois, accompagné d'un atlas de 36 planches in-8 gravées par M. *Himely* d'après les dessins faits sur les lieux. 42 fr.

GÉOLOGIE, MINÉRALOGIE ET MÉTALLURGIE, par M. *Eug. Robert.* 1 vol. in-8, accompagné de 22 planches in-folio. 63 fr.

Cet ouvrage fait partie des Voyages en Scandinavie, en Laponie, etc., publiés par ordre du gouvernement (voy. page 19).

HISTOIRE NATURELLE DES COLIBRIS, suivie d'un supplément à l'Histoire naturelle des oiseaux-mouches. 1 vol. in-8, grand raisin, accompagné de 66 planches, dessinées et gravées par les meilleurs artistes, tirées en couleur et terminées au pinceau avec le plus grand soin. 65 fr.

Exemplaires de souscription très-rares aujourd'hui.

HISTOIRE NATURELLE DES MAMMIFÈRES ET DES OISEAUX DE L'ILE DE CUBA, par MM. *Ramon de la Sagra* et *Alcide d'Orbigny.* 1 vol. in-8, papier grand raisin, accompagné d'un atlas de 41 planches in-folio tirées en couleur et retouchées au pinceau. 150 fr.

HISTOIRE NATURELLE DES MOLLUSQUES DE L'ILE DE CUBA, par M. *Alcide d'Orbigny.* 1 vol. in-8, papier grand raisin, accompagné d'un atlas de 30 planches in-folio tirées en couleur et retouchées au pinceau. 120 fr.

HISTOIRE NATURELLE DES INSECTES DE L'ALGÉRIE, par M. *Lucas*, membre de la commission scientifique de l'Algérie. 3 vol. in-4, papier jésus vélin, et atlas. 440 fr.

L'atlas de cet ouvrage se compose de 117 planches dessinées par M. VAILLANT, peintre de la commission scientifique de l'Algérie, gravées, tirées en couleur et retouchées au pinceau.

HISTOIRE NATURELLE DES REPTILES ET POISSONS DE L'ALGÉRIE, par M. *Guichenot*, membre de la commission scientifiqne de l'Algérie. 1 vol. in-4, papier jésus vélin, et atlas. 50 fr.

L'atlas de cet ouvrage se compose de 12 planches dessinées par M. VAILLANT, peintre de la commission scientifique de l'Algérie, gravées, tirées en couleur et retouchées au pinceau.

HISTOIRE NATURELLE DES TROCHILIDÉES, suivie d'un index général, dans lequel sont décrites et classées méthodiquement toutes les races et espèces du genre *Trochilus*. 1 vol. in-8, grand raisin, accompagné de 66 planches, dessinées et gravées par les meilleurs artistes, tirées en couleur et terminées au pinceau avec le plus grand soin. 70 fr.

Le même ouvrage, papier vélin. 140 fr.

Le même ouvrage, papier vélin, doubles figures. 210 fr.

Exemplaires de souscription très-rares aujourd'hui.

ICONOGRAPHIE DES LÉPIDOPTÈRES, PAPILLONS DE FRANCE, par M. *Delahaye*, peintre d'histoire naturelle. Chaque planche contiendra le nom de genre et d'espèces, le sexe, le nom d'auteur, la localité et l'époque de l'éclosion, d'après l'ordre et la méthode suivis dans l'*Index methodicus* de M. le docteur BOISDUVAL. 80 livraisons in-8, composées de 3 planches en couleur. — En vente livraisons 1 et 2. Prix de chaque livraison. 1 fr.

ICONOGRAPHIE DU RÈGNE ANIMAL, de *G. Cuvier*; texte par *F. E. Guérin Méneville*. 1 vol. in-8. 30 fr.

Le même, in-4. 40 fr.

ILLUSTRATIONS DE ZOOLOGIE, ou Choix de figures peintes d'après nature des espèces nouvelles et rares d'animaux, récemment découvertes, et accompagnées d'un texte descriptif, général et particulier ; ouvrage servant de complément aux traités généraux ou spéciaux publiés sur l'histoire naturelle. 1 vol.

in-8 grand raisin, orné de 60 planches gravées, tirées en couleur et terminées au pinceau avec le plus grand soin. 65 fr.

Le même ouvrage, papier vélin. 130 fr.

Le même ouvrage, in-4. 130 fr.

Le même ouvrage, in-4, papier vélin. 260 fr.

MAGASIN DE ZOOLOGIE, d'anatomie comparée et de paléontologie, par M. *F. E. Guérin Méneville*. Années 1831 à 1844 inclusivement. 475 fr.

Pour plus de détails voir page 7.

OSTÉOGRAPHIE, ou description iconographique comparée du squelette et du système dentaire des cinq classes d'animaux vertébrés récents et fossiles, pour servir de base à la zoologie et à la géologie, par M. *Ducrotay de Blainville*. Texte in-4 et planches in-folio; fascicules 1 à 24. 864 fr. 50 c.

Pour plus de détails voir page 8.

PRÉCIS ÉLÉMENTAIRE DE GÉOLOGIE, par *J. J. d'Omatius d'Halloy*. In-8, figures. Au lieu de 12 fr. 6 fr.

RECHERCHES SUR L'HYDRE ET L'ÉPONGE D'EAU DOUCE, pour servir à l'histoire naturelle des Polypiaires et des Spongiaires, par M. *Laurent de Toulon*, docteur ès sciences, en médecine, ancien professeur d'anatomie et de physiologie, etc. 1 vol. grand in-8, papier raisin vélin, avec un atlas grand in-fol., planches coloriées avec soin. 40 fr.

REPTILES DE L'ILE DE CUBA, par MM. *Cocteau et Bibron*. 1 vol. in-8, papier grand raisin, accompagné d'un atlas de 31 planches in-folio, tirées en couleur et retouchées au pinceau. 120 fr.

TABLEAU (NOUVEAU) DU RÈGNE ANIMAL (Mammifères), par *Lesson*, correspondant de l'Institut. 1 vol. in-8. 7 fr. 50 c.

TRAITÉ DES ARBRES ET ARBUSTES que l'on cultive en pleine terre en Europe et particulièrement en France, par *Duhamel du Monceau*, rédigé par MM. *Vieillard*, *Jaume*, *Saint-Hilaire*, *Mirbel*, *Poiret*, et continué par M. *Loiseleur Deslongchamps*; ouvrage enrichi de plus de 500 planches gravées d'après les dessins de *Redouté* et *Bessa*, peintres du Muséum d'histoire naturelle. 7 vol. in-folio, papier jésus vélin, figures coloriées. Au lieu de 3300 fr. 450 fr.

TENTAMEN FLORÆ ABYSSINICÆ, seu enumeratio plantarum hucusque in plerisque Abyssiniæ provinciis detectarum et precipue a doctoribus *Richard*, *Quartin-Dillon* et *Antonio Petit* (annis 1838-1843) lectarum, autore ACHILLE RICHARD D. M. P. botanices in facultate medicinæ Parisiensi professore, regiæ scientiarum Academiæ Instituti Gallici membro, etc. 2 vol. in-8, papier raisin vélin, accompagnés d'un atlas de 102 planches grand in-folio. 270 fr.

Les 2 vol. de texte seul. 30 fr.

TRAITÉ ÉLÉMENTAIRE DE GÉOLOGIE, par M. *Rozet*, commandant au corps royal d'état-major, professeur de géologie à l'Athénée royal et vice-secrétaire de la Société de géologie de France. 2 vol. in-8 et atlas in-4. 20 fr.

SYNOPSIS DE LA FLORE DE LORRAINE ET D'ALSACE, par M. *Choulette*, professeur de botanique et de pharmacie à l'hôpital militaire de Strasbourg. 1 vol. in-18. 2 fr. 50 c.

ZOOLOGIE, par MM. *Eydoux* et *Souleyet*, médecins de la corvette *la Bonite* pendant son voyage autour du monde. 2 vol. in-8 grand raisin vélin, accompagnés d'un atlas in-fol. de 100 planches gravées, tirées en couleur et retouchées au pinceau. 280 fr.

Cette partie comprend pour les vertèbres, la description d'environ 70 espèces, la plupart inédites, et dont plusieurs forment les types de divisions génériques nouvelles ou peu connues.

Dans les animaux invertébrés, nous mentionnerons plus particulièrement la partie consacrée aux mollusques, la plus étendue de l'ouvrage et qui comprend plus de la moitié des planches de l'atlas. Cette partie renferme surtout: 1° un travail complet sur les mollusques ptéropodes, dans lequel se trouve exposée l'anatomie de tous les genres qui composent ce groupe encore si peu connu des naturalistes; 2° un travail analogue sur le groupe des mollusques hétéropodes de Lamarck; 3° la description anatomique complète des mollusques nudibranches qui avaient été désignés dans ces derniers temps sous le nom de *phlébentérés*, et dont l'organisation curieuse a déjà donné lieu à des travaux si nombreux en même temps qu'à des discussions si vives. Indépendamment de ces trois parties, cette section de la zoologie contient encore la description anatomique de plusieurs genres qui étaient encore presque inconnus, ainsi que celle d'un grand nombre d'espèces également peu connues ou nouvelles. Les auteurs se sont surtout attachés à donner des figures exactes des animaux de ces espèces.

Sept planches de l'atlas ont été consacrées aux animaux articulés (crustacés et insectes) et trois aux zoophytes. Cette partie comprend la description d'environ 80 espèces, dont la plupart étaient également inédites.

ZOOLOGIE, par MM. *Lesson*, *Garnot* et *Guérin Méneville*. 2 vol. in-4, grand raisin, avec un atlas in-folio de 156 planches gravées, tirées en couleur et très-soigneusement retouchées au pinceau. 336 fr.

Cette Zoologie comprend la magnifique collection que les auteurs ont rapportée de leur *Voyage autour du monde sur la corvette* la Coquille, *commandée par M. Duperrey*. Aucun ouvrage n'a été plus soigné que celui-ci sous le rapport artistique. Il ne reste que quelques exemplaires de cet ouvrage si estimé et à juste titre, par les savants.

ZOOLOGIE, MÉDECINE ET STATISTIQUE *des Voyages en Islande et au Groënland*, exécutés pendant les années 1835 et 1836 sur la corvette *la Recherche*, par M. le docteur *Eugène Robert*. 1 vol. in-8 grand raisin, accompagné d'un atlas grand in-folio de 50 planches gravées, tirées en couleur et soigneusement retouchées au pinceau. 126 fr.

ZOOLOGIE ET PALÉONTOLOGIE FRANÇAISE (animaux vertébrés), ou nouvelles recherches sur les animaux vivants et fossiles de la France, par M. *Paul Gervais*, professeur de zoologie et d'anatomie comparée à la faculté des sciences de Montpellier; ouvrage accompagné de planches lithographiées sous sa direction, par M. *Delahaye*, peintre d'histoire naturelle. 20 livraisons in-4. (En vente, livraisons 1 à 10.) 100 fr.

ZOOLOGIE des Voyages en Scandinavie, en Laponie, au Spitzberg et aux Feroë pendant les années 1838, 1839 et 1840 :

MAMMIFÈRES, OISEAUX, ARACHNIDES, INSECTES et ÉCHINODERMES, par. M. *C. J. Sundevall*.

POISSONS, CRUSTACÉS, MOLLUSQUES, ACALEPHES, par M. *H. Kroyer*.

ANNÉLIDES, TURBELLAIRES, INFUSOIRES, BRYOZOAIRES ET POLYPES, par M. *Boëck*.

3 vol. in-8, pap. grand raisin, accompagnés d'un atlas de 140 planches grand in-folio.

Pour plus de détails voir page 20.

ZOOLOGIE du Voyage en Abyssinie, par MM. *O. des Murs*, *Florent Prévost*, *Guichenot* et *Guérin Méneville*. 1 vol. in-8, papier raisin vélin, accompagné d'un atlas de 40 planches grand in-folio, coloriées et retouchées au pinceau. 115 fr.

Cette collection a été recueillie par MM. *Petit* et *Quartin-Dillon*, qui sont morts victimes de leur amour de la science, et elle a été apportée en France par leur ami et compagnon, M. *Théophile Lefebvre*.

ZOOLOGIE DU VOYAGE AUX INDES ORIENTALES de M. *Charles Bélanger* : MAMMIFÈRES, par M. *Isidore Geoffroy-Saint-Hilaire*; OISEAUX, REPTILES, ZOOPHYTES, par M. *R. P. Lesson*; POISSONS, par M. *A. Valenciennes*; MOLLUSQUES, par M. *G. P. Deshayes*; INSECTES, par M. *E. C. Guérin*. 1 vol. in-8, pap. grand raisin, accompagné d'un atlas in-4 de 33 planches coloriées. 96 fr.

OUVRAGES DE M. P. J. VAN BENEDEN.

EXERCICES ZOOTOMIQUES. Bruxelles, 1839. 2 parties in-4 avec 15 planches. 12 fr.

ÉTUDES EMBRYOGÉNIQUES. 1841. in-4, 5 planches. 8 fr.

MÉMOIRE SUR LES CAMPANULAIRES de la côte d'Ostende, considérées sous le rapport physiologique, embryogénique et zoologique. 1843, in-4, 3 pl. 8 fr.

RECHERCHES SUR L'EMBRYOGÉNIE DES TUBULAIRES et l'histoire naturelle des différents genres de cette famille qui habitent la côte d'Ostende. 1844, in-4, 6 planches. 8 fr.

RECHERCHES sur l'anatomie, la physiologie et l'embryologie des BRYOZOAIRES qui habitent la côte d'Ostende. 1845, 3 parties in-4, avec 10 planches. 10 fr.

RECHERCHES sur l'embryologie, l'anatomie et la physiologie des ASCIDIES. 1840, in-4, avec 4 planches. 8 fr.

RECHERCHES SUR LES BRYOZOAIRES fluviatiles de la Belgique. 1847, in-4, avec 7 planches. 7 fr.

MÉMOIRE sur le développement et l'organisation des NICOTHOÉS. In-4, Bruxelles, 1848, 1 planche. 3 fr.

RECHERCHES sur l'histoire naturelle et le développement de l'ATAX YPSILOPHORA (*Hydrachna Conchar*). In-4, Bruxelles, 1848, 1 planche. 3 fr.

RECHERCHES sur l'organisation et le développement des LINQUATULES (*Pentastoma*, Rud.). In-4. 3 fr.

LES VERS CESTOÏDES ou acotyles, considérés sous le rapport de leur classification, de leur anatomie et de leur développement. In-4, Bruxelles, 1850, avec 26 planches. 18 fr.

GÉOGRAPHIE, VOYAGES.

ABRÉGÉ HISTORIQUE ET CHRONOLOGIQUE des principaux voyages de découvertes par mer, depuis l'an 2000 avant Jésus-Christ jusqu'au commencement du XIXe siècle, par M. *Bajot*. In-8. 3 fr. 50 c.

AFGHANISTAN (L'), ou description géographique du pays théâtre de la guerre, accompagnée de détails sur les tribus de ces contrées, leurs mœurs, leurs usages, etc., par M. *Perrin*. 1 vol. in-8, avec une carte. 8 fr.

ALGÉRIE (L'), par le baron *Baude*, conseiller d'État ex-commissaire du roi en Afrique. 2 vol. in-8. 15 fr.

AMBASSADE AU THIBET ET AU BOUTAN, contenant des détails sur les mœurs, la religion, les productions, le commerce, et une notice sur les événements qui s'y sont passés jusqu'en 1793, par *Samuel Turner*. 2 vol. in-8 et atlas in-4. 15 fr.

ARCHIVES DES VOYAGES, ou collection d'anciennes relations inédites ou très-rares de lettres, mémoires, itinéraires et autres documents relatifs à la géographie et aux voyages, suivies d'analyses d'anciens voyages et d'anecdotes relatives aux voyageurs, tirées des mémoires du temps, ouvrage destiné à servir de complément à tous les recueils de voyages français et étrangers, par *H. Ternaux-Compans*.

Les Archives des Voyages sont publiées par volume, format in-8 ordinaire, d'au moins 30 feuilles; elles sont imprimées en caractères dits *philosophie*, grande justification, sur beau papier satiné, et brochées avec couverture imprimée.

Chaque volume, divisé en deux livraisons, forme un ouvrage complet en lui-même, terminé par une table générale de son contenu.

4 livraisons sont en vente. Prix de chaque livraison : 5 fr.

BIBLIOTHÈQUE ASIATIQUE ET AFRICAINE, ou catalogue des ouvrages qui ont été publiés sur ces deux continents jusqu'à ce jour, par *H. Ternaux-Compans.* 2 vol in-8, terminés par une table des noms d'auteurs, etc. 15 fr. 50 c.

CAMPAGNE DE CIRCUMNAVIGATION DE LA FRÉGATE L'ARTÉMISE, pendant les années 1837, 1838, 1839 et 1840, sous le commandement de M. Laplace, contre-amiral; publiée par ordre du roi. 4 vol. in-8, grand papier raisin vélin, avec figures. 56 fr.

CARTE D'ASIE, avec ses grandes régions physiques, d'après les meilleurs documents et les sources les plus récentes, et notamment pour l'orographie de la région centrale, d'après l'ouvrage spécial de M. *Alexandre de Humboldt*, dressée par M. *L. Vivien de Saint-Martin*, secrétaire général de la Société de géographie, etc. 1845. Une feuille grand raisin. 4 fr.

CARTE DE L'ASIE MINEURE OU NATOLIE, selon l'état actuel des connaissances, dressée par M. *L. Vivien de Saint-Martin*, secrétaire général de la Société de géographie. 1845. Une feuille grand raisin. 4 fr.

CARTE GÉNÉRALE D'ABYSSINIE, dressée par M. le lieutenant de vaisseau *Théophile Lefebvre*, pendant son voyage d'exploration en 1839, 1840, 1841, 1842 et 1843. Paris, 1847. Une feuille grand aigle. 12 fr.

CARTE DE LA COTE DE L'AMÉRIQUE, sur l'océan Pacifique septentrional, comprenant le territoire *de l'Orégon*, *les Californies*, *la mer Vermeille*, partie des territoires de la compagnie de la Baie d'Hudson et de l'Amérique russe. Dressée par M. *Duflot de Mofras*. Paris, 1844; une feuille grand aigle coloriée. 20 fr.

CARTE DE L'ILE DE CUBA, dressée par M. *Ramon de la Sagra*, membre correspondant de l'Institut de France. 1 feuille grand aigle. 12 fr.

CARTE GÉNÉRALE DES POSSESSIONS NÉERLANDAISES dans le grand Archipel indien, par le baron *G. F. Von Derfelden de Hinderstin*, publiée par ordre de S. M. le roi des Pays-Bas. La Haye, 1841-1846, huit feuilles grand aigle accompagnées d'un tableau d'assemblage et d'un mémoire analytique pour servir d'explication à ladite carte. 1 vol. in-4. 144 fr.

CARTE DE L'ILE DE LA RÉUNION (*île Bourbon*), par M. *Bory de Saint-Vincent*, officier d'état-major. Une feuille grand aigle. 10 fr.

DESCRIPTION HISTORIQUE ET GÉOGRAPHIQUE DE L'ASIE MINEURE, comprenant les temps anciens, le moyen âge et les temps modernes, avec un précis détaillé des voyages qui ont été faits dans la Péninsule depuis l'époque des croisades jusqu'aux temps les plus récents, précédée d'un tableau de l'histoire géographique de l'Asie depuis les plus anciens temps jusqu'à nos jours, par M. *Vivien de Saint-Martin*, ex-secrétaire général de la Société de géographie, vice-président de la Société ethnologique, membre correspondant des Sociétés de géographie de Saint-Pétersbourg et de Francfort, rédacteur et directeur des Nouvelles Annales des voyages. 2 très-forts vol. in-8, avec cartes. 20 fr.

DESCRIPTION DES HORDES ET DES STEPPES DES KIRGHIZ-KAZAKS, ou Kirghiz-Kaissaks, par *Alexis de Léochine*, traduite du russe par Ferry de Pigny, revue et publiée par *E. Charrière*. 1 vol. in-8. 21 fr.

DEUX MOIS EN FINLANDE, par M. le prince *Em. de Galitzin*. 2 vol. in-8, avec carte et planches. 15 fr.

DOCUMENTS SUR L'HISTOIRE, LA GÉOGRAPHIE ET LE COMMERCE DE LA PARTIE OCCIDENTALE DE MADAGASCAR, recueillis et rédigés par M. *Guillain*, capitaine de corvette. Paris, imprimerie royale. 1 vol. in-8. 9 fr.

ÉGYPTE (L') ET LA NUBIE de 1829 à 1836, par MM. *Ed. de Cadalvène* et *J. Breuvery*; ouvrage orné de cartes et de planches. 2 vol. in-8. 20 fr.

ESSAI SUR L'ANCIEN CUNDINAMARCA, par M. *H. Ternaux-Compans*. 1 vol. in-8. 3 fr. 50 c.

ÉTUDES DE GÉOGRAPHIE ANCIENNE ET D'ETHNOGRAPHIE ASIATIQUE, par M. *L. Vivien de Saint-Martin*, secrétaire général de la Société de géographie de Paris, vice-président de la Société d'ethnologie, etc. 2 vol. in-8. 30 fr.

En vente le tome premier. 15 fr.

Cet ouvrage a été tiré à un très-petit nombre d'exemplaires.

EXPÉDITION AU POLE AUSTRAL ET DANS L'OCÉANIE des corvettes *l'Astrolabe* et *la Zélée*, sous le commandement de M. *Dumont-d'Urville.* 1 vol. in-8 accompagné de deux cartes grand aigle indiquant les routes des bâtiments dans les régions australes et les découvertes qu'ils y firent. 4 fr. 50 c.

EXPLORATION DU TERRITOIRE DE L'ORÉGON, des Californies et de la mer Vermeille, exécutée pendant les années 1840, 1841 et 1842, par M. *Duflot de Mofras*, attaché à la légation de France à Mexico. 2 forts vol. in-8, grand raisin vélin, ornés de 8 vignettes et un grand atlas grand in-folio de 22 cartes ou plans, dont une magnifique carte sur papier grand aigle coloriée avec soin. 80 fr.

GÉOGRAPHIE (LA) D'ÉDRISI, traduite de l'arabe en français, d'après deux manuscrits de la bibliothèque du roi, et accompagnée de notes, par *P. Amédée Jaubert*, membre de l'Institut, etc.; et avec trois cartes. 2 vol. in-4. 48 fr.

MÉMOIRE DESCRIPTIF DE LA ROUTE DE THERAN A MÉCHED et de Méched à Jezd, reconnue par M. *Truilhier*, capitaine au corps du génie; ouvrage suivi d'un mémoire sur les observations faites par le même dans son voyage en Perse, par M. *Daussy*, ingénieur hydrographe en chef. 1 vol. in-8, accompagné de 5 cartes itinéraires. 10 fr.

HISTOIRE DE L'ÉGYPTE sous le gouvernement de Mohammed-Ali-Pacha, par M. *Félix Mengin*; ouvrage enrichi de notes par MM. *Langlès* et *Jomard*, et précédé d'une introduction historique par M. *Agoub*. 2 gros vol. in-8, imprimés sur beau papier, accompagnés d'un atlas, figures coloriées. 27 fr.

Le même, fig. noires. 22 fr.

HISTOIRE PHYSIQUE, POLITIQUE ET NATURELLE DE L'ILE DE CUBA, par M. *Ramon de la Sagra*, directeur du jardin botanique de la Havane. 75 livraisons in-folio. Chaque livraison contient 4 planches in-folio et 4 feuilles de texte, format grand in-8.

En vente livraisons de 1 à 60.

Prix de chaque livraison, texte et planches. 12 fr.

Pour plus de détails voir page 5.

HISTOIRE PHYSIQUE ET POLITIQUE DE L'ILE

DE CUBA, par M. *Ramon de la Sagra*, traduite par M. *Berthelot*. 2 vol. in-8, papier grand raisin, accompagnés de 20 tableaux et d'un atlas in-folio de 11 planches et 2 cartes sur papier grand aigle. 80 fr.

Pour plus de détails, voir page 5.

HISTOIRE PHYSIQUE ET POLITIQUE DE L'ILE DE CUBA, par M. *Ramon de la Sagra*, directeur du jardin botanique de la Havane. 2 vol. in-8. 15 fr.

Cet ouvrage est un abrégé de la partie historique du grand ouvrage de M. Ramon de la Sagra.

HISTOIRE DE L'ISLANDE, depuis sa découverte jusqu'à nos jours, par M. *Xavier Marmier*. In-8 grand raisin illustré de 30 vignettes sur bois. 14 fr.

HISTOIRE DU MEXIQUE, par *don Alvaro Tezozomoc*, traduit sur un manuscrit inédit, par *H. Ternaux-Compans*. 2 vol. in-8. 15 fr.

HISTOIRE DES DÉCOUVERTES géographiques des nations européennes dans les diverses parties du monde, présentant, d'après les sources originales pour chaque nation, le précis des voyages exécutés par terre et par mer depuis la plus haute antiquité jusqu'à nos jours, et offrant le tableau complet de nos connaissances actuelles sur les pays et sur les peuples de l'Asie, de l'Afrique, de l'Amérique et de l'Océanie, avec un grand nombre de cartes géographiques dressées sur les relations mêmes des voyageurs et sur les autres documents les plus certains, et une bibliographie complète des voyages, par M. *Vivien*, membre du bureau de la Société de géographie, de la Société asiatique, de la Société d'ethnologie, etc. 43 vol. in-8 et un atlas de 100 cartes environ, format grand in-folio.

L'ouvrage sera publié par demi-volume de 240 pages environ, avec une ou plusieurs cartes.

Le prix de chaque livraison est de 4 fr. pour Paris, et de 4 fr. 75 c. par la poste pour les départements.

La publication sera divisée en quatre séries, savoir : Asie, Afrique, Amérique, Océanie.

Chaque série sera l'objet d'une souscription spéciale.

En vente :

ASIE MINEURE, 5 livraisons in-8, avec cartes. 20 fr.

HISTOIRE COMPLÈTE DES DÉCOUVERTES ET VOYAGES FAITS EN AFRIQUE depuis les siècles les plus reculés jusqu'à nos jours, accompagnée d'un précis géographique sur ce continent et les îles qui l'environnent, de notices étendues sur l'état physique, moral et politique des divers peuples qui l'habitent, et d'un tableau de son histoire naturelle, par le docteur *Leyden* et *Murray*, et augmentée des découvertes faites jusqu'à ce jour. 4 vol. in-8 avec un atlas in-4. 30 fr.

HONGRIE (LA) ET LA VALACHIE, par *E. Thouvenel.* 1 vol. in-8 orné d'une carte indiquant le cours du Danube jusqu'à son embouchure, et donnant le nom des villes, villages, bourgs, hameaux, châteaux, etc., qui se trouvent sur ses bords, ainsi que l'indication de toutes les stations de bateaux à vapeur qui remontent ou descendent le fleuve. 7 fr. 50 c.

HUNS BLANCS (LES), ou Ephtalites des historiens byzantins, par M. *L. Vivien de Saint-Martin.* In-8. 6 fr.

INDE FRANCAISE, ou collection de dessins représentant les divinités, temples, meubles, ornements, armes, ustensiles, cérémonies religieuses et scènes de la vie privée, faisant connaître les costumes et les diverses professions des peuples hindous qui habitent les possessions françaises de l'Inde, et en général la côte de Coromandel et le Malabar; dessinée et publiée par MM. *Géringer* et *Chabrelié*, accompagnée d'un texte explicatif rédigé par M. *E. Burnouf*, membre de l'Institut, académie des inscriptions, et M. *E. Jaquet.* 144 planches in-folio coloriées, avec un texte explicatif du même format; 1 fort vol. in-folio. Au lieu de 260 fr. 144 fr.

ITINÉRAIRE PITTORESQUE DU FLEUVE HUDSON et des parties latérales de l'Amérique du Nord, d'après les dessins originaux pris sur les lieux, par M. *J. Milbert.* 2 vol. grand in-4, papier vélin, et atlas grand in-folio, tiré sur papier de Chine, grandes marges. 350 fr.

JOURNAL DE LA NAVIGATION AUTOUR DU GLOBE de la frégate *la Thétis* et de la corvette *l'Espérance*, pendant les années 1824, 1825 et 1826, par M. le *baron de Bougainville,* capitaine de vaisseau. 2 vol. in-4, papier grand raisin, ornés de vignettes et accompagnés d'un atlas grand in-folio contenant 56 planches. 150 fr.

Papier vélin. 225 fr.

Papier vélin, doubles figures. 350 fr.

JOURNAL D'UNE RÉSIDENCE EN CIRCASSIE pendant les années 1837, 1838, 1839, par *Stanislas Bell;* ouvrage traduit de l'anglais, augmenté d'une introduction historique et géographique, et de notes tirées d'ouvrages récents et non traduits, par *L. Vivien*, membre de la Société de géographie, membre correspondant des Sociétés géographiques de Francfort et de Russie, de la Société asiatique, etc. 2 vol. in-8, accompagnés de plusieurs planches. 22 fr.

LETTRES SUR L'ALGÉRIE, par *Xavier Marmier*. 1 vol. in-12. 3 fr. 50 c.

LETTRE SUR L'AMÉRIQUE, Canada, États-Unis, Havane, Rio de la Plata, par *Xaxier Marmier*. 2 vol. in-12. 8 fr.

LETTRES SUR LA RUSSIE, par *E. Robert*. 1 vol. in-8. 4 fr.

MAROC (LE) ET SES TRIBUS NOMADES. Excursions dans l'intérieur, chasses, détails de mœurs, superstitions, coutumes, etc., par *J. Drummond Hay*, trad. de l'anglais par Mme *Belloc*. 1 vol. in-8. 7 fr.

MARQUISES (ILES) OU NOUKA-HIVA. Histoire, géographie, mœurs et considérations générales, d'après les relations des navigateurs et les documents recueillis sur les lieux, par MM. *Vincendon-Dumoulin*, ingénieur hydrographe de la marine, et *C. Desgraz*, commis de marine. 1 vol. in-8, avec cartes et plans. 7 fr.

MÉMOIRES DU CAPITAINE LANDOLPHE, contenant l'histoire de ses voyages pendant trente-six ans aux côtes d'Afrique et aux deux Amériques. 2 vol. in-8, ornés de fig. 14 fr.

MEXIQUE (LE). Souvenirs d'un voyageur, par *Isidore Lowenstern*. In-8. 7 fr.

NOTICE HISTORIQUE SUR LES ÉTABLISSEMENTS FRANÇAIS DES COTES OCCIDENTALES D'AFRIQUE, par M. *E. Barthélemy*. In-8. 2 fr.

NOTICE SUR LES INDIENS DE L'AMÉRIQUE DU NORD, ornée de quatre portraits coloriés, dessinés d'après nature, et d'une carte, par *E. Vail*, membre de plusieurs Sociétés savantes. In-8. 5 fr.

NOUVELLES ANNALES DES VOYAGES et des sciences géographiques, rédigées par M. *Vivien de Saint-Martin.*

Voy. page 1.

ORIGINE ET PROGRÈS DE LA PUISSANCE DES SIKHS dans le Punjab, et histoire du Maha-Radja Randjet-Singh, suivis de détails sur l'état actuel, la religion, les lois, les mœurs et les coutumes des Sikhs, d'après les manuscrits du capitaine *Williams Murray*, agent du gouvernement anglais à Ambala, et divers écrits, par *Princep,* employé du gouvernement anglais dans le Bengale, traduit par *Xavier Raymond.* 1 vol. in-8, accompagné de figures. 8 fr.

OROGRAPHIE DE L'EUROPE, par M. *L. Bruguière.* Ouvrage couronné par la Société de géographie dans sa séance générale du 31 mars 1826, avec une carte orographique, 15 tableaux synoptiques et vues des principales chaînes de montagnes. 1 vol. in-4. 20 fr.

PHILIPPINES (LES ILES) : histoire, géographie, mœurs, agriculture, industrie et commerce des colonies espagnoles dans l'Océanie, par *J. Maltat.* 2 vol. in-8, papier grand raisin vélin, accompagnés d'un atlas grand in-folio jésus, planches coloriées. 30 fr.

RECHERCHES GÉOGRAPHIQUES SUR L'INTÉRIEUR DE L'AFRIQUE SEPTENTRIONALE, comprenant l'histoire des voyages entrepris ou exécutés jusqu'à ce jour pour pénétrer dans l'intérieur du Soudan : l'analyse de divers itinéraires arabes pour déterminer la position de Tombouctou, etc.; suivies d'un appendice contenant divers itinéraires, traduits de l'arabe par MM. le baron Silvestre de Sacy et De la Porte, par M. *C. A. Walckenaër,* membre de l'Institut. In-8, accompagné d'une grande carte. 9 fr.

RECUEIL DE VOYAGES ET DE MÉMOIRES PUBLIÉS PAR LA SOCIÉTÉ DE GÉOGRAPHIE. 7 vol. in-4. Le tome Ier est épuisé. Prix des tomes II à VII. 128 fr.

Pour plus de détails voir page 10.

RELATION DES VOYAGES DE LA COMMISSION SCIENTIFIQUE DU NORD en Scandinavie, en Laponie, au Spitzberg et aux Feroé, pendant les années 1838, 1839 et 1840, par M. *Xavier Marmier.* 2 vol. in-8, gr. raisin vélin. 32 fr.

RHIN AU NIL (DU). Tyrol, — Hongrie, — Provinces danubiennes. — Syrie ; Palestine, — Égypte. Souvenirs de voyages, par *Xavier Marmier*. 2 vol. in-12. 7 fr.

ROMANIE (LA), ou origine, langage, géographie, histoire, littérature, orographie et statistique des peuples de la langue d'or, *Ardaliens, Valaques* et *Moldaves*, résumés sous le nom de *Romans*, par *J. A. Vaillant*. 3 vol. in-8, carte. 21 fr.

SCHLOSS HAINFELD, ou un hiver dans la basse Styrie, par le capitaine de la marine royale *Basil Hall*. In-8. 7 fr. 50 c.

SOUVENIRS D'ESPAGNE, ou Castille, Aragon, Valence et les provinces du nord, par *Henri Cornille*. 2 vol. in-8, ornés de vignettes. 15 fr.

SOUVENIRS ET PAYSAGES D'ORIENT, Smyrne, Éphèse, Magnésie, Constantinople, Scio, etc., par M. *Maxime Ducamp*. In-8. 6 fr.

TABLE DES NOUVELLES ANNALES DES VOYAGES des années 1819 à 1839. 1 vol. in-8. 10 fr.

TAITI (ILES). Esquisse historique et géographique, précédée de considérations générales sur la colonisation française dans l'Océanie, par MM. *Vincendon Dumoulin* et *C. Desgraz*. 2 vol. in-8, avec cartes et plans. 15 fr.

TROIS ANNÉES DE PROMENADES EN EUROPE ET EN ASIE, par *S. Bellanger*. 2 vol. in-8. 15 fr.

TURQUIE (LA) D'EUROPE, ou observations sur la géographie, l'histoire naturelle, la statistique, les mœurs, les coutumes, l'archéologie, l'agriculture, l'industrie, le commerce, les gouvernements divers, le clergé, l'histoire et l'état politique de cet empire, par *Ami Boué*. 4 vol. in-8, avec une carte nouvelle de la Turquie d'Europe. 32 fr.

TURQUIE (LA) ET SES RESSOURCES, par *Urquhart*, secrétaire d'ambassade à Constantinople. 1 vol. in-8. 8 fr.

TYROL (LE) ET LE NORD DE L'ITALIE, journal d'une excursion dans ces contrées, par *Frédéric Mercey*, 2e édition. 2 vol. in-8, avec 15 vignettes gravées à l'eau forte. 15 fr.

VOYAGE AUTOUR DU MONDE SUR LA CORVETTE LA COQUILLE, pendant les années 1822, 1823, 1824 et 1825, par M. *Duperrey*, capitaine de frégate, commandant l'expédition. 58 livraisons in-folio. 696 fr.

Pour plus de détails voir page 14.

VOYAGE AUTOUR DU MONDE DE LA BONITE, exécuté pendant les années 1836 et 1837, par M. *Vaillant*, capitaine de vaisseau; publié par ordre du gouvernement. 3 vol. in-folio contenant 358 planches et 15 vol. in-8 de texte, papier grand raisin vélin. 807 fr.

Pour plus de détails voir page 14.

VOYAGE AUTOUR DU MONDE DE LA FAVORITE, exécuté pendant les années 1830, 1831 et 1832, sous le commandement de M. *Laplace*, capitaine de frégate. 4 vol. grand in-8, ornés de vignettes, avec un atlas de 12 cartes et plans, et accompagnés d'un album historique de 72 planches, gravé et publié par les soins et sous la direction de M. *Sainson*. 174 fr.

Le texte seul. 4 vol. in-8. 30 fr.

Pour plus de détails voir page 15.

VOYAGE AUTOUR DU MONDE, principalement à la Californie et aux îles Sandwich, pendant les années 1826, 27, 28 et 29; par le capitaine de vaisseau *A. Duhaut-Cilly*. 2 vol. in-8. 14 fr.

VOYAGE DE DÉCOUVERTES A L'OCÉAN PACIFIQUE DU NORD ET AUTOUR DU MONDE, entrepris par ordre de Sa Majesté Britannique, exécuté pendant les années 1790 à 1795, par le capitaine *George Vancouver*, traduit de l'anglais par *P. V. Henry*. 5 vol. et atlas. 40 fr.

VOYAGE AU BRÉSIL, par le prince *Maximilien de Wied-Neuwied*, trad. par *Eyriès*. 3 vol. in-8, avec un atlas in-folio composé de 41 grandes planches gravées en taille-douce et de belles cartes. 90 fr.

Le même, pap. vélin. 150 fr.

Le même, sans atlas. 21 fr.

VOYAGE EN ABYSSINIE, exécuté pendant les années 1839, 1840, 1841, 1842 et 1843, par une commission scientifique, composée de MM. *Théophile Lefebvre*, lieutenant de vaisseau;

A. Petit et *Quartin-Dillon*, docteurs-médecins, et *Vignaud*, dessinateur. 6 vol. grand in-8 et 202 planches grand in-folio, avec une carte grand aigle. 500 fr.

Pour plus de détails voir page 16.

VOYAGE DANS L'AFRIQUE OCCIDENTALE, comprenant l'exploration du Sénégal, depuis Saint-Louis jusqu'à la Falémé, au delà de Bakel ; de la Falémé, depuis son embouchure jusqu'à Sansanding ; des mines d'or de Kéniéba, dans le Bambouk ; des pays de Galam, Bondou et Woolli ; et de la Gambie, depuis Baracounda jusqu'à l'Océan ; exécuté, en 1843 et 1844, par une commission composée de MM. *Huard-Bessinières*, *Jamin*, *Raffenel*, *Peyre-Ferry* et *Pottin-Patterson* ; rédigé et mis en ordre par *Anne Raffenel*. 1 vol. in-8, papier grand raisin vélin et atlas in-4, figures coloriées. 20 fr.

VOYAGE DANS L'INTÉRIEUR DE L'AFRIQUE, AUX SOURCES DU SÉNÉGAL ET DE LA GAMBIE, fait par ordre du gouvernement français, par M. *Mollien*. 2e édition revue et augmentée. 2 vol. in-8, cartes et gravures. 14 fr.

VOYAGES ET DÉCOUVERTES DANS LE NORD ET LES PARTIES CENTRALES DE L'AFRIQUE, au travers du grand désert, jusqu'au 10e degré de latitude nord, et depuis Kouka, dans le Bornou, jusqu'à Sakatou, capitale de l'empire des Félatahs, exécutés pendant les années 1822, 1823 et 1824, par le major *Denham*, le capitaine *Clapperton* et feu le docteur *Oudney*; suivis d'un appendice contenant les vocabulaires des langues de Tombouctou, de Mandara, du Bornou et du Begharmi ; des traductions de manuscrits arabes sur la géographie de l'intérieur de l'Afrique ; des documents nombreux sur la minéralogie, la botanique et les différentes branches d'histoire naturelle de cette contrée ; traduits de l'anglais par MM. *Eyriès* et *Larenaudière*. 3 vol. in-8, avec un atlas in-4 composé de cinq cartes, dont la carte générale de l'expédition, de vues, de figures et de planches représentant les costumes, meubles, instruments, armes, etc., des peuples de l'intérieur de l'Afrique. 33 fr.

VOYAGE (SECOND) DANS L'INTÉRIEUR DE L'AFRIQUE, depuis le golfe de Benin jusqu'à Sakatou, par le capitaine *Clapperton*, pendant les années 1825, 26 et 27 ; suivi du voyage de Richard Lander, de Kano à la côte maritime ;

traduit de l'anglais, par MM. *Eyriès* et de *Larenaudière*. 2 vol. in-8, ornés d'un portrait et de deux cartes gravées. 14 fr.

VOYAGE DANS L'AMÉRIQUE SEPTENTRIONALE, ou description des pays arrosés par le Mississipi, l'Ohio, le Missouri et autres rivières affluentes; par le général *Collot*, ex-gouverneur de la Guadeloupe. 2 vol. in-8, papier vélin, accompagnés d'un atlas in-4. 40 fr.

VOYAGE AUX ANTILLES ET A L'AMÉRIQUE MÉRIDIONALE, commencé en 1767 et fini en 1802, contenant un précis historique des révoltes et des guerres dont l'auteur a été témoin, et de nouveaux détails sur les mœurs et les usages des nations sauvages ou policées qu'il a visitées, le récit des maladies épidémiques et particulières à chaque climat, la statistique des Antilles et de l'Amérique méridionale, et l'influence des diverses températures sur les plantes, les hommes et les animaux, par *J. B. Leblond*. 1 vol. in-8, orné d'une carte et d'une gravure. 6 fr.

VOYAGES EN ARABIE, contenant la description des parties du Hedjaz, regardées comme sacrées par les musulmans, celles des villes de la Mecque et de Médine, et des cérémonies observées par les pèlerins; suivie de notions sur les mœurs, coutumes et usages des Arabes sédentaires et scénites, sur la culture, les arts et le commerce de ces peuples, et sur l'histoire de la géographie de ces contrées, par *Burckardt*. 3 vol. in-8, ornés de cartes et de plans. 22 fr. 50.

VOYAGE DANS L'ASIE MINEURE ET EN GRÈCE, pendant les années 1764, 65 et 66, par le docteur *Richard Chandler*. 3 vol. in-8, avec cartes. 18 fr.

VOYAGE DE DÉCOUVERTES AUX TERRES AUSTRALES, fait par ordre du gouvernement par les corvettes *le Géographe*, *le Naturaliste*, et la goëlette *la Casuarina*; rédigé par *Péron* et continué par M. *Louis de Freycinet*, 2e édition. 4 vol. in-8, avec un bel atlas grand in-4 de 68 planches, dont 25 ne faisaient pas partie de la 1re édition. 72 fr.

Le même ouvrage, pap. vélin. 120 fr.

VOYAGE DANS L'EMPIRE D'AUTRICHE, pendant les années 1809 et 10, ou essai politique et géographique sur cet empire; par M. *Marcel de Serres*, inspecteur des arts et manufactures, professeur à la faculté des sciences de Paris. 4 vol. in-8, avec une carte physique de l'empire d'Autriche, plusieurs coupes générales sur le niveau des montagnes, des plaines et des villes, et plusieurs tableaux d'ethnographie, etc. 30 fr.

VOYAGE DANS L'EMPIRE DES BIRMANS, par *Hiram Cox.* 2 vol. in-8, ornés de costumes et de figures coloriées, et d'une carte. 14 fr.

VOYAGE A BUENOS-AYRES ET A PORTO-ALEGRE, par la Banda Oriental, les missions d'Uruguay et la province de Rio Grande-do-Sul, de 1830 à 1834, suivi de considérations sur l'état du commerce français à l'extérieur, et principalement au Brésil et au Rio de la Plata ; par *Arsène Isabelle.* In-8, orné de planches et cartes. 12 fr.

VOYAGE EN CALIFORNIE. Description de son sol, de son climat, de ses mines d'or, par *E. Bryant,* dernier alcade de San Francisco. Traduit de l'anglais par M. *Xavier Marmier,* et augmenté de divers renseignements sur l'état actuel de la Californie et d'une note scientifique sur l'or et son exploitation. 1 vol. in-12, avec une belle carte extraite du grand ouvrage de M. *Duflot de Mofras.* 3 fr. 50 c.

VOYAGE AU CHILI, AU PÉROU ET AU MEXIQUE, pendant les années 1820, 1821, 1822, par le capitaine *B. Hall,* officier de la marine royale, entrepris par ordre du gouvernement anglais, orné de la carte de ces pays. 2 vol. in-8. 15 fr.

VOYAGE EN CHINE, contenant des observations faites par l'auteur pendant son séjour dans le palais impérial, et suivi de la relation de l'ambassade envoyée à Péking par Pierre le Grand, empereur de Russie ; par *Barrow.* 3 vol. in-8, accompagnés d'un atlas. 25 fr.

VOYAGE DANS LA RÉPUBLIQUE DE COLOMBIA, par M. *Mollien.* 2 vol. in-8, accompagnés de la carte de Colombia et ornés de vues et de divers costumes. 2e édition. 14 fr.

VOYAGE ET ITINÉRAIRE A CONSTANTINOPLE, chez les Lazzes, en Géorgie et en Perse, de 1826 à 1833, par *L. Victor Letellier,* ex-chancelier et gérant du consulat de France à Tiflis. 1 vol. in-8. 7 fr. 50 c.

VOYAGE DE PARIS A CONSTANTINOPLE, par bateaux à vapeur; nouvel itinéraire orné d'une carte et de 50 vues gravées, avec tableau indiquant les lieux desservis par les paquebots à vapeur sur la Méditerranée, l'Adriatique et le Danube, indiquant le prix des places et des marchandises, les distances, la valeur des monnaies, etc., par *Marchebeus.* In-8 jésus. 15 fr.

VOYAGE SUR LA COTE ORIENTALE DE LA MER ROUGE, dans le pays d'Adel et le royaume de Choa; par *C. E. X. Rochet d'Héricourt,* membre de la Société de géographie de Paris, de l'Académie des sciences de Florence, membre correspondant de la Société royale de médecine de Marseille. 1 vol. in-8, grand raisin vélin, orné de 12 planches lithographiées et d'une carte gravée. 16 fr.

VOYAGE (SECOND) SUR LES DEUX RIVES DE LA MER ROUGE, dans le pays des Adels et le royaume de Choa, par M. *Rochet d'Héricourt.* 1 vol. in-8 et atlas. 16 fr.

VOYAGE SUR LE DANUBE, de Pesth à Routchouk, par navire à vapeur, et notice de la Hongrie, de la Valachie, de la Servie, de la Turquie et de la Grèce; par M. *J. Quin,* traduit par *Eyriès.* 2 vol. in-8, ornés de planches. 16 fr.

VOYAGE DANS LA HAUTE ET BASSE ÉGYPTE, fait par ordre de Louis XVI, et contenant des observations de tous genres, par *C. S. Sonnini.* 3 vol. in-8, avec un atlas in-4 de 40 planches. 30 fr.

VOYAGE DANS LES ÉTATS-UNIS DE L'AMÉRIQUE DU NORD et dans le haut et bas Canada, par le capitaine *B. Hall,* officier de la marine royale, chargé par le gouvernement anglais de missions secrètes dans ces États. Ouvrage orné de la carte de ces pays. 2 vol. in-8. 15 fr.

VOYAGE AUX GUAZACOALAS, AUX ANTILLES ET AUX ÉTATS-UNIS, par M. *A. Brissot.* 1 vol. in-8. 7 fr. 50 c.

VOYAGE EN GRÈCE ET EN TURQUIE, fait par ordre de Louis XVI et avec l'autorisation de la cour ottomane, par *Sonnini.* 2 vol. in-8, accompagnés d'un atlas in-4. 20 fr.

VOYAGE EN HOLLANDE ET EN BELGIQUE, sous le rapport de l'instruction primaire, des établissements de bienfaisance et des prisons, dans les deux pays, par M. *Ramon de la Sagra*, député aux cortès d'Espagne, membre correspondant de l'Institut royal de France. 2 vol. in-8. 15 fr.

VOYAGES AUX ILES DU GRAND OCÉAN, contenant des documents nouveaux sur la géographie physique et politique, la langue et la littérature, la religion, les mœurs, les usages et coutumes, l'histoire ancienne et moderne, et le gouvernement de leurs habitants; par M. *J. A. Moerenhout*, consul des États-Unis à Otaïti, aux îles de la Société et autres îles de la Polynésie, membre de plusieurs sociétés savantes de France. 2 vol. in-8, figures et carte. 20 fr.

VOYAGE AUX INDES ORIENTALES, pendant les années 1802, 1803, 1804, 1805 et 1806, contenant la description du cap de Bonne-Espérance, des îles de France, Bourbon, Java, Banka, de la ville de Batavia, des observations sur le commerce et les productions de ces pays, etc., etc. ; enfin un vocabulaire de langues française et malaise, par *Tombe*, capitaine du génie. 2 vol. in-8 avec un atlas. 20 fr.

VOYAGE AUX INDES ORIENTALES, par le nord de l'Europe, les provinces du Caucase, la Géorgie, l'Arménie et la Perse, suivi de détails topographiques, statistiques et autres sur le Pégou, les îles de Java, de Maurice et de Bourbon, sur le cap de Bonne-Espérance et Sainte-Hélène, par M. *Charles Bélanger*. 8 vol. grand in-8, accompagnés de 3 atlas grand in-4. 360 fr.

Pour plus de détails voir page 21.

VOYAGE DANS L'INTÉRIEUR DE L'AMÉRIQUE DU NORD, exécuté pendant les années 1832, 1833 et 1834, par le prince *Maximilien de Wied-Neuwied*. 3 vol. grand in-8, papier vélin superfin, ornés de 60 vignettes au moins, dessinées et gravées sur bois, accompagnés d'un atlas de 80 planches environ, format demi grand colombier, dessinées sur les lieux et gravées par les plus habiles artistes de Paris et de Londres.

Avec atlas, figures noires. 240 fr.
Avec atlas, demi-couleur. 320 fr.
Avec atlas, papier de Chine. 320 fr.
Avec atlas, papier de Chine, demi-couleur. 400 fr.
Avec atlas, entièrement colorié. 720 fr.
Avec atlas, doubles figures noires sur chine et coloriées. 1000 fr.
Le texte seul se vend séparément. 36 fr.

VOYAGES EN ISLANDE ET AU GROËNLAND, exécutés pendant les années 1835 et 1836, sur la corvette *la Recherche*, commandée par M. *Tréhouart*, lieutenant de vaisseau. 7 vol. in-8, papier grand raisin, accompagnés de 3 atlas, dont deux in-folio et un in-8, ensemble 236 planches, dont 50 tirées en couleur et retouchées au pinceau. 534 fr.

Le même vélin, figures sur papier de Chine. 1068 fr.

Pour plus de détails voir page 17.

VOYAGE AU JAPON, exécuté pendant les années 1823 à 1830, ou description physique, géographique et historique de l'empire japonais, par M. *Ph. Fr. de Siebold*, édition française rédigée par MM. *de Montry* et *E. Fraissinet*. 5 vol. in-8, papier grand raisin et 22 livraisons in-folio.

Le texte sera livré gratis aux souscripteurs par demi-volume broché. 12 livraisons de l'atlas et 4 demi-volumes de texte sont en vente.

Prix de chaque livraison. 14 fr.

VOYAGES DE L'EMBOUCHURE DE L'INDUS A LAHOR, A CABOUL, A BALAK, A BOUKARA, et retour par la Perse, pendant les années 1831, 1832 et 1833, par le lieutenant *A. Burnes*, membre de la Société royale, lieutenant au service de la compagnie des Indes, traduits par M. *J. B. Eyriès* ; ouvrage accompagné d'un atlas. 3 vol. in-8. 30 fr.

VOYAGE PITTORESQUE ET HISTORIQUE A LYON, aux environs et sur les rives de la Saône et du Rhône, par M. *Fortis*. 2 vol. in-8 et atlas. 250 fr.

— Le même ouvrage, texte seul. 2 vol. in-8. 15 fr.

VOYAGE DU LUXOR EN ÉGYPTE, entrepris par ordre du roi pour transporter de Thèbes à Paris l'un des obélisques de Sésostris, par M. *de Verninhac-Saint-Maur*, capitaine de corvette, commandant l'expédition. 1 vol. in-8, fig. papier vélin. 12 fr.

VOYAGE AUX ILES MANGAREVA (Océanie), par M. *P. A. Lesson*, médecin en chef des établissements français de l'Océanie, publié avec des annotations. 1 vol. in-8. 5 fr.

VOYAGE A MÉROÉ, AU FLEUVE BLANC AU DELA DE FAZOLQ, DANS LE MIDI DU ROYAUME

DE SENNAR, A SYOUAR, ET DANS LES CINQ OASIS, par M. *F. Caillaud.* 4 vol. in-8 ornés de planches et de figures coloriées, et accompagnés de deux atlas grand in-folio. 300 fr.

On vend séparément les 4 vol. de texte. 36 fr.

VOYAGES FAITS DANS LES MOLUQUES, A LA NOUVELLE-GUINÉE ET A CÉLÈBES, avec le comte *Charles de Vidua de Conzano*, à bord de la goëlette royale *l'Iris*, par *J. H. de Bondych-Bastianse.* 1 vol. in-8. 6 fr.

VOYAGE EN NAVARRE, pendant l'insurrection des Basques, par *Chaho.* in-8. 7 fr. 50.

VOYAGE DE DÉCOUVERTES A L'OCÉAN PACIFIQUE DU NORD, et autour du monde, par *Vancouver.* 5 vol. in-8 accompagnés d'un atlas. 40 fr.

VOYAGE EN ORIENT DE S. A. R. M. LE DUC DE MONTPENSIER à bord du *Gomer*, et excursion dans la haute et basse Égypte. Atlas in-folio et 1 vol. in-8 de texte, papier grand raisin vélin. 60 fr.

ALBUM dessiné par M. *de Sinety*, et lithographié par MM. *Bayot, Dauzats, Guiaud, Mayer* et *Sabatier.* 30 planches grand in-folio, papier colombier vélin.

RELATION DU VOYAGE, par M. *A. de Latour*, secrétaire des commandements de S. A. R. M. le duc de Montpensier. 1 vol. in-8. 10 fr.

VOYAGE AU OUADAY, par le cheykh Mohammed Ibn-Omar El-Tounsy, réviseur en chef à l'école de médecine du Kaire, traduit de l'arabe par le docteur *Perron*, directeur de l'école de médecine du Kaire, et publié par MM. *Perron* et *Jomard*, membre de l'Institut. 1 fort vol. grand in-8 de 800 pages, accompagné d'un atlas. 15 fr.

VOYAGE AU PAYS DES OSAGES, un tour en Sicile, par *Cortambert.* In-8. 1 fr. 75 c.

VOYAGE EN PALESTINE ET EN SYRIE, par M. *G. Robinson*, avec vues, cartes et plans. 2 vol. in-8. 20 fr.

VOYAGE PITTORESQUE DANS LES BASSES-PYRÉNÉES, par *Latour.* In-8. 2 fr. 50 c.

VOYAGE DANS LES QUATRE PRINCIPALES ILES DES MERS D'AFRIQUE, fait par ordre du gouvernement pendant les années 1801 et 1802, avec l'histoire de la traversée du capitaine Baudin jusqu'au port Louis de l'île Maurice ; par *J. B. C. M. Bory de Saint-Vincent.* 3 vol. in-8 avec 1 atlas in-4 de 58 planches. 48 fr.

VOYAGE DANS LA RÉGENCE D'ALGER, ou description du pays occupé par l'armée française en Afrique, contenant des observations sur la géographie physique, la géologie, la minéralogie, etc., suivies de détails sur le commerce, l'agriculture, les sciences et les arts, les mœurs et coutumes des habitants, etc.; par M. *Rozet*, commandant au corps royal d'état-major, attaché à l'armée française, comme ingénieur-géographe. 3 vol. in-8 avec un atlas. 33 fr.

VOYAGE DANS LES RÉGIONS ARCTIQUES, à la recherche du capitaine Ross en 1834 et 1835, par le capitaine *Back.* 2 vol. in-8 avec carte. 15 fr.

VOYAGE PHILOSOPHIQUE ET PITTORESQUE SUR LES RIVES DU RHIN, à Liége, dans la Flandre, le Brabant, la Hollande, etc.; par *G. Forster.* 2 vol. in-8. 10 fr.

VOYAGES, RELATIONS ET MÉMOIRES ORIGINAUX, pour servir à l'histoire de la découverte de l'Amérique, publiés pour la première fois en français par M. *H. Ternaux-Compans.* 20 vol. in-8. 101 fr.

VOYAGE EN SARDAIGNE, ou description statistique, physique et politique de cette île, avec des recherches sur ses productions naturelles et ses antiquités, par le général comte *A. de la Marmora*, 2e édition. Tome Ier, HISTOIRE PHYSIQUE, POLITIQUE NATURELLE ET STATISTIQUE, 1 vol. grand in-8, atlas grand in-folio colorié. 38 fr.

Atlas noir. 24 fr.

Tome II, ANTIQUITÉS, 1 vol. grand in-8 et atlas grand in-folio noir. 24 fr.

VOYAGES EN SCANDINAVIE, en Laponie, au Spitzberg et aux Feroë pendant les années 1838, 1839 et 1840, sur la corvette *la Recherche*, commandée par M. *Fabvre*, lieutenant de vaisseau. 22 vol. grand in-8 et 558 planches grand in-folio. 1404 fr. 50 c.

Pour plus de détails voir page 18.

VOYAGE AUX SOURCES DU RIO DE SAN FRANCISCO ET DANS LA PROVINCE DE GOYAZ (troisième voyage au Brésil), par M. *Auguste de Saint-Hilaire*, membre de l'Académie des sciences, de l'Institut de France, professeur à la faculté des sciences de Paris. 2 vol. in-8. 15 fr.

VOYAGE DANS LE NORD DE LA RUSSIE ASIATIQUE, dans la mer Glaciale, dans la mer d'Anadyr, et sur les côtes de l'Amérique, depuis 1785 jusqu'en 1794, fait par ordre de l'impératrice Catherine II ; par le commodore *Billings*. 2 vol. in-8 accompagnés d'un atlas in-4. 15 fr.

VOYAGES EN RUSSIE, EN TARTARIE ET EN TURQUIE, par le docteur *Clarke*. 3 vol. in-8. 18 fr.

VOYAGE DANS LA PROVINCE DE SAINT-PAUL ET DE SAINTE-CATHERINE (quatrième voyage au Brésil), par M. *Auguste de Saint-Hilaire*, membre de l'Institut, professeur à la faculté des sciences de Paris. 2 vol. in-8. 15 fr.

VOYAGE DANS LA PRESQU'ILE SCANDINAVE ET AU CAP NORD, par le baron *Prosper Sibuet*, auditeur au conseil d'État, avocat à la cour royale de Paris, membre de la Société géologique de France et autres sociétés savantes. 2 vol. in-8. 15 fr.

En vente le tome premier, *Suède*. 7 fr. 50.

VOYAGE EN SUÈDE, contenant des notions étendues sur le commerce, l'industrie, les mines, les sciences et la littérature de ce royaume, les mœurs, coutumes et usages de ses habitants, l'histoire de son gouvernement, de ses forces de terre et de mer, la description complète de son territoire sous le rapport géographique et géologique, et suivies de détails sur le gouvernement de Charles XIV (Jean Bernadotte) et sur les causes qui amenèrent son élévation au trône, par *A. Daumont*. 2 vol. in-8 accompagnés d'un atlas. 21 fr.

VOYAGE A SURINAM ET DANS L'INTÉRIEUR DE LA GUYANE, contenant la relation de cinq années de courses et d'observations dans cette contrée, avec des détails sur les Indiens de la Guyane et les Nègres, par *Stedman*, capitaine de vaisseau, 2 vol. in-8 accompagnés d'un atlas in-4. 33 fr.

VOYAGE AUX ILES TÉNÉRIFFE, la Trinité, Saint-Thomas, Sainte-Croix et Porto Rico, exécuté par ordre du gouvernement, en 1796, 97 et 98, sous la direction du capitaine *Baudin*, pour faire des recherches sur le climat, le sol, la population, etc., etc. de ces îles; sur le caractère, les mœurs et le commerce de leurs habitants; ouvrage accompagné de notes et d'additions, par *Sonnini*. 2 vol. in-8 avec une carte. 12 fr.

VOYAGE A TINE, l'une des îles de l'archipel de la Grèce, suivi d'un Traité de l'asthme, par *Marcaki Zalloni*. 1 vol. in-8 avec la carte de Tine. 5 fr.

VOYAGE A TOMBOUCTOU ET A JENNÉ, dans l'Afrique centrale, précédé d'observations faites chez les maures Braknas, les Nalous et d'autres peuples, pendant les années 1824 à 1828, par *René Caillé*, avec des remarques géographiques par M. *Jomard*, membre de l'Institut. 3 vol. in-8, accompagnés d'un atlas in-4. 30 fr.

VOYAGES FAITS EN TURQUIE, EN PERSE ET EN ARABIE, depuis 1782 jusqu'en 1789, par le comte *de Ferrières-Sauvebœuf*, avec ses observations sur la religion, les mœurs, le caractère et le commerce de ces trois nations, et des détails très-exacts sur la guerre des Turcs avec l'Autriche et la Russie. 2 vol. in-8. 10 fr.

VOYAGEUR SENTIMENTAL (LE), ou ma promenade à Yverdun, par M. *Vernes de Luze*, 2 vol. in-12, fig. 6 fr.

VOYAGEURS NOUVEAUX (LES), récits géographiques par M. *X. Marmier*. 2 forts vol. in-12. 8 fr.

VUES ET SOUVENIRS DE L'AMÉRIQUE DU NORD, par M. *Francis de Castelnau*. 1 vol. in-4 orné de 35 planches tirées sur papier de Chine, dont plusieurs coloriées; divisé en 7 livraisons.

Prix de chaque livraison. 12 fr. 50 c.

DE L'IMPRIMERIE DE CHAPELET, RUE DE VAUGIRARD, 9.

www.ingramcontent.com/pod-product-compliance
Ingram Content Group UK Ltd.
Pitfield, Milton Keynes, MK11 3LW, UK
UKHW020309230726
13925UKWH00001B/314

9 782013 480383